Christopher Nolan:
Unter dem Auge der Uhr
Ein autobiographischer Bericht

Aus dem Englischen von
Hans-Christian Oeser

Deutscher
Taschenbuch
Verlag

Mit Dank an Christopher Nolan für seine
Unterstützung und Hilfe bei der Übersetzung

Ungekürzte Ausgabe
Juli 1992
Deutscher Taschenbuch Verlag GmbH & Co. KG,
München
© 1987 Christopher Nolan
Titel der englischen Originalausgabe:
Under the Eye of the Clock
Weidenfeld and Nicolson Ltd., London 1987
© der deutschsprachigen Ausgabe:
1989 Verlag Kiepenheuer & Witsch, Köln
ISBN 3-462-01973-2
Umschlaggestaltung: Celestino Piatti
Umschlagfoto: Klaus Drinkwitz/Stern
Gesamtherstellung: C. H. Beck'sche Buchdruckerei,
Nördlingen
Printed in Germany · ISBN 3-423-30314-x

Das Buch

Die Verleihung des höchstdotierten britischen Literaturpreises, des »Whitbread Award«, wurde 1987 zur Sensation: Der Preis ging an den schwerbehinderten, von Geburt an spastisch gelähmten und stummen Iren Christopher Nolan – für ein Buch, das in seiner Art einmalig ist. ›Unter dem Auge der Uhr‹ ist ein Lebensbericht: die Geschichte von Nolans Behinderung, die er durch sein erzählendes alter ego, den spastisch gelähmten Joseph Meehan, zum Thema seines Buches gemacht hat. Nolan schildert, wie er/Meehan sich mit unbeschreiblicher Energie aus der Hilflosigkeit und Einsamkeit des Rollstuhls befreit, um ein halbwegs normales Leben zu führen; wie er seinen Mitmenschen immer aufs neue beweisen muß, daß er kein hirnloses Monster ist, sondern sehr wohl fühlen, denken und lernen kann. Er erkämpft sich einen Platz in einer Schule für »Normale« und damit in der robusten Welt seiner Klassenkameraden, stößt auf Scheu, auf Angst, gelegentlich auf Brutalität, lernt aber auch die Freundschaft mit Gleichaltrigen kennen. ›Unter dem Auge der Uhr‹ ist dennoch und erstaunlicherweise kein Buch, das den Leser bedrückt zurückläßt. »Das Tempo, mit dem Joseph Meehan die Geschichte seines Hinaustretens in die Welt erzählt, ähnelt dem des Abenteuerromans, vor Leben strotzend und voller einprägsamer Episoden und kräftig konturierter Porträts von Menschen und Landschaften.« (Silvia Morawetz in der ›Süddeutschen Zeitung‹)

Der Autor

Christopher Nolan wurde 1965 geboren und lebt in Dublin. Seit seiner Geburt ist er spastisch gelähmt und stumm. Neben ›Unter dem Auge der Uhr‹ veröffentlichte er einen Gedichtband.

Inhalt

Er trottete nach Westen,
Er krabbelte nach Osten,
Er streckte sich nach Norden,
Er wirkte verloren und schlug sich durch nach Süden,
Versehrtheit sein trauriges Los.

Erstes Kapitel   Ein Quentchen Aloe

Kaum zu glauben, was für einen Zirkus die um einen Krüppel veranstalten, dachte Joseph Meehan, als er es sich zum Heimflug nach Dublin in seinem Sitz bequem machte. Er hatte mittlerweile genügend Selbstvertrauen erlangt, daß er Nora bitten konnte, ihm einen Becher Kaffee zu bestellen. Bisher hatte er die angebotenen Erfrischungen stets zurückgewiesen, aus lauter Furcht, Aufsehen zu erregen, falls er die Flüssigkeit bei mißglückten Schluckversuchen in die falsche Kehle bekäme. »Tee oder Kaffee?« fragte die Stewardeß von Aer Lingus. »Kaffee, zwei Kaffee bitte«, sagte Nora. Seine Mutter war überrascht, daß Joseph ihr in seinem stummen Code mitgeteilt hatte, er sei inzwischen waghalsig genug, das für ihn beschwerliche Kunststück fertigzubringen, in aller Öffentlichkeit etwas zu sich zu nehmen. Als sie seinen neugefaßten Mut spürte, entschied sie sich dafür, seinem nervösen Mund den Kaffee in kleinsten Schlückchen einzuflößen. Entschlossen schmuggelte er das Getränk an seiner widerspenstigen Zunge vorbei und ließ es in seinen Magen rinnen. Dann schmiegte er seinen Kopf an die Rückenlehne, stahl sich verschlagen von Nora fort und spann seidenen Segen aus Wattegewöll.

»He, aufwachen!« sagte Nora und stieß ihn mit dem Ellbogen in die Seite. »Schau da unten, da ist ›Ireland's Eye‹«, sagte sie, und als er hinuntersah, erblickte er die schöne Küste seiner Heimat, die dem Mann in Jungenkleidung ein Willkommen ins Wasser gravierte.

Ruhmgebräunt wurde Joseph von seinem Vater, Matthew Meehan, und von seiner Schwester Yvonne am Flughafen abgeholt. Das von Britannien gereichte Brot gewann der Einsamkeit des Spastikers süße Säfte ab. Nun, da er seinen Ruf als Träger einer besonderen Auszeichnung besiegelt hatte, indem er vornehm nach London geflogen war, um seinen Literaturpreis in Empfang zu nehmen, fühlte er sich erst recht ermutigt, als Yvonne ihm den Zeitungsausschnitt zeigte, der unter der Schlagzeile »Junger irischer Spastiker geehrt« über die Preisverleihung berichtete. In Gedanken wieder in London, kostete Joseph noch einmal die herrliche Erfahrung aus, die ihm beim Zusammentreffen mit den aufgeklärten Mitgliedern der Britischen Spastikervereinigung zuteil geworden war. Ihr Verständnis erstaunte ihn; wie würdig sie ihm begegnet waren! Er war fasziniert von der Weite ihres Horizonts, und ihre Selbstsicherheit war Trost für seine Welt der Mühsal.

Dauernd bombardierten ihn Zeitungen; jede wollte die erste sein, die mit seiner Geschichte aufwartete: wie ein Krüppel dazu kam, es kräftigen Männern nachzutun, besonders auf dem Gebiet unverschämt freimütiger Literatur und ihrer naßforschen Experten. Joseph Meehan saß da und hörte zu, wie Nora sich ihrer Verantwortung entledigte und übereifrige Journalisten, Rundfunk- und Fernsehassistenten und neuerdings interessierte Drehbuchautoren abfertigte. Was habe ich eigentlich von all der wetteifernden Aufmerksamkeit, grübelte der aufgeweckte Knabe. Als er seiner Familie besorgte Blicke zuwarf, ging ihm der Affront gegen ihre Privatsphäre erst so richtig auf. Wie sie mit seinen mühsalvollen, kopfnickenden, kreativen, wenn auch stummen Kommunikationsversuchen umgingen, das war ein einziges Ja. Bekümmert suchte er Gehör für seine Herzensbitte – laßt doch nicht zu, daß die Medien ein Monstrum aus mir machen! Leidvolle Gedanken zerschlagen die Schöpfungen tüchtiger Köpfe. So entschloß sich Joseph, mit der Strömung zu schwimmen und mit allen Stromschnellen, so gut es eben ging, fertigzuwerden. Die Beurteilung seiner bisherigen Fortschritte war Gegenstand seiner nächtlichen Träumerei:

also gut
was habe ich bis jetzt erreicht
gestaltet, meinst du

gestaltet?
verdammt noch mal, hab' ich nicht überlebt
als alles dachte, ich sei tot
derselbe unterschied
dieselbe lotterie
gasförmiges leben
niederträchtig eingezwängt
im narrenaufzug
einsame neuheit
bloß nicht atmen
eingefädelt und neugesponnen
hemd hell
neuer stoff
motten keine
stimme stumm
knochen verdroschen
glücksgebälk
saal des ruhms
wuchernde klischees
omen nicken
zeit verzögern
zufällige notizen
vorbei an abtrünnigen jungen
maschinengewehrfurze
ganze bände einsamkeit
beleidigter molch
genicktes zurückgeworfenes licht der liebe
durch kaktustrockene flußmündung
in zurückgezogener sorge.

Ihren Mentoren zu Gefallen umgeben sich Hundesöhne mit dem Schutzmantel der Solidität. Joseph Meehan hingegen bereicherte sich, indem er aller Welt seinen seiernden, sabbernden Leib darbot. Seit Jahrhunderten wurde der krasse Krüppel in einer Welt, die sich von seinem Aussehen beleidigt fühlte, gebeutelt, gebrandmarkt und als menschliche Schlacke behandelt. Herabgesetzt zerbrach er daran, Menschen ähneln zu müssen, die nichts zu bieten haben und noch weniger nachdenken in ihrem Leben geistloser Normalität. Wie er seine grimmigen Gedanken der Vergangenheit zuwandte, verfiel Joseph in alle möglichen Stimmungen. Freilich zügeln Erklärungen die Schadenfreude nicht, sondern schaffen stets neue Häme.

Zutritt zur Welt der Normalen erkämpfte sich Joseph mit seinem Durchbruch zum Schreiben, zu schöpferischem Sinnieren. Er hatte sich ernsthaft nach einem Verständigungsmittel gesehnt, doch wie die Jahre ins Land gingen und er noch immer seine mystischen Selbsteinschätzungen und vom Schicksal verhängten Vorstellungen hegte, war die Zeit ihm zum Stachel geworden.

Wer Augen im Kopf hat, kann sich nicht darüber aufhalten, seine Blicke zu verstecken, doch der Verschlagene, der die scheinbar vokalischen Zeichen hitziger gehirngeschädigter Brüder nachäffte, verschaffte sich heimliche Tröstung, wenn er dem Wurmgekrümme zusah, zu dem Josephs behinderte Kindheit beschämenderweise verurteilt war. Doch neue bedeutsame Gedanken waren wie Grashalme, die auf Joseph Meehans dürrem Boden sprossen. Er verschwendete keine Zeit, sondern atmete seine ehrlichen Überzeugungen aus; Poesie war sein Ausdrucksmittel und Wahrheit sein Wappen. Gut formulierte Botschaften brachten seine Werke zum Leuchten, versuchte er doch, das Geheimnis seines verhinderten Mannseins zu ergründen: gehirngeschädigt von Geburt, merkwürdigerweise jedoch, wenn auch nur selten erkannt, von normaler Intelligenz. Gestützt auf seine Familie, nahm er den Kampf auf – akzeptiert mich so, wie ich bin, dann akzeptiere ich euch so, wie ihr akzeptiert werdet.

Und so entbrannte der Kleinkrieg zwischen einem verkrüppelten, geistig gesunden Jungen und einer normalen, feindlichen, insgeheim brutalen, wenn auch mitunter barmherzigen Welt.

Kann ich künstliche Berge erklimmen, fragte sich Joseph

Meehan. Kann ich von der Gesellschaft errichtete Barrieren überwinden? Kann ich meine Familie um Unterstützung angehen, wenn ich mehr weiß als sie, die entsetzliche Skepsis kenne, die meiner unruhigen, traurigen Welt unentwegt einmassiert wird? Was kann ein verkrüppelter, wortloser Junge tun, fragte Joseph, meine Behinderung beschneidet mein soziales Gewissen, tilgt meine Stimme, lädt ein zur Verspottung meines Lächelns und macht meine Chancen zunichte, als normal akzeptiert zu werden.

Joseph lag im Sampan der Nacht. Wie gewohnt nickte der Schlaf, doch sein Gewissen ließ es nicht zu, daß die Nachtruhe sein bohrendes Fragen betäubte. Wie kann ich meiner Stummheit entrinnen, grübelte er. Er betrachtete sich mit schonungsloser Offenheit, aber er spürte, er mußte auch einen Weg finden, um mit Jungen und Mädchen seines Alters, die der großen gesunden Welt angehörten, kommunizieren zu können. Er wälzte die Riesen in seinem Gehirn hin und her und begab sich auf alte und neue Streif-Züge, er fragte nach Zielorten, von denen niemand je wußte, daß es sie gab. Kühn wies er den Zugführer an: bring mich ins Niemandsland, auf daß ich den Menschen umstricke, der stumm vor Einsamkeit wandert. Hätte er doch nur gewußt, daß sich das menschliche Gedächtnis nicht den Mund verbieten läßt. Eher steht es in der Luft wie ein Turmfalke mit ausgebreiteten Schwingen, scharfen Augen, Fährten der Verzweiflung witternd, bevor es im Sturzflug mit der mißmutigen Bosheit des Freibeuters das einsame, geschundene Opfer packt, des Menschen angestaute Schmerzen. Von Würmern aufgeworfene Erdhäufchen bedecken Dollymount Strand, aber auf Josephs Kopfkissen lag der Auswurf des Gewissens. Jetzt kannte er seine festgelegte Wegstrecke und mußte sich dem fabelhaften Ziel tagtäglich einige Schritte näher manövrieren, andernfalls er in seinem Konkordat mit komischen Käuzen fehlte.

Da er auch im Rollstuhl nur sitzen konnte, war Joseph stets darauf angewiesen, daß andere ihn vorwärtsbewegten. Seine Familienangehörigen waren zuverlässig und verläßlich, aber darüber hinaus hatte er Alex Clark. Alex verwandte nicht nur Zeit und Mühe darauf, Josephs Rollstuhl zu schieben, sondern war zugleich einer seiner frühesten engen Freunde. Die Freundschaft mit Alex ging auf die gemeinsame Schulzeit in der staatlichen Schule zurück, die der Central Remedial Clinic in Dublin angegliedert war. Die Mädchen und Jungen, die mit Joseph die Schule besuchten, waren alle auf die eine oder andere Weise behindert. Alex, der nur leicht körperbehindert war, brachte seine Kraft ins Spiel und machte Josephs Kreuz um einiges leichter; er half seinem Freund, einige der angenehmeren Seiten des Lebens auszukosten. Zusammen gingen die beiden Jungen zum Eckladen; zusammen spielten sie Fußball: Alex schob den Rollstuhl, zwischen den Rädern den Ball, zum gegnerischen Tor, dann trat er den Ball, und beide Jungen teilten sich das erzielte Tor.

Wenn niemand zusah, wurden sie Jackie Stewarts. Sie rasten die Korridore entlang; Alex stellte sich, während er steuerte, auf die Rollstuhlstange. Mit jeder Spritztour nahm ihre Tollkühnheit zu, und die Adleraugen der Lehrerin zu überlisten wurde zur täglichen Herausforderung. Doch der Tag der Abrechnung nahte. Wieder einmal war die Luft rein, und das Gespann sauste im Höchsttempo los. Aber keiner von beiden hatte den Tisch wahrgenommen, der seit neuestem vor einer Klassenzimmertür stand. Als sie den Korridor entlangflitzten, prallte Josephs Rollstuhl mit dem kleinen Vorderrad gegen ein Tischbein. »Jäh« ist das einzige Wort, mit dem sich beschreiben läßt, wie Joseph aus seinem atemberaubenden Sitz katapultiert wurde. Wie eine Kanonenkugel schoß er aus dem Rollstuhl, flog durch die Luft und schlug mit der Stirn auf. Schwindlige Bilder stellten den Korridor auf den Kopf, sein Bewußtsein vermerkte fiebrige Fußtritte, Stimmen schallten und verhallten, doch in wenigen Augenblicken klärte sich sein Blick, und Joseph spürte, wie er wieder in seinen Sitz zurückgehoben wurde. Schwester Brown schaffte ihn eilends in ihr abgeschirmtes Zimmer und legte ihm rasch einen Eisbeutel auf die Stirn. Alex stand Todesängste aus, und Joseph war vor Furcht wieder ganz nüchtern. Was würde passieren, wenn Nora kam, um ihn abzuholen? Es passierte gar nichts, denn Eltern können durchaus verstehen, daß Jungen sich austoben müssen, selbst wenn sie behindert sind.

Jungenfreundschaften sagen eine Menge über künftige Träume, doch bevor die Zukunft dazwischendrängt, können weder Zeit noch Raum den starken Banden, die gute Freunde knüpfen, etwas anhaben. Alex schenkte viel von sich, und die Freude nahm zu, auch wenn die Entfernung die beiden Freunde am Ende doch noch trennen sollte. Joseph vergaß das nie, sondern dachte oft über die Bedeutung ihrer Kameradschaft nach. Wie gewöhnlich empfand er die Geborgenheit, die ein stummer, verkrüppelter Junge empfindet, wenn er einen mutigen, lautstarken Freund besitzt. Er entsann sich wieder des berühmten Konzerts. Alex hatte die Grippe, und Joseph fühlte sich im Stich gelassen. In der Central Remedial Clinic School sollte die Belgrove Boys' School Band spielen. Sämtliche Schüler waren geladen. Die Kinder folgten ihren Lehrern zur Mehrzweckhalle, und die Klassenräume leerten sich. Da Alex fehlte, dachte niemand daran, Joseph mitzunehmen. Dieser saß mutterseelenallein in seinem Klassenzimmer. Als die Musik einsetzte, spitzte er die Ohren, um etwas mitzubekommen. Heimlich spielte er, mit dem Gesicht zur Wand in die Ecke gestellt, das Schlußlicht der Klasse. Als er sich in dieser Pose nicht mehr gefiel, wurde er Miss Ryan, die über Gottvertrauen und das Vertrauen zu den Mitmenschen sprach. Wie er sich im Klassenraum umsah, fiel sein Blick auf die Karte von Europa, und Irlands jüngster Flugkapitän lenkte seine spleenige Maschine über die Startbahn, um kurz darauf in Richtung Wolkenkuckucksheim abzuheben. In der Ferne rauschte noch immer die Musik, die Melodie war die von *Molly Malone:*

Joseph schlüpfte in die Rolle von John McCormack, dem berühmten irischen Tenor; er wölbte die Brust, machte den Nakken steif und begann seine vulkanische Fassung von *Molly Malone* hinauszubrüllen. So ließ er zwar einen Sänger aus dem Grab auferstehen, aber der brachte keine Musik, sondern nur gequälte Laute hervor. Muß sich Irlands jüngster Tenor selbst auf die Schulter klopfen, gluckste er, aber als er mit den Füßen auf der metallenen Fußstütze strampelte, mußte er husten. Er legte sich sein nächstes Spiel zurecht. An der Wand erblickte er Jugend in all ihren Farben und ließ seine Version von van Gogh Gestalt annehmen. Er betrachtete die über den ganzen Klassenraum verteilten Bilder der Schüler und ersetzte sie durch ein Selbstporträt: das Ohr fehlte, kein Verband, Gehörgänge klafften und lauschten angestrengt. Er erfaßte die Stimmung des Augenblicks und übermalte Goldgelb mit bedrohlich metallenem Pistolengrau. Was kommt als nächstes, überlegte er. Es störte ihn überhaupt nicht, allein zu sein, und er lenkte seinen Blick in Richtung Belgrove Girls' School. Er beendete sein eigenes Ein-Mann-Konzert und versüßte sich seine einsame, rätselhafte Kindheit mit seiner bevorzugten, zitronensauren Beschäftigung: Er dachte an seine Schwester, die ihre Freiheit verloren hatte und in einer dreigeschossigen Schule saß. Für sie hatte es bestimmt einen Verlust bedeutet, daß sie in die Stadt seiner neugefundenen Freiheit ziehen mußte. Er konnte sie sich vorstellen, wie sie in einer riesigen Klasse hockte. Plötzlich brach er in Gelächter aus, denn in seiner zerklüfteten Sphäre war er jetzt wie ein Jongleur. Er saß da und kicherte in die widerhallende

Stille hinein. Den herrischen Mann ließ er fahren und begleitete seine Schwester durch die von ihr inszenierte Solo-Show. Geistig sehr beweglich, konnte sie nie verstehen, weshalb die Leute es nicht vermochten, die Gedanken zu erfassen, welche doch in den Augen ihres Bruders zu erahnen waren. Auf diese Weise sprang sie für all die ruhelosen, gedankenlosen Menschen ein und hatte ohne jede Hilfe das Leben ihres Bruders wieselflink im Griff. So bewirkte sie Normalität, wo Unwissenheit nur Schrecken und Furcht bewirkte.

Sein Nacken knirschte, als er zum ersten Treppenabsatz in ihrem Haus hochblickte. Da stand sie und rezitierte melodramatisch Schulgedichte. James Weldon Johnsons »*das Klicken von trockenen Knochen, trockenen Knochen*« erinnerte an negerstimmiges Denken. Schon kam ihr etwas anderes in den Sinn, und Hilaire Bellocs *Tarantella* tanzte »*raus und rein*« durch sein Gedächtnis. Wie er in seinem Rollstuhl saß und zu ihr auf die Bühne des Treppenabsatzes hinaufsah, durchlöcherte Yvonne mit Maschinengewehrgarben seine Stille. Schlau knipste sie den Doppelschalter an und aus und beließ Joseph im Halbdunkel, während das Licht auf dem obersten Absatz ihr gerade genügend Glaubwürdigkeit verlieh vor ihrem sesamgleichen Auftritt. Zuweilen blickte sie über das obere Treppengeländer, um sich nach einer Nummer seiner Reaktion zu versichern, denn inzwischen fiel der Lichtstrahl auf das Publikum. Er griente und gluckste und bettelte um mehr. Eilends vertauschte sie das Kostüm, und nachdem sie das Licht umgeschaltet hatte, trat sie erneut auf und tanzte derbe Jigs und Reels zu einer selbstgeträllerten Begleitung. Jetzt war es an der Zeit zu musizieren: Als er ins Gegenlicht blinzelte, sah er, wie Yvonne die Blechflöte an den Mund setzte; ihr *Danny Boy, Roddy McCorley, My Lagan Love* und *It's a Long Way to Tipperary* ließen ihn nicht mehr los. Er war neun Jahre alt, aber er freute sich wie ein erwachsener Mann, und all das dank der Phantasie eines elfjährigen Mädchens. Aber ihre Vorführung enthielt noch eine letzte Nummer. Als sie sich dafür ankleidete, vernahm er ein merkwürdiges Rascheln und Wirbeln. Rauschende Röcke verrieten Rüschen und Volants. Plötzlich stieß sie ein wildes Jubelgeschrei aus, schaltete das Licht wieder an und lief die Stufen zu ihrem Treppenabsatz hinab, und wie sie so zum eigenen atemlosen La-la den Cancan tanzte und die Beine in die Höhe warf, entstanden vor seinen Augen die Folies Bergères. Sie beendete ihre Tanzfolge, indem sie sich zu einem letzten Spagat zu Boden warf – ihre mit Rüschen besetzten Unterröcke standen wie ein Pfauenrad über ihrem kecken Kopf. Sie war erschöpft, er war begeistert. Die Tür zur Diele war verschlossen, ihre Solo-Show allein für ihn bestimmt gewesen. Wahrhaftig, auf seinem stehenden Teich ließ ihre Frechheit grüne Lilienblätter wachsen.

Seine Gedankenspiele endeten abrupt, als er die Anfangstakte der Nationalhymne hörte. O je, sie kommen, dachte Joseph, ich darf nicht niedergeschlagen wirken, aber ich bin's ja auch gar nicht. Er wußte gleichwohl, daß er Miss Ryan insgeheim leid tun würde. Also trug er sich selbst auf, sie davon zu überzeugen, daß er glücklich war. Er setzte sein Lächeln auf und wartete. Aufgeregtes Geschrei ergoß sich in den Korridor, Stimmengewirr, dann tat sich die Tür auf: »Oh mein Gott, seht nur, der arme Joseph«, rief es aus aller Munde. Miss Ryan hatte die Rufe vernommen, und als sie den Raum betrat, schien es sie zu schaudern vor Schmerz – der arme, von allen vergessene Junge –, und eigens um sie über ihren Schmerz hinwegzutrösten, lächelte er grübchenzeigend ein glückliches Lächeln.

Die Schüler waren immer gut aufgehoben in der fürsorglichen Schulgemeinschaft der Central Remedial Clinic School. Jeder hatte eine andere Form der Behinderung zu bieten – einige waren schwerbehindert, während andere weniger stark betroffen waren. Joseph saß unter seinen Klassenkameraden, aber skurrilerweise barg seine Behinderung große Freiheiten. Zwar sah er sich von einer verkrüppelnden Krankheit kastriert, von hänselndem Hohn behelligt, von gelähmten Stimmuskeln zum Schweigen verurteilt; ironischerweise war er jedoch oft mit einem Gefühl körperlichen Wohlbefindens gesegnet. Allerdings fühlte er sich hintergangen, denn jedes Wohlsein schien seine Glieder derart zu verärgern, daß sie zu rebellieren begannen. Seine tob-süchtigen Gliedmaßen konnten unwillkürlich verheerenden Schaden anrichten; dabei war er nicht einmal imstande, eine Fliege von der Nase zu scheuchen. Er kostete vom Schulleben, saß jeden Tag da und versuchte schlecht und recht, mit den anderen Schülern ein normales Dasein zu führen. Diese legten aus irgendeinem selbstherrlichen Grund dem, was sie selbst von sich gaben, Sinn und Bedeutung bei, dem von den heliotropischen Zeitaltern der Hölle gepachteten Satz jedoch, den Joseph, eingenistet in bedrängter Gedankenklarheit, knabenhaft zögernd hervorstieß, maßen sie lediglich die Bedeutung leeren Gebrabbels zu.

Jede Art Gaudi war willkommen und machte der ganzen Klasse Spaß. Da die Kinder ihren hausgemachten Humor auf Josephs Kosten erprobten, erlangte auch er dadurch, daß er in den Augen der anderen den Narren abgab, einige Vorteile. Er stellte sie lediglich auf die Probe: sie sollten seine Sprache beurteilen. Gleichzeitig aber erforschte er ihren jugendlichen Mangel an Phantasie, indem er zuweilen nur ein Dideldumdei hervorstieß, wo sie Bedeutungen vermuteten, die traurigerweise durchaus auch ihren eigenen verletzten Gefühlen entsprachen. Joseph entzog sich ihrem Wunsch, seine Gefühle zu verletzen, und entwickelte statt dessen ein Rückgrat aus Eisen, gekoppelt mit dem vulkanischen Verlangen, in der Mitteilung seiner Überzeugungen und Gewißheiten geschickter zu werden.

Streiche zum Ergötzen der Klasse wurden die Regel. Eines Tages zog sich der hübsche Eamonn Cambell das Clownskostüm an. Er ließ die Luft aus beiden Reifen an Josephs Rollstuhl heraus. Der konnte ihn bei der Lehrerin ja doch nicht verpetzen! Nach der Kaffeepause betrat Miss Ryan den Klassenraum, und entschlossen, nicht zu unterliegen, machte sich Joseph daran, Beschwerde zu führen. Um ihre Aufmerksamkeit auf sich zu lenken, strampelte er wie wild auf der Fußstütze seines Rollstuhls. Sie blickte auf Joseph hinunter. Er strampelte noch wilder und steigerte sich zu einem großartigen Crescendo; zugleich behielt er sorgsam ihr Gesicht im Auge. Sie runzelte die Stirn, dann erhellte ein fragender Ausdruck ihre Miene. Da fing Joseph ihren Blick auf und dirigierte ihre Augen mit den seinigen auf seinen platten Reifen. Er wiederholte den Gleitflug seiner Augen, bis sie zu ihm ging, sich vor ihm aufstellte und ihm tief in die Augen sah. Er zog ihren Blick nach unten auf seine Räder. »Was ist denn, Joseph, stimmt irgend etwas mit deinem Rollstuhl nicht?« fragte sie. Er nickte sein verwundetes Nicken, und sie besah sich sein Rad genauer. »Oh, du hast einen Platten«, sagte sie. Joseph schaute ihr ins Gesicht und zwang ihren Blick auf das andere Rad. Da er seinen Kopf auf das andere Rad gerichtet hielt, lief sie auf die andere Seite des Rollstuhls. »Oh, jemand hat die Luft aus den Reifen gelassen«, beobachtete sie. »Wer war das?« fragte sie, doch schon bäumte sich Joseph auf und nickte anklagend in Richtung Eamonn. Eamonn bestritt, irgend etwas mit Josephs Rollstuhl zu tun gehabt zu haben. »Nun gut«, sagte Miss Ryan, »wir werden eine Gerichtsverhandlung abhalten müssen. Wir werden eine gerichtliche Anhörung durchführen, und ich werde die Richterin sein.« Die Anhörung begann; Joseph war der Kläger, Eamonn der Beklagte. Es wurden Augenzeugen aufgerufen, die aussagen mußten, doch die manipulierten Geschworenen sahen sich nicht in der Lage, einen einhelligen Spruch zu fällen. So kam es zu einem unentschiedenen Ausgang, der beide Seiten zufriedenstellte. Daraufhin rief die Richterin durch Klopfen zur Ordnung auf. Mit einem Augenfunkeln beendete sie die Sitzung und forderte Ankläger und Angeklagten auf, einander die Hand zu reichen. Eamonn ging rasch hinüber zu Joseph, beugte sich herab, ergriff die Hand seines Beschuldigers und schüttelte sie wärmstens. Dann wandte er sich zu Miss Ryan und erbot sich, eine Luftpumpe zu besorgen, um Josephs platte Reifen wieder aufzupumpen. Von diesem Tag an zählte Eamonn Joseph unter seine normalen Freunde.

Lehrer mehren oder mindern das Selbstvertrauen ihrer Schüler. Was Joseph anging, so stärkten seine Lehrer sein Selbstvertrauen, indem sie nicht nur seine kodierten Mitteilungen dechiffrierten, sondern darüber hinaus einfallsreich genug waren, ihn an der Erfahrung von Kindern teilhaben zu lassen, die nur leicht behindert waren. Sie halfen ihm beim Tischtennisspielen, und wenn der Ball nicht gleich auf dem Tisch aufschlug, sondern aus dem Fenster flog, hielt das Mr. O'Mahony nicht davon ab, Josephs Hand noch einmal zu führen: Gemeinsam bemühten sie sich, den nächsten Schmetterball besser hinzukriegen.

Unterschiedlichste und spannendste Vergnügungen wurden dadurch möglich, daß die Lehrer sie in Josephs Welt einführten. Über seine Lehrer traf er mit der berühmten kanadischen berittenen Polizei und den irischen Meistern im Gälischen Fußball, der Dubliner Mannschaft mit dem Spitznamen »Heffos Armee«, zusammen. Deren Trophäe, den Sam Maguire-Pokal, durfte er sich sogar aus nächster Nähe besehen.

Manchmal mußten die Lehrer die Hauptlast der Behinderung übernehmen, indem sie ihre Schüler auf den Armen trugen. Sie sorgten sich so sehr um sie, daß sie in ihren behinderten Zöglingen großen Elan wachriefen. Einmal besuchte ein offener Doppeldeckerbus die Schule. Als Paul O'Mahony den schmerzlich-sehnsüchtigen Wunsch in Josephs Augen las, trug er den verkrüppelten Jungen die steilen Stufen nach oben, setzte ihn auf seinen Schoß und nahm ihn so mit auf die Rundfahrt durch Clontarf. Die Stimme des Lehrers löschte die Bösartigkeit des Schicksals aus; von Mann zu Mann machte er ihn auf die geschichtlichen und alltäglichen Aspekte dieser alten Region aufmerksam. Paul O'Mahonys Einstellung im Umgang mit behinderten Schülern erkannte man daran, daß er beschloß, das Klassenzimmer in eine Küche zu verwandeln. »Morgen kochen wir Irish Stew«, sagte er und fing sogleich an, die Zutaten auszurufen. Am folgenden Morgen bereitete er gemeinsam mit seinen Schülern das Gericht zu. Schläfrige

Sinne wurden wachgerüttelt, als der Eintopf den einladenden Duft verströmte, den man sonst nur mit der Küche, mit Schürzenterrain assoziiert.

So also stand es um Josephs Lehrer. Ihr Vorstellungsvermögen war so ausgeprägt, daß der stumme Junge sich stets über den fast telepathischen Grad an Gewißheit wunderte, mit dem sie seinen Gesichtsausdruck, die Bewegung seiner Augen und seine Körpersprache deuteten. Lehrer und Schüler mußten oft lachen, wenn sie seinen Code dechiffrierten. In solchen Augenblicken schaute Joseph das Antlitz Gottes in Menschengestalt. Es leuchtete auf in ihrer Freundlichkeit, es strahlte in ihrer Begeisterung, es zeigte sich in ihrer Fürsorge, ja es liebkoste ihn in ihren Blicken.

Der Name Clontarf leitete sich von dem gälischen Cluain Tarbh (Stierwiese) ab. Der historische Ursprung der Bezeichnung hatte wohl mit der See zu tun, die mit hohlem, wütendem Gebrüll über die weiten Sandbänke der Dubliner Bucht tobte. Allerdings gründete sich Clontarfs eigentlicher Ruhm darauf, daß König Brian Boru in der großen Karfreitagsschlacht des Jahres 1014 bei Clontarf über die Wikinger siegte. Joseph kannte sich in den Bräuchen des alten Clontarf gut aus, und als er in den Nord-Dubliner Vorort umzog, erhielten die Flammen seiner Einbildungskraft noch weitere Nahrung. An Sommerabenden wurde er oft Zeuge von Schlachten, die im kämpferischen Geiste Brian Borus ausgetragen wurden, freilich nur zum höheren Ruhm einer Mannschaft und als grandioses Spektakel. Bei den Begegnungen in St. Anne's Park war sein Vater sein ständiger Begleiter, und Vater und Sohn gingen mit jedem Ball begeistert mit. Im Winter sah man sie beide bei dem großen Rugby-Training auf dem Platz in Castle Avenue. Oft sahen sie dort auch der Nationalmannschaft bei deren Trainings-Läufen und Vorlagen zu. Aber das war die Welt der Gesunden; der arme Joseph war nur Zuschauer. Freilich sehnte er sich mehr und mehr danach, mit den jungen Gesunden in Berührung zu kommen, doch wenn er an seine Schwierigkeiten dachte, bangte er um seine Chancen.

Joseph zog angestrengt die Stirn in Falten und lachte meckernd vor Entschlossenheit, wenn er die Brombeeren seines jugendlichen Erfolgs pflückte. In der Central Remedial Clinic fanden die Projekte des Behinderten wunderbare Nahrung, dennoch ließ er seine Augen über die strammen Burschen draußen wandern, und ein Gefühl der Einsamkeit beschlich ihn, wenn er sah, wie Schüler und Studenten aus ihren Schulen und Colleges nach Hause strömten. Seine Fähigkeit, sich außerhalb der Geborgenheit seiner Schule an den Umgang mit gesunden Schülern zu gewöhnen, nahm in seiner jugendlichen Vorstellungswelt betäubende Bedeutung an. Schaffe ich's, fragte er sich während der langen dunklen Stunden, da er zusammengerollt im Bett lag. Ist die Normalität wirklich aus dem Stoff dämmriger Träume gemacht, ängstigte er sich, oder werden meine närrischen Träume im kalten Licht des Morgengrauens für zu leicht befunden werden? Seltsames Fragen erwiderte auf seine dunklen Träume. Tollkühne Rückhaltlosigkeit hypnotisierte seinen Verstand. Wer wird dich haben wollen, wer ist schon so blöd – vielleicht hast du mehr abgebissen, als du kauen kannst – kau, verdammt noch mal, kau, wenn ich kauen könnte, könnte ich mich normal nennen, stell dir nur vor, kann nicht kauen, kann nicht mal schlucken, weshalb also kauen? kann nicht rufen – doch, kann rufen, ein ausgehungertes Stöhnen vielleicht, aber es ist ausreichend; kann nicht kauen, kann nicht kauen, kann nicht riechen – kann riechen – kann nicht kauen, kann meinen Stuhl nicht kontrollieren – kann, kann, kann kontrollieren, kann meine Blase nicht kontrollieren – kann kontrollieren, kann kontrollieren; kann nicht kauen, na und, ich habe eine trockene Sitzfläche, einen wunderbar trockenen Hosenboden, immer, immer, aber kann nicht kauen, kann nicht weinen – kann weinen, kann weinen, kann weinen, nasse Kissen voll, aber wen kümmert's, kann weinen, ganze Eimer voll, kann nicht lachen – kann lachen, kann, kann, kann, kann nicht aufhören – kann aufhören, kann nicht einsehen, weshalb ich aufhören soll, kann nicht einsehen, warum, kann die Notwendigkeit nicht einsehen, kann mir nicht die Schuld geben, muß mir die traurige Wahrheit einfach eingestehen: KANN NICHT KAUEN.

Da ihm überdurchschnittliche Intelligenz zugeschrieben wurde, suchte Joseph nunmehr eine Schule, die souverän genug wäre, einen stummen Krüppel in die Gemeinschaft normaler, schöngewachsener Jungen und Mädchen aufzunehmen. Als er mitanhören mußte, wie seine Eltern akzeptierten, daß ein verkrüppelter Knabe auf der Speisekarte einer normalen, eleganten Schule nicht einmal als Hors d'Œuvre auftauchen könne, zerstörten diese hohlen Phrasen der Ablehnung sein wunderbar fröhliches Leben, das sich gerade zu artikulieren begann. Um Himmels willen, was würden die anderen Eltern denken, wenn sie einen Krüppel dieselben Bänke drücken sähen wie ihre Lieblinge, riefen Josephs Ängste im Chor, als er voller Verzweiflung Nora zuhörte, die mit dem Rektor der nahegelegenen Gesamtschule telephonierte. »Ich bin bereit, ihn aufzunehmen«, sagte der Schulleiter, »aber immer, wenn Josephs Antrag auf der Vorstandssitzung zur Sprache kommt, legt jemand sein Veto dagegen ein.« Immer legt jemand sein Veto dagegen ein, dachte Joseph, und er stellte sich im Geist das hochgeschätzte Allerheiligste des Sitzungssaals vor; immer legt jemand sein Veto ein; jemand, der normal ist; jemand, der schön ist; jemand, der mit Normalität gesegnet ist; jemand, der auf eingefahrene Denkweisen und altmodische Regeln pocht; ein Mann – vielleicht Zigarrenraucher; jemand mit vor Gesundheit gerötetem Gesicht; eine Frau – mit einer Leiche im Keller, einem armen Teufel bloß keine Chance geben; am allerschlimmsten aber, ein Christ, ein prahlerischer Asket, einer von denen, die einem den Kopf tätscheln – armes Kind, Gott sei ihm gnädig, ach ja, Gott ist gnädig, nie schließt er eine Tür, ohne zugleich eine andere zu öffnen; jemand, der schlichtweg außerstande ist, die Regeln so auszulegen, daß sie den Notwendigkeiten entsprechen; jemand, der sich teuflisch am Leid anderer weidet; jemand, der in der Kunst des Neinsagens versiert ist; jemand, der in seiner Kindheit zu oft nein gehört hat; jemand, der es über sich bringt, zu einem stummen Krüppel nein zu sagen; jemand sagt immer nein.

Der Abgelehnte wand sich vor Schmerz. Er roch das Wachs, das von seinen schmelzenden Schwingen tropfte, aber zunächst nahm er eine abwartende Haltung ein. Er erteilte sich selbst den Ratschlag, nie zurückzublicken, und bereitete sich freudig einen neuen blutroten Glühwein mit einem Quentchen Aloe.

Niedergeschlagen, aber durchaus nicht verzweifelt, litt Matthew Meehan Schmerzen um seinen Sohn. Er konnte nie stumm mitansehen, wie die Sensibilität eines Menschen verletzt wurde, und so schilderte er anderen, wie irgendein dreister Mensch Josephs Zulassung zur örtlichen Schule verhindert hatte. Er erzählte den Hergang einem Kollegen am Arbeitsplatz, dem Psychiater Dr. Brian McCaffrey. Der Arzt hörte aufmerksam zu und äußerte danach den Wunsch, Joseph kennenzulernen.

Gegen Mittag ging die Haustür auf, und Joseph hörte, wie Matthew mit einem Besucher plauderte und ihn ins Wohnzimmer bat. Matthew rief Nora und Joseph herbei und stellte sie beide Dr. McCaffrey vor. Ungestüm unterhielt sich Joseph in seiner eigenen Sprache und ließ für den Arzt keinen Zweifel daran, daß er es mit einem Jungen zu tun hatte, der bereit und willens war, sich tapfer mit dem Schulleben auseinanderzusetzen, wenn ihn nur endlich eine Schule aufnehmen wollte. Dr. McCaffrey schaltete rascher als die meisten Besucher, und den Blick auf Joseph geheftet, sagte er: »Ich möchte dir gern helfen und glaube auch, daß ich es kann.« – »Darf ich eben mal anrufen?« fragte er Matthew, und sie gingen zusammen in die Diele. Nach einem kurzen Telephongespräch kam Dr. McCaffrey wieder ins Wohnzimmer. Er sprach aus, worauf Joseph sehnsüchtig geharrt hatte: »Hör zu, Joseph, du sollst dich in der Mount Temple School vorstellen. Glaub mir, man wird dich ausschließlich nach deinen Leistungen beurteilen. In der Schule hat es nie zuvor einen behinderten Schüler gegeben, aber man möchte dich gerne kennenlernen.« Joseph hatte das Bedürfnis, dem großherzigen Mann zutiefst zu danken, und bat seine Mutter, ihm seine Schreibmaschine zu holen. Aufrichtig tippte er: »Sie sind sehr demütig, daß Sie sich um mich kümmern.« Er wartete auf eine Reaktion und fühlte sich von der Träne, die er im Auge des hilfsbereiten Mannes glitzern sah, ermutigt. »Du verdienst meine Hilfe«, sagte er, »und ich freue mich, daß ich hier Vermittler sein konnte. Alles übrige, Joseph, liegt an dir.« Allerdings, alles andere lag an Joseph, und während er seine gekrümmten Schultern gegen das Rad der betrogenen Fortuna stemmte, sah er mit tiefer Sorge dem Tag seines Vorstellungsgesprächs entgegen.

Zweites Kapitel Hohngelächter der Hölle

An dem betreffenden Morgen schrak Joseph Meegan auf. Vor lauter Nervosität bekam er eine Gänsehaut: »Himmelherrgott, ich muß ja heute zu dem verdammten Interview!« Der Gedanke jagte ihm Angst ein. Trottel, der er war, wußte er, daß er sich, bevor noch der Tag vorüber wäre, endgültig alles verdorben haben würde. So lag er im Bett, machte sich erst Angst und beruhigte sich daraufhin wieder. Warte nur, bis der Schulleiter sieht, wie du deinen Kriegstanz aufführst, ulkte er. Gleich darauf widersprach er sich selbst: Vielleicht wirst du gar nicht nervös sein, sondern fabelhaft entspannt; du weißt ja, manchmal klappt's, denk dran, wie du zum erstenmal zur Kommunion gegangen bist, an dem Tag warst du so ruhig wie die Wüste nach einem Sandsturm. Roben des von ihm eroberten Himmels halfen ihm aus seiner gottgegebenen Einsamkeit, doch zugleich lachte die Hölle ein schallendes Hohngelächter.

Aufgeregt knirschend saß er in seinem Stuhl. Seine Eltern trafen Anstalten, ihren wie in einen Zookäfig gesperrten Sohn dem Direktor der Mount Temple Comprehensive School, John Medlycott, vorzustellen. Mach dir keine Sorgen, flüsterte er sich zu, sei tapfer, ruh dich etwas aus. Verzweifelt und verzagt wie der weinende Erlöser harrte Joseph Meehan seines jugendlichen Richttags. Alle schwerfällige Tapferkeit wich von ihm, und er ward zu den Übeltätern gerechnet, welche verstummen im Anblick des Hinrichtungskommandos.

Matthew setzte den Wagen zurück auf die Straße. Er stellte das Radio an und tat so, als sei alles wie immer, aber seinem Sohn schien er doch allzu viele Blicke zuzuwerfen. Unterdessen stützte Nora mit dem Arm den Leib ihres Sohnes. Er preßte seinen gebrechlichen Körper näher an sie heran, gerade so, als könne er aus ihrer Zuversicht Stärke schöpfen. Als das Auto behutsam in den Torweg einbog, erblickte er vor sich das mit einem Turm geschmückte Schulgebäude. Das Zifferblatt einer großen Uhr mahnte ihn daran, daß es Zeuge geschichtlicher Ereignisse geworden war, aber er war wie betäubt und scheute vor den langen, lockenden Zeigern zurück. Matthew hob ihn vom Rücksitz und setzte ihn in seinen einsamen Rollstuhl. Dann zogen Eltern und Sohn gemeinsam los, um das Büro des Direktors ausfindig zu machen.

Aufgefordert einzutreten, ließ sich der verkrüppelte, an seinen Rollstuhl gefesselte Junge mutig über die Türschwelle schieben. Hinter einem Schreibtisch sah er einen bärtigen Mann mit heiterem Blick. Der Schulleiter wollte seinen Augen kaum trauen: die Arme weit von sich geworfen, das Gesicht mit einem Ausdruck dümmlich wirkender Mattigkeit plötzlich fest verschlossen, hatte Joseph Meehan seinen großen Auftritt. Schon sein erster Versuch, Mr. Medlycotts Willkommensgruß mit einem Lächeln zu beantworten, löste einen Krampfanfall aus; seine Gesichtsmuskeln verzerrten sich, und seine Arme und Beine strampelten so heftig wie die einer Aufziehpuppe, deren Schlüssel man plötzlich losläßt. Der arme Direktor mußte von dem Schauspiel ganz verdutzt gewesen sein, aber Nora half ihm über seine Verwirrung hinweg, indem sie ganz offen sagte: »Wie Sie sehen, ist Joseph sehr nervös, aber er wird sich gleich wieder fangen.« Seinen Instinkten völlig zuwiderhandelnd, faßte John Medlycott Zutrauen, lächelte überzeugend und unterdrückte sein Bedürfnis nach weiteren Erklärungen. In diesem Augenblick betrat ein hochgewachsener, bärtiger Mann das Büro. Der Schulleiter stellte ihn als Verbindungslehrer Jack Heaslip vor.

Inzwischen hatte Joseph eine entspanntere Haltung eingenommen, so daß er den Lehrern besser folgen konnte. Sekunden dehnten sich zu Minuten; Joseph war jetzt hellwach und voll damit beschäftigt, Wörter und Eindrücke zu verarbeiten, als plötzlich die Bombe platzte und alle Fesseln des abgefallenen Menschen im Umgang mit Behinderten sprengte. Denn mit einem herrlich zuversichtlichen Grinsen fragte Mr. Medlycott:

»Nun, Joseph, wann kannst du hier anfangen?« Joseph ging auf die Frage ein, indem er das Aussehen eines Menschen einnahm, der gerade vom Boden abhebt. Er spürte, wie ein Glücksrausch seinen Körper durchströmte und die vielen erlittenen Zurückweisungen dahinschmelzen ließ, und war fest entschlossen, seinen warmherzigen Lehrer nie zu enttäuschen. Als wolle er Joseph Gewißheit verleihen, griff Mr. Medlycott zum Haustelephon und sagte: »Jim, könnten Sie wohl auf einen Moment herüberkommen?« Wieder ging die Tür auf, und ein Mann kam fröhlich ins Zimmer hereingeschneit. Er trug einen dicken Strickpullover und Jeans, und sein kupferrotes Haupt- und Barthaar schien ihn erdrosseln zu wollen. Joseph bemerkte nicht nur seinen Bart und seinen flotten Haarschnitt, sondern auch die krausen roten Brusthaare, die aus seinem Hemd mit offenem Kragen hervorkringelten. »Mr. Casey«, sagte der Direktor, »ich möchte Ihnen gerne Joseph Meehan vorstellen.« Zu Joseph gewendet, sagt er: »Joseph, das ist Mr. Casey, dein Tutor.« Mr. Casey lächelte und sagte: »Willkommen an unserer Schule, Joseph.« Er drehte sich zu Matthew und Nora und schüttelte ihnen die Hand. Und als er die Aufregung des Jungen verspürte, sagte er: »Nun man los, Joseph, ich zeig' dir die Schule.« Und sie zogen davon, der freundliche Lehrer mit seinen weitausholenden Schritten und der an seinen Rollstuhl gefesselte, schweigende, aber gedankenvolle Junge.

Als Jim Casey ihn die Korridore entlangschob, herrschte Stille, nur aus den Klassenräumen drang Gemurmel. Der Lehrer zeigte ihm die Schulbücherei, den Zeichensaal und den Speisesaal. Dann nahm er sein Schlüsselbund aus der Hosentasche und schloß die Tür zu seinem eigenen Klassenzimmer auf. Vorsichtig schob er den Rollstuhl in den vollgestellten Raum. Die leeren Tische standen dichtgedrängt, und an der Wand hing eine große Tafel. Aber Josephs Aufmerksamkeit galt den Fenstern. Sie befanden sich fast direkt unter der Decke, und Joseph fragte sich, weshalb sie so hoch angebracht waren, daß man vom Himmel nur einen kleinen Ausschnitt sah. Jim Casey bemerkte die Neugier des Jungen, und er stellte und beantwortete die Fragen, die Joseph nach allem, was er sah, durch den Kopf schießen mußten. Von dem Einfühlungsvermögen des Lehrers war der Junge ganz überwältigt, und während er zuhörte, jubelte er innerlich: Mount Temple würde alle seine Träume erfüllen. Als Jim Casey das Licht ausknipste, flackerten die Neonlampen ein bißchen. Nachdem die Tür wieder abgeschlossen war, machten sich Lehrer und Schüler auf den Rückweg zum Büro. Die Lehrer beschlossen unter sich, Joseph zwei Jungen aus seiner künftigen Klasse vorzustellen. Mr. Medlycott hatte sie ausgesucht und gebeten, Joseph dabei zu helfen, sich in der Klasse 1L einzuleben. Die Jungen wirkten nervös und schienen sich in ihrer Haut nicht recht wohlzufühlen. Immerhin waren sie jetzt mit ihm in Berührung gekommen, und jeder von ihnen hatte genug Zeit, nachzudenken und sich auf die kommende Herausforderung einzustellen. Joseph stellte keine Fragen, sondern zitterte nur angesichts dessen, was ihm bevorstand. Aber wie immer sandte er ein Stoßgebet aus und blickte seiner Zukunft an der Mount Temple Comprehensive School beherzt ins Auge. Nun war es an der Zeit zu gehen. Joseph wollte seinen Lehrern von Herzen danken, doch seine Spasmen schlossen jegliche Dankbarkeitsbezeigungen aus. Das einzige, was er aufzubieten vermochte, waren Grimassen, Kehllaute und tanzende Gliedmaßen. Auf der Schwelle zögerte er und unternahm eine letzte Anstrengung, seinen Dank zu bekunden. Er hielt seinen Kopf gerade, fixierte Mr. Medlycott und vollführte eine Vielzahl rascher, zackiger Verbeugungen. John Medlycott zeigte sich der Situation gewachsen, und erstmals an diesem Tag gab Joseph ein natürliches Lächeln von sich. Aber er wußte genau, es würden auch noch andere Tage folgen, ließ sich doch jede Gelegenheit dazu benutzen, neues Licht in seine triste Traumwelt zu gießen.

Es war Noras Aufgabe, Josephs Ängste zu beschwichtigen. Sie ahnte, daß ihm eine wunderbar spröde Sensibilität innewohnte. Obwohl sie wußte, daß er mit seinem Auftritt in Mount

Temple unzufrieden war, plauderte sie auf der Heimfahrt mit Matthew über die Größe der Schule, die vielen Morgen Land, die zum Schulgelände gehörten, die ins Auge fallenden Sportmöglichkeiten und die Feinfühligkeit der drei Lehrer, die sie soeben kennengelernt hatten. Sie wies Josephs Versuche, sich nach seinem mürrisch wirkenden Auftritt neuen Mut einflößen zu lassen, zurück und wartete, bis sie zu Hause anlangten. Dann nutzte sie ihren Vertrauensvorschuß, sah Joseph an und sagte: »Na, Joseph, wie fühlst du dich jetzt, wo du alles hinter dich gebracht hast?« All seine stumme, aufgestaute Verzweiflung brach aus ihm hervor, und der arme Kerl weinte laut vor sich hin und vergaß dabei das Sprichwort, daß große Jungs nicht weinen. Was sollten sie denn sonst tun, wenn das Leben ihnen so erbarmungslos zusetzte? Er scherte sich einen Dreck darum, ob sie weinen durften oder nicht, und vergoß unstillbare Tränen nachdenklicher Verwirrung und Bestürzung. Was für einen Eindruck werde ich auf diese gesunden Männer gemacht haben? Wie kann ich sie davon überzeugen, daß ich genauso gesund bin wie sie? Waren sie wirklich erschüttert über die tollen Fratzen und Verrenkungen meines Körpers? Haben sie mir nur die typisch protestantische Hand christlicher Nächstenliebe gereicht, oder habe ich ihnen etwa genauso viel Angst eingejagt wie sie mir, als ich ihnen gegenübersaß? Und wenn ich sie das nächste Mal treffe, muß ich darauf eingerichtet sein, zuguterletzt noch achthundert Schülern gegenüberzutreten. Die Tränen der Vergangenheit waren nichts als Kindermätzchen, die Tränen von heute hingegen galten der verwirrenden Gegenwart und Zukunft eines kastrierten Knaben.

Nora und Matthew bemühten sich schwach, die tiefe Verzweiflung ihres bekümmerten Sohnes zu ergründen; ebenso tapfer wie heftig bestätigten sie sein eigenes Resümee. »Stimmt«, sagte Matthew, »du warst ziemlich verkrampft, aber anscheinend hast du nicht gemerkt, daß die Lehrer genauso verkrampft waren, nur konnten sie's besser kaschieren. Es ist besser, sie lernen dich kennen, wenn's am schlimmsten um dich steht, dann kann sich die Lage für dich und sie nur noch verbessern.« Nora, die normalerweise teilnahmsvoll war, machte Joseph völlig fertig, indem sie ihn vergnügt auslachte. Ohne sich um seine therapeutischen Tränen zu kümmern, sagte sie: »Komm schon, Junge, du hast den ersten Schritt getan, jetzt warte erst einmal ab, was auf dich zukommt.« Sie versetzte Joseph einen Schlag vor die Brust, dann schlenderte sie lächelnd davon, um das Abendessen zu richten.

Aber derart salzige Tränen kann keiner unterdrücken, und Joseph mußte noch eine ganze Weile heulen. Er wußte, seine Eltern waren Schlauberger und wollten mit aller Gewalt, daß er erwachsen würde. Aber noch wollte er sich nicht dareinfügen.

Beim Abendessen schimpfte Nora ihren Sohn einen Hasenfuß. »Mein Gott, Joseph, sei doch nicht so furchtbar theatralisch«, bettelte sie. »Hast du nicht deine Lehrer und zwei Mitschüler kennengelernt und dich in der Schule umschauen können? Sei ein Mann, gib dir und ihnen eine Chance!« Joseph fühlte sich immer noch übel, aber er wußte, das Kapitel war abgeschlossen, als seine Mutter ihn aufforderte, positiv zu denken. Dennoch schwankte er zwischen Hoffnung und Verzweiflung. Erschöpft von der gewaltigen Aufgabe, Nichteingeweihten gegenüberzutreten und sie zu überzeugen, gab er schließlich nach. Er redete sich gut zu, sich nur nicht weiter zu ermüden, und beruhigte sich schließlich. Wie gewöhnlich fand er Trost, und wie gewöhnlich lag dieser in seinem bewundernswerten Mut. Was ihm kurz durch den Kopf ging, hatte keinerlei Ähnlichkeit mit Trauer, denn wie immer senkten sich ungefragt hohle Nebelwolken heliotropen Glücks auf ihn herab und bestärkten den angeschlagenen Jungen in seiner Kampfentschlossenheit.

An diesem Abend ging Joseph todmüde zu Bett, dankbar, daß seine Vorstellung in Mount Temple vorüber war. Von ganzem Herzen dankte er seinem Herrn, daß er ihm die Verzweiflung genommen hatte. Er rief sich die großmütigen Männer in Erinnerung, die er eben kennengelernt hatte, und wußte, daß sie ihn gesalbt hatten, indem sie fest an eine Zukunft glaubten, zu der ein behinderter Junge in den Reihen der Schülerschaft gehörte. Er wägte seine Lage ab und verlangte von sich Rechenschaft darüber, was er in der Vergangenheit erduldet hatte und was ihm die Zukunft bringen würde. Denk an deine Unterrichtsstunden, Junge, trieb er sich an. Überleg doch bloß mal, was für ein Glück du hast! Du hast ewig darauf warten müssen. Jetzt hast du einen Fuß in der Tür und solltest vielleicht sogar in Panik geraten. Denk an die andern, die vor dir waren – haben die einen hitzigen Verstand gehabt? Sind sie nicht in Hinterzimmern verwahrt worden – verdreckt, vernachlässigt, mit finsteren Blicken bedacht? Hat je die Sonne ihre milchige Haut gebräunt? Haben sie jemals den Nachthimmel erblickt? Hat Freundlichkeit sie je zu Tränen gerührt? Haben sie je die Hand in kühles Wasser getaucht? Hat je einer nach ihren zusammengekrampften Fäusten getastet und ihre verkümmerten Finger aufgebogen, so daß das Wasser zwischen ihnen hindurchlaufen konnte? Haben sie je den kalten, nervösen Herzschlag eines nassen Frosches gefühlt? Haben sie schon einmal auf der flachen Hand einen sich windenden Wurm gehalten? Haben sie je den weichen Sommerregen gespürt, wenn die Tropfen an ihrem Gesicht hinabliefen, oder mit gesenktem Kopf versucht, in einem Schneesturm Luft zu holen? Haben sie je hochvergnügt in einem heißen Schaumbad gesessen und hinterher in einer Duftwolke von Talkumpuder niesen müssen? Sind sie je von den Strahlen einer gold- und kupferfarbenen Morgensonne geblendet worden oder haben die Umrisse winterkahler Bäume vor dem purpurrot durchwirkten pastellblauen Abendhimmel gesehen? Haben sie je den Klang eines aufrichtigen Lachens aus dem Mund eines Freundes vernommen, ohne alle versteckten Andeutungen? Haben sie je die vollkommene Genugtuung empfunden, wenn der Golfball, den sie mit fremder Hilfe schlugen, schnurstracks auf das winzige Loch zurollte und hineinplumpste? Sind sie je in Begleitung ihres Vaters auf wunderbar abgelegenen Wegen spazierengegangen, und die Vögel spielten verrückt, und jeder von ihnen sang sich die Brust wund, um den liederschmetternden Nachbarn auf seinem Ausguck zu übertreffen? Haben sie die Liebe ihrer Schwester verspürt, wenn sie ermüdende Stunden damit zubrachte, eigens für sie ein kompliziertes keltisches Muster zu zeichnen? Haben sie je einen närrischen Hund geliebt und sich über seine Fröhlichkeit verwundert? Haben sie je gute Omen wahrgenommen? Haben sie je, trotz ihrer entsetzlichen Lähmung, einen Seufzer des Wohlbehagens ausgestoßen? Haben sie je ihr Frühstück hinuntergeschlungen, um rechtzeitig zur Schule zu kommen? Haben sie wach im Bett gelegen und auf den Weihnachtsmann gewartet, voller Sorge, daß er nicht kommen würde, wenn sie nicht schliefen? Haben sie zu meckern gewagt, wenn ihre Schwester sie ganz fertig machte? Haben sie je Eifersucht darin erblickt, wenn ihre Schwester nach größeren Portionen, größerem Spielzeug, größeren Streicheleinheiten rief? Haben sie je so viel Zuwendung erfahren, daß ihre gesunde Schwester wünschte, auch verkrüppelt zu sein? Jemals? Und wenn nicht, war's damit getan? Über ihre Träume warf das böse Leben einen einsamen Schleier, aber die Jahre vernahmen den stummen Schrei jener befangenen Kinder, und Schläue sinnt über die Befunde der Zeit. So stählte denn Joseph seine Nerven, und seine Entschlossenheit hallte wider in den Kammern seiner Seele.

Matthew oder Nora steuerten den Wagen vorsichtig in den morgendlichen Verkehrsstrom; anstelle des stimmlosen Joseph sprachen sie. Sie machten sich Gedanken über den langen Schultag, über die Unterrichtsfächer, darüber, wer sich als erster mit ihrem Sohn anfreunden würde, und im stillen auch darüber, ob ihr Sohn womöglich störrisch würde. Unterdessen saß Joseph da und war in Sorge. Er malte sich aus, was die Schüler wohl denken würden, wenn seine Stimme unwillkürlich einen Schrei ausschicken würde, der sich nach nervlicher Belastung anhörte. Was werden die wohl denken, wenn sie versuchen, meinen Rollstuhl durch die überfüllten Korridore zu schieben, und meine ausgebreiteten Arme fliegen nach vorn? Oder noch schlimmer, werden sie mich für meschugge halten, wenn plötzlich meine Hände nach vorn schießen und jemandem eine Ohrfeige verpassen? Als sich im Verkehr eine Lücke auftat, verspürte er das Bedürfnis nach Geschwindigkeit, und richtig glitt der Wagen voran und beförderte ihn rasch in Richtung Mount Temple. Matthew bremste ab und schwenkte in den Torweg der Schule ein. Als er die herbeiströmenden und drängelnden Schülermassen erblickte, verschlug es dem Jungen den Atem vor Angst. Er zuckte zusammen und kauerte sich an seine Mutter. Dennoch fiel sein Blick wieder auf die große Uhr, die ihn von dem turmverzierten, nüchternen Backsteingebäude herab ansah.

Bei seiner Ankunft im Foyer stieß Joseph auf Peter Nicholson und Eddie Collins, die ihn bereits erwarteten. Er las in ihren Gesichtern und erblickte nichts als jungenhafte Höflichkeit und Zutrauen. »Sollen wir dich in deine erste Stunde bringen?« fragte Peter, aber Matthew hielt sie auf, denn er wollte sie über die unbeabsichtigten Armbewegungen seines Sohnes aufklären. Nora sagte keinen Ton; anscheinend verließ sie sich darauf, daß die drei Jungen allein zusehen würden, wie sie mit ihren neuen Problemen fertig wurden. »Falls du mich brauchst, ich bin in dem kleinen Büro hier«, sagte sie und deutete auf eine gelbe Tür. Danach bewegten sich die beiden Jungen und ihr neuer Mitschüler den Korridor hinunter. Joseph wies seinen Körper an, ruhig zu bleiben, während die Jungen beratschlagten, wie sie am besten seine Arme still halten könnten. »Wir bringen dich in den Musikraum zur Singstunde«, verriet ihm Peter. Am Ende eines grüngestrichenen Korridors trafen sie auf eine Gruppe Schüler, die darauf warteten, daß der Lehrer ihnen die Tür aufschloß. Dieser ließ die Jungen und Mädchen eintreten, und als er seinen neuen Schüler bemerkte, ging er auf ihn zu, schüttelte ihm kräftig die Hand und sagte: »Herzlich willkommen in Mount Temple. Ich hoffe, daß du dich bei uns wohlfühlen wirst, Joseph.« Daraufhin schob Eddie vorsichtig den Rollstuhl in den Raum, und der Unterricht begann. Allem Anschein nach höchst neugierig, musterte Joseph mit vorwitzigem Gesichtsausdruck einen Schüler nach dem anderen, während seine Klassenkameraden, um nicht ängstlich zu erscheinen, wegschauten, sobald sein Blick sie traf. Er witterte ihre übergroße Furcht vor ihm, aber es lag ihm daran, ihr Unbehagen nicht noch dadurch zu vergrößern, daß er sich womöglich verkrampfte und wilde Grimassen schnitt, wenn seine Gesichtsmuskeln sich im Spasmus schief verzerrten.

Gegen Ende der Stunde fragten Peter und Eddie, ob sie die Klasse schon vorzeitig verlassen dürften. Sie erklärten dem Lehrer, sie benötigten einen Vorsprung, um den Rollstuhl in den nächsten Raum schaffen zu können, bevor die Korridore mit Hunderten von Schülern, die von einem Klassenzimmer zum anderen rasten, verstopft wären. Eddie und Peter suchten nach Gesprächsstoff. Sie sahen ihren Pflegling an und versuchten ihn in ihre Unterhaltung einzubeziehen. So weit ging alles glatt mit den drei Jungen; freilich war keiner darauf gefaßt, was als nächstes geschah. Denn plötzlich schrillte die Schulsirene Zeter und Mordio. Joseph war zu Tode erschrocken, und sein beschädigter Abwehrreflex löste ein gewaltiges Zucken aus, das seinerseits Peter und Eddie einen Schrecken einjagte. Obwohl sie es mit der Angst zu tun bekamen, bewahrten sie das Gesicht. Dann gewannen sie ihr Selbstvertrauen zurück und fragten Joseph, ob er wieder in Ordnung sei. Joseph grinste und signalisierte ein Ja, indem er schweigend den Blick zur Decke richtete. Als nächstes stand eine Begegnung mit Jim Casey, dem Englischlehrer, auf dem Stundenplan. »Er ist unser Tutor, wußtest du das?« fragte Peter, als er Joseph in den Englischraum rollte. Joseph bejahte, indem er Peter, nach hinten gebeugt, ins Gesicht blickte. Mr. Casey lächelte ein schlichtes Willkommen, faßte den Rollstuhl an den Griffen an und steuerte Joseph in eine Lücke in der vorderen Tischreihe. Unter prüfenden Blicken in Josephs Richtung begann er mit dem Unterricht. Für Joseph nahm die Schule eine ganz neue Bedeutung an, und er fing munter an, seine neuen Einsichten festzuhalten. Der stumme Junge sah und hörte Mr. Casey zu, wie er zärtlich Lyrik rezitierte – sprachgewaltige Stellen, wie sie Joseph noch nie zu Ohren gekommen waren. Josephs Methode lag im verborgenen, doch mit Hilfe eines scharfen und empfindlichen Gehörs verzeichnete und verwahrte er seine Funde. Mr. Casey und seine Klasse waren so redegewandt. Aber ihr Wortwechsel kam auch ihm zustatten, beantwortete er doch im stillen sämtliche Fragen und wartete dann ab, um zu sehen, ob jemand seine Meinung teilte.

Wieder wurde der Raum gewechselt, diesmal war Geschichte dran. »In Geschichte haben wir den Direx«, erläuterte Peter, als die drei Jungen den Gang entlang bummelten. Die Stille der Korridore schien eine gewisse Innigkeit zwischen ihnen zu schaffen, und Joseph fühlte sich in ihrer Gesellschaft wohl. Die Jungen kamen als erste im Klassenzimmer an, und als seine restlichen Klassenkameraden eintrudelten, warf ihnen Joseph verstohlene Blicke zu in der Erwartung, daß sich auf ihren Gesichtern Furcht spiegeln würde. Aber nur immer zu, er fand es beruhigend, daß sie einfach damit fortfuhren, zu streiten, sich gegenseitig zu ärgern und so zu lärmen, wie sie es immer taten. Beschwingt kam Mr. Medlycott herein, als wolle er damit andeuten, daß er an dem Neuen nichts Ungewöhnliches wahrnahm. »Aufgepaßt«, sagte er, und nachdem er festgestellt hatte, wo sie im Geschichtsbuch stehen geblieben waren, kam er gleich zur Sache.

Als seine Begleiter mit ihm den Korridor entlang in die Große Pause strebten, seufzte Joseph vor Erleichterung und vergaß seine seelischen Nöte. Er versuchte die Haltung seiner Mitschüler ihm gegenüber abzuschätzen und fürchtete sich vor dem Ergebnis. Sein ungelenkes Gebaren entstellte sein äußeres Erscheinungsbild, und er wußte genau, daß große Vorhaben großer zärtlicher Retter mit großen zärtlichen Herzen bedurften. Aber so jung er war, konnte er doch bereits die Zärtlichkeit hinter der scheinbar kalten Fassade der Lehrer und auch schon einiger Jungen und Mädchen der 1L erahnen.

Als die Klassen in die fünfzehnminütige Pause hinausgingen,

wurde Joseph von den Schülern höchst neugierig und verblüfft beäugt. Peter und Eddie wichen nicht von seiner Seite, aber es gab kindische Gemüter, die sie beide als leichtgläubig einstuften, denn es war doch offenkundig, daß sie es mit einem geistig zurückgebliebenen Jungen zu tun hatten.

Als Joseph sah, wie die Irischlehrerin, Miss Siney, seinem Rollstuhl an der Tür zu ihrem Klassenzimmer den Weg bahnte, wurde er auf ihren freimütigen Gesichtsausdruck aufmerksam. Sie war in Grau gekleidet, aber ihre Augen tanzten vor Freundlichkeit. Sie sprach Irisch so, als ob ihr Respekt vor der Sprache nicht nur daher rührte, daß es sich um die Landessprache handelte, sondern auch daher, daß sie ihren Klang schön fand – kurz, sie schien ihre Muttersprache zu lieben. Joseph merkte, wie ihre Augen sein Gesicht nach einem Anzeichen von Interesse an ihrem Fach absuchten, doch das einzige, was sie sah und hörte, waren blöde Blicke, Speichelfäden und sinnlose Laute.

Fünf Minuten vor zwölf brachen Peter und Eddie mit ihrem Schützling zu Miss Craigs Raum für Umweltstudien auf. Vor lauter Anspannung geräuschvoll keuchend, kam Joseph mit Volldampf in den Klassenraum gefahren. Stumm, wie er war, konnte er ihr seine Freude darüber, daß er eine weitere neue Lehrerin kennenlernte, nicht vermitteln, doch Miss Craig überbrückte die momentane Verlegenheit geschickt, indem sie den Jungen half, einige Tische zu verrücken, um Platz für den Rollstuhl zu schaffen. Joseph atmete jetzt wieder leiser und konnte seine Lehrerin eingehend mustern. Sie strahlte normale Zivilcourage aus, hatte sie doch die Miene aufgesetzt: »Geratet nur nicht in Panik, ich habe die Situation völlig unter Kontrolle!« Und so begann sie mit ihrer Erdkundestunde.

In der Mittagspause stürmten sämtliche achthundert Schüler unter wildem Geschrei auf die Korridore hinaus. Aus dem Speisesaal zog der Geruch des Mittagessens herauf. Aber auch Joseph jubelte, denn sein erster Schultag in Mount Temple war zu Ende, er konnte nach Hause gehen und zusammen mit seiner Familie einen Heidenspaß haben: Er brauchte ihr nur genau, aber witzig Bericht zu erstatten über Lehrer, Schüler, Einstellungen und Mißverständnisse an seinem ersten großartigen Tag in der wunderbaren Welt der Gesunden.

In der ersten Woche wurde jeder Tag, zum Halbtag verkürzt, eigens so gestaltet, daß man auf Josephs Bedürfnisse eingehen konnte. Die Lehrer waren der Meinung, daß er sich an die Schule und die Schüler schrittweise gewöhnen sollte. Deswegen konnte er am ersten Tag gleich mittags nach Hause stürzen und hatte die zweite Tageshälfte für Gespräche, Gequassel und freimütigen Austausch zur Verfügung. Auch seine Wunden konnte er lecken.

Das Dunkel der Nacht entschwand stets hinter goldenen Visionen, und die Nacht des 20. Februar 1979 war keine Ausnahme. Wie immer ließ Joseph Meehan sein Leben an seinem sensiblen inneren Auge vorüberziehen. Im freien Fall verkündete er verstiegene Evangelien knabenhafter Gewißheit. Gereinigt durch das Opfer des Sitzenmüssens, des Gefangenseins, stieg er zum Vorhof der Hölle hinab. Aber auch die größte Mutlosigkeit konnte Joseph nie davon abhalten, fasziniert durch die weite geheimniskrämerische Landschaft eines tintenblauen Himmels zu torkeln. Innere Kassetten spielten ihm die Ereignisse des Tages vor und trieben ihn an den Rand der Verzweiflung, doch er verscheuchte jegliche Furcht, winkte statt dessen den in seinem Traumland umhertollenden Schülern zu und entlockte ihnen ein Ja, bevor sie ein imaginäres Nein wispern konnten.

Hell gähnte der Morgen, und übervoll mit weihrauchgeschwän-
gerter Hoffnung sah der verkrüppelte Junge seinem zweiten
Tag an der neuen Schule entgegen. Als er an der einäugigen
Turmuhr vorüberfuhr, verneigte sich der gerettete Knabe; inzwischen glaubte er an sich. Wie eine Nymphe blickte er ehrer-
bietig seine Lehrer an und beschloß, sich ihnen und den Schülern der 1L ganz und gar hinzugeben. Macht das Beste aus mir,
bat er leise wimmernd, selbst wenn ich euch nichts biete (es
nagte in ihm) als mein schwaches Ich. Aber trotz derartiger
Überlegungen war er voller Hoffnung: denn in Peters und Ed-
dies ersten Versuchen, mit ihm zu kommunizieren, hatte er Geborgenheit und Freundlichkeit gespürt.
Joseph hatte Angst davor, seiner Schule zur Last zu fallen. *»Nisi
Dominus Frustra«* lautete ihr Motto, und trotz seines Gebre-
chens hing er dem Knabenmorgenblütentraum eines mitfühlen-
den, nach Thymian duftenden Gottes an, der das Miteinander
fördert. *»Wenn der HERR nicht die Stadt behütet, so wacht der
Wächter umsonst«*, foppte der schulwichtige Psalm. Nun wurde
die Schule ihrem Glauben gerecht, indem sie erklärte: In den
Wohnungen des Herrn ist ein jeder zu Hause. Joseph litt hun-
derttausendfach unter seiner Behinderung. Jetzt aber fühlte er,
wie Menschenhände ihm ein Stück weit sein Kreuz abnahmen,
sah zu und bäumte sich auf vor Freude. Die moderne Mount
Temple School (die die alte Mountjoy School abgelöst hatte
und auf eine alte Tradition zurückblicken konnte) prägte jedem
die Lehre des Psalms ein. – Die Schulgebäude gruppierten sich
um einen imposanten viktorianischen Bau im neugotischen Stil.
Dessen Türme entsprachen einem weiträumig himmelwärts ge-
richteten Blick; über dem historischen Portal war noch die Ori-
ginalinschrift aus dem Jahre 1862 zu entziffern. Die alten

Schnörkel der selbstlosen Bewohner brachten Josephs Glauben auf den Begriff: *Via tentdanda est* – man muß einen Weg finden. So saß Joseph Meehan mitten im zwanzigsten Jahrhundert da und entfachte aufs neue den hellen Funken, der in der protestantischen Tradition begeisterungsfähiger christlicher Brüderlichkeit glomm. Ihren Glauben akzeptierte er ebenso wie sie den seinen.

Indem er in Mount Temple Anker warf, glättete Joseph die närrischen Wogen leerer Augen-Blicke; seine reichhaltigen Aufzeichnungen setzten ein Fanal und legten seine Träume offen. Zwar hielt ihn seine karge Körperhülle fest umschlossen, aber Gejuxe, Getobe und Getänzel bezeichneten den von ihm ausgemalten Rhythmus der Zukunft. Er schrie auf aus Furcht vor der Wiederkunft lebloser Träume, aber mannhafter Freimut hörte auf Hekuba und trank mit ihm Blutsbrüderschaft.

Nachdem er sich fröhlich eingelebt hatte, saß er jeden Tag da, sah sich um, lauschte und lernte. Peter und Eddie beantworteten die Wuchererblicke ihrer gaffenden Mitschüler mit unterdrückten Flüchen. Die eigenen Zweifel schoben sie beiseite und behandelten Joseph mit jungenhafter Natürlichkeit. Als die angsterfüllte erste Woche der zweiten wich, waren seine »Hefte« so vollgestopft mit Wissen und Gewißheit, daß er beim sonntäglichen Mittagessen laut ausrief: »Wißt ihr, daß ich mich auf morgen freue?« Auf den Friedhöfen lagen die entzweigebrochenen Knochen seiner gelähmten, verkrüppelten Brüder; sie hatten sich durch ein inhaltsleeres Leben gegackert und gebrabbelt; eigentlich waren sie schon bei ihrer Geburt gestorben, sie verlangten nichts außer Zuwendung und Liebe. Jetzt verhalf er ihnen zur Auferstehung und lehrte ihre Gebeine, die so lange geruht hatten, mit ihm zu gehen und Zeugnis davon abzulegen, daß sie von irgendwelchen Besserwissern in die Verbannung gestoßen worden waren.

Unverfrorenem Gerede entzog das Schulleben den Boden. Doch von Kassandra gekneteter Brotteig dämmte übertriebenes Liebespotpourri ein. So gekrümmt er auch war, Joseph hörte auf, sich Angst um nichts und wieder nichts zu machen, die Schule wiegte ihn in ihren Armen, und das Abklingen der Trauer befruchtete Zellen nachsichtiger Barmherzigkeit. Während ihn viele seiner Klassenkameraden noch als Dummkopf brandmarkten, sahen aufmerksame Freunde ihn schon das Matterhorn bezwingen. Er bemerkte, wie die Schüler anfingen, seine gestikulierenden Kommunikationsversuche zu verstehen; ihre schwache Vorstellungskraft betrat neues Terrain und entnahm auch seinen Seufzern, rollenden Augen und gelallten Schreien noch eine Bedeutung.

Die Schule stürzte ihn nie ins Unglück, indem sie ihm übermäßig viel Hausaufgaben aufgab. Hätte er seine krisenfreie Zeit damit vertan, Schularbeiten zu erledigen, so hätte er die gemachten Erfahrungen weder systematisch zusammentragen noch festhalten können – sei es in seinem Gedächtnis oder in dichterischer Form. In der Atmosphäre von Bejahung schwelgend, hielt Joseph sich den fleischgefüllten Bauch, und lätzchen-geschmückt brachte er mit Hilfe eines sanft gelenkten, kruden, starr-köpfigen Nickens schüchtern und monoton verräterische Buchstaben zu Papier. Wenn er tippte, war er so täppisch wie ein junges Fohlen, das dem Muttertier entläuft. Zwar hielt seine Mutter ihm den Kopf, aber im Geist durchstreifte er Wiesen voll von raschelndem Gras und schmollender Ungebärdigkeit. Seine Gedanken galoppierten unter kupferroten Buchen dahin, an Bächen entlang, die seinen Namen riefen, er schlug aus und tollte umher – nur seine Mutter sprach von Krämpfen. Überglücklich über die Worttropfen, die auf seinen Pfad klatschten, verfiel er in einen Freudentaumel, hatte doch jeder erwartet, daß er stagnieren würde. Wenn er mit Luchsaugen seine Wörter auf weiße Bogen Leben schrieb, hatte er unglaubliche Macht. Seine Hände hingen kraftlos an seinem Körper herab, durch den Stromstöße jagten, und er nickte bloß und nickte und brachte auf seinem sporengeschmückten Schreibaltar gefühllos-gedankenverloren sein sprachliches Opfer dar. Manchmal flog sein Kopf auf seine Schultern zurück und schlug der Mutter wie ein Holzhammer ins Gesicht. Nach solchen Zwischenfällen hatte sie mit ihren Gefühlen zu kämpfen. Zwar brachte sie großes Verständnis auf, aber ihren Fingern merkte er oft an, wie sehr doch ihr Kampf dem seinen glich. Vor ihrem herabgebeugten Körper, ihrem stummem Blick malte er seine zusammengedrängten Fabeln. Verlegen las sie Anerkennung, wo er Beifall las.

Inzwischen merkte er, wie die ersten Freundschaften seinen Spielplatz namens Mount Temple überstrahlten. Ihre Leuchtkraft entzündete schimmernden Kerzenschein in seinem Herzen. Aber er war wie ein Haifisch in blutgeröteten Gewässern – immer auf der Jagd nach Freunden, nach Zuneigung. In der Cord- und Jeanswelt der Schüler, die einander freundschaftlich beim Namen riefen, nahm langsam auch der seinige Gestalt an.

Seine jugendliche Verzweiflung ließ nach, und er ging fröhlich seinen Weg. Richtig betrachtet, ergaben die nächtlichen toten Träume einen Sinn – sie machten ihn immun gegen die jederzeit gegebene Möglichkeit des Versagens. Sein freches Selbstvertrauen hatte schon öfters Rückschläge erlitten, inzwischen fühlte er sich aber ganz gewiß stark genug, auf die Schüler einzugehen und mit ihnen zu reden, so gut er konnte. Überspült von neuer Hoffnung, schwor er sich, auf keinen Fall zwischen sich und die Schule dümmliche Klassenarbeiten treten zu lassen, wie jeder gesunde Schüler sie kannte. Hypnotisiert von seinen guten Fortschritten, schloß er in Mount Temple neue Freundschaften, ohne deswegen die Jungen und Mädchen seiner beschwerlichen Kindheit aus den Augen zu verlieren.

Höfliche Altersgenossen besuchten ihn zu Hause. Zwar traute Joseph, fast hysterisch, ihren Beweggründen, aber er wollte doch zu gerne herausfinden, wer ihnen einen Anstoß gegeben und seinen Namen eingeflüstert hatte. Besuchten sie ihn, weil er ihnen sympathisch war oder weil sie blindlings den Anweisungen anderer gehorchten, überlegte er. So fand er heraus, wer seine wahren Freunde waren.

Natürlich merkte er, wie aufgeregt seine Familie wurde, sobald er in Bedrängnis geriet. Auch wenn sie ihn jetzt lachen hörten – sie kannten die Kosten, besonders wenn er völlig erschöpft aus der Schule heimkam. Manchen Nachmittag hielt Nora es für angebracht, Joseph aus seinem Rollstuhl zu hieven und ihn in einen großen, weichen Sessel in der Küche zu setzen, wo er sich nach seinem anstrengenden Schultag ein gemütliches Nickerchen erlauben konnte.

Im warmen Nest der Familie fuhr Joseph mit dem Schreiben fort. Er hielt seine Erlebnisse, seine bisher nur gelallten Bekenntnisse und seine geschmückten Danksagungen fest – in getippten Worten, eigens ausgewählt, um einen glorreichen, überbordenden Alptraum zu schildern. Er sah, wie das Leben vor ihm zurückwich, und nur indem er sich der dritten Person bediente, konnte er sich von seiner kümmerlichen Kindheit erlösen. Er schlüpfte in den Körper eines anderen Krüppels und putzte sich selbst als souveränen Erzähler heraus. Indem er so seine Behinderung vor dem Leser zur Schau stellte, gewann er selbst an Ansehen. Schaut her, flehte er, schaut genau her; fühlt mit, flehte er, erfahrt das Handikap des Lebens; weint, flehte er, vergießt die Tränen quälender Frustration. Vor allem aber erbat er Gelächter: Lacht, flehte er, denn ein gesundes Lachen besiegt den verletzten Stolz auch des Empfindlichen.

Vorwärts! Joseph Meehan erteilte sich einen festverankerten, inneren Befehl. Nur weil er ihn behutsam befolgte, ging es mit ihm tatsächlich voran. Er überwand die Kommunikationsbarrieren seines Käfigs, indem er seinen tolpatschigen Gesichtsmuskeln beibrachte, wie auf Kommando natürlich zu lächeln. Als er sein Zähneblecken mit einem Nicken des Kopfes zu verbinden vermochte, stieß er bei einigen Mädchen und Jungen der 1L auf menschliche Wärme in Gestalt eines offenen Lächelns.

Als Mount Temple ihn ganz und gar vereinnahmte, wurde sein Zuhause der Ort, wo er Lärm machte: Freizügig unterstrich er Gesten und Gemimtes mit großartigen Lauten wie Mama, Adaa oder Eonn, dazu ein dem Atem abgerungenes Krächzen, Lallen oder Lachen. Stets untergruben krasse Kommentare von außen sein Vertrauen in seine Art zu sprechen. Er produzierte am laufenden Band Musik, genauer: Gesang, und provozierte damit bei seinen Familienangehörigen süße Bemerkungen wie: »Halt endlich den Mund, Joseph, wir hören ja gar nichts mehr, wenn du so herumbrüllst!« Einmal mußte er deswegen sogar seine Mutter rügen. Beim Brotbacken hörte sie sich Beethovens *Mondscheinsonate* an. Als er sah, wie gut ihr diese gefiel, hörte auch er zu. Das zwang seine Zunge zu der Mitteilung, wie ruhig und schön die Musik für ihn sei. Aber sobald er den Mund auftat, verdarb er ihr den Zauber des Augenblicks. »Psst, Joseph, schrei doch nicht so!« sagte sie. Musik hin, Musik her, Joseph widersprach ihr. Er befahl ihr, sich hinzusetzen, fixierte sie und sagte ihr auf seine Art: »Ich habe nicht geschrien, ich habe gesungen.« Erst huschte ein Lächeln über ihr Gesicht, dann mußte sie losprusten. Aber in ihrem Lachen war ein Zittern, und als sie aufstand, sagte sie mit tränenerstickter Stimme: »Das tut mir wirklich leid. Nächstes Mal weiß ich Bescheid.« Aber was typisch für ihre Unverblümtheit war: sie mußte natürlich zurückkommen und ihm in diesem heiklen Augenblick eine kalte Dusche verabreichen, indem sie hinzufügte: »Ich werde weiterhin sagen: Halt den Mund, aber du kannst darauf reagieren, wie du willst.« Joseph fuhr fort zu singen, zu sprechen und zu reagieren, »wie er wollte«, und weigerte sich konstant, seine Art der Selbstmitteilung als anomal einstufen zu lassen.

Scharen von Jungen und Mädchen drängten sich um den erstarrten Joseph Meehan. Sie standen ihm bei, indem sie ihn von Klasse zu Klasse rollten, und setzten ihm so lange zu, bis er begriff, daß der enge Leibgurt der Nichtsnutzigkeit den gehässigen unter den gesunden Schülern unheimlich vorkommen mußte. »Mach dir nichts aus denen, Joseph«, flüsterten sie, wenn sie nach einem frischen Papiertaschentuch in der Seitentasche seines Rollstuhls langten und ihm den Speichel abwischten, der aus seinen Mundwinkeln troff. Seine wilden neuen

Freunde, Peter Nicholson, Nora Bryne, Frank Ryan, Noel Caravan, Louise Higgins und Rosemary Taplin, waren immer in seiner Nähe. Kain und Abel redeten allen achtundzwanzig Schülern der 1L eifrig zu, ihren Bruder zu akzeptieren, auch wenn er zu nichts nutze schien.

Es verging ein Schultag nach dem anderen. Unverschämte Skeptiker verkündeten lauthals ihre kindischen Ansichten. Joseph gewöhnte sich langsam daran, daß er zum Diskussionsgegenstand wurde. Ganz offen erörterten die Schüler seine körperlichen Defekte, und da sie sich sicher waren, daß er sie nicht verstehen konnte, nahmen sie sich eine Lautstärke heraus, als sei er gar nicht anwesend gewesen. Sie überlegten, ob der Krüppel wohl eine Windel trüge, und hätten ihn, um sich zu vergewissern, allzu gerne daraufhin untersucht. Dann debattierten sie seinen Mangel an Intelligenz. Sie wählten verschiedene Bezeichnungen, mit denen sie ihn abqualifizieren konnten. So warfen sie mit Wörtern um sich wie Psychopath, Geistesgestörter, Spasti, Gehirnamputierter, Schwachsinniger. Sie fanden, daß er in einer Schule für normale Kinder fehl am Platz sei, und machten sich darüber lustig, daß der Direktor und das Kollegium offensichtlich auf ihn hereingefallen waren. Joseph stellte sich dumm, hörte sich alles mit an und erfuhr auf diese Weise, wie andere Schüler ihn beurteilten. Manchmal reagierte er, indem er den Kopf plötzlich kerzengerade hielt und sie lange prüfend ansah. Aber vergebens, sie grinsten nur – belustigt, weil er so vernünftig tat.

Es gab aber auch Schultage, die süß waren wie Zuckerstangen. Anders als in der Geschichte vom häßlichen Entlein hackten nicht alle auf dem schutzlosen Jungen herum. An dem Tag, als Frank Ryan in Aktion trat, erfuhr Joseph Meehan, was echte Freundschaft war. Joseph und Frank saßen in der Pause im Klassenzimmer, als sie plötzlich eine in der Nähe geführte Unterhaltung aufschnappten. Natürlich drehte sie sich wieder einmal um den Krüppel. Frank nahm an, daß Joseph es nicht länger ertragen konnte, packte den Rollstuhl an den Griffen und fuhr schnurgerade auf die Gruppe debattierender Jungen los. Sie stoben auseinander wie aufgescheuchte Vögel. Aber seinen Wink verstanden sie trotzdem nicht, sondern machten sich nur über Franks Dummheit lustig. Frank wartete, bis er im Freien war; erst nachdem er sich auf dem Rasen niedergelassen hatte, blickte er Joseph an und sagte: »Wie hältst du das bloß aus, Joseph? Mensch, denen möchte ich am liebsten die Fresse polieren. Aber was haben wir schon davon? Den Scheißkerlen kann man ja doch keine Vernunft einbleuen. Die Arschlöcher denken, sie sind normal, und über ihre eigene Nasenspitze können sie ja doch nicht hinaussehen. Herrgott, die möchte ich mal so richtig fertig machen.« Der Vorfall hatte Joseph gar nichts ausgemacht, aber Franks selbstloser Einsatz löste bei ihm ein lautloses Kichern aus, daß es seinen Körper durch und durch schüttelte. Nach außen hin versuchte er allerdings bei Frank Verständnis für diese Schüler zu erwecken. Er wollte Frank um Nachsicht bitten, denn im Laufe seines kurzen Lebens hatte er bereits herausgefunden, daß Nachsicht Zungen löst und Worte abschwächt. Kurz darauf vertraute Frank Josephs Freunden an, was dieser gesagt hatte. Peter Nicholson erledigte den Fall damit, daß er erklärte »Scheiß der Hund drauf! Wart's nur ab, Joseph, denen werden die Augen noch aufgehen.« Hätte er doch nur Hurra rufen können! So aber mußte Joseph seine Gefühle für die Freunde, die er hatte, ganz für sich behalten.

Für den behinderten Jungen bestand das Leben aus einer unablässigen Folge von Herausforderungen. Entschlossen, sich nicht geschlagen zu geben, stellte er sich jedem Tag so, als sei dieser vom Schicksal gesegnet. Sein Dasein füllte die Schule nur zu einem Teil aus; auch seine schriftstellerischen Versuche verlangten ihm Aufmerksamkeit ab. Trotz seiner Jugend plagte ihn ständig das Bedürfnis, mehr Zeit zu finden, um seine Gedanken zu Papier zu bringen. Von stachelköpfigen, grinsenden Jungen und Mädchen zum Narren gestempelt, war er fest entschlossen, diese mit ihren eigenen Waffen zu schlagen.

Mit dem Fortschreiten des Schuljahrs gedieh auch seine Autobiographie. Schritt für Schritt bannte er mit der Schreibmaschine zarte Granatapfelgeheimnisse aufs Papier. Er versuchte, die verkrüppelte Menschheit dem Vergessen zu entreißen, und machte sich daran, den heiligen Mythos von der gottgewollten Behinderung zu zerpflücken. Seinem Urteil hielten die überholten, grausamen Auffassungen nicht stand. Er drückte seine Zweifel aus, ob Gott sich wirklich mit Spastikern abgab. Statt dessen beschloß er: Ehre, wem Ehre gebührt. Von seinen neuen Freunden beruhigt, definierte Joseph Gott in neuem Licht: »Der Mensch ist der zögernde Gott, und genauso ist Gott der Mensch, der zögernd zu helfen versucht.«

Joseph entschlackte sein Hirn und schlug sich mit seinem Leib herum. Langsam bedeckten unbeholfen getippte Wörter das Papier. In seiner Verzweiflung setzte er sich unter Druck und litt um so mehr. Befeuert von der Furcht seines Freskos, zog die Geschichte seiner Heimsuchung an ihm vorbei, aber er ließ die Vergangenheit ruhen und bejubelte die Zukunft. Müde von der Anstrengung, Freunde zu gewinnen, noch müder aber von der Anstrengung, seinem eingesperrten Geist Worte abzuringen, fühlte er sich zwar verwirrt, jedoch nicht vernichtet. Er hatte es sich in den Kopf gesetzt, den Abgabetermin für den Schreibwettbewerb der Spastikervereinigung wahrzunehmen. Im vergangenen Jahr hatte er für seine Gedichte einen Sonderpreis erhalten; diesmal war es seine erklärte Absicht, seine Autobiographie einzureichen. Würde er rechtzeitig fertig werden? Und würde sie gut genug sein, schmachtete er. Entwöhnt durch Schläge, die auf seine gebrabbelten Schreie herniederprasselten, schrieb er die goldverzierte Geschichte seines Überlebens in einer fremden, stummen, starrkrampfbefallenen Welt.

Es kam der Tag, da Joseph endlich die Schlußworte seiner Lebensgeschichte tippte. Aber schon sah er sich dem nächsten Problem gegenüber. Ein Streik der Postbeamten ließ die Hoffnungen des Zwölfjährigen gefrieren. Freilich fand er wiederum gesunde Menschen, die bereit waren, ihm zu helfen. Sein Nachbar nahm Josephs Brief an seinen Arbeitsplatz am Dubliner

Flughafen mit und bat einen Aer Lingus-Piloten, den bräunlichen Umschlag in London aufzugeben. Unfähig, den beiden Männern zu danken, verbeugte sich Joseph und murmelte ein halblautes »Gott segne sie«.

Sein Leben war jetzt herrlich. Klassenkameraden wurden zu Kumpeln, die Schule zu einer lockeren Angelegenheit. Bei Direktor John Medlycott stand er tief in der Kreide. Dessen sehnlichster Wunsch war verwirklicht: Sein an den Rollstuhl gefesselter Schüler war nichts weiter als ein anderer Schüler, nicht mehr und nicht weniger. Auch Joseph sehnte sich nur danach, er selbst sein zu dürfen; dennoch wirkte er wie der Polarstern am Firmament. Er war glücklicher, als er auszudrücken vermochte. Inzwischen verlief die Kommunikation in beide Richtungen, seine Kumpel sprachen mit ihm wie er mit ihnen. Sie hatten das Geheimnis entdeckt, wie sie sich mit ihrem stummen Freund unterhalten konnten. Es hatte für sie nichts Befremdliches mehr, wenn sie versuchten, seinen Kopf anzuheben, indem sie ihm einen Finger unters Kinn legten und ihn aufforderten: »Halt endlich deinen blöden Kopf oben, daß wir sehen können, was du sagst.« Auf diese Weise nötigten sie ihm eine Reaktion ab, und es war für sie die normalste Sache der Welt, sich auf seine Augäpfel zu konzentrieren – seine einzige Verbindung mit der Außenwelt. Als sich ihre Gesprächsstrategien verfeinerten, erfuhren sie, daß ihn jugendliche Abenteuer ebenso interessierten wie einen Gesunden. Auch Streiche lockten ihn, merkte er doch mit der Zeit, daß er sich auf seine Kumpel verlassen konnte, wenn es ums Reißausnehmen ging. Josephs aufgeregtes Geschrei und glucksendes Lachen unterbanden sie, indem sie ihm fest die Hand auf den Mund legten. So halfen sie ihm, seine nervösen Reaktionen zu unterdrücken. War er erst einmal zum Schweigen gebracht, ließen sie ihn mitmachen, wenn sie sich vor Mitschülern, Lehrern oder gar dem Direktor versteckten. Alle möglichen Zuwendungen verschönerten Joseph Meehans neue Welt. Die Jungen und Mädchen, die seinem Freundeskreis angehörten, erwiesen sich als phantasievolle, begeisterungsfähige Witzbolde, ihm ergeben (wenn auch keineswegs sentimental) und aufrichtig. Inzwischen waren sie sich ihrer Sache sicher und stießen neugierigen Grundschülern gründlich Bescheid: »Verpißt euch, ihr Glotzköppe!«

Jungen sind nun mal so: Trotz seiner Behinderung tat er, was alle Schüler tun, saß jeden Tag da und versuchte, aus seinen Lehrern schlau zu werden. Er beurteilte ihren Unterrichtsstil, ihre Fachkenntnisse, ihre Hingabe und die Miene, die sie zur Schau trugen, gaben sie sich doch den Anschein, als seien sie die höchste Autorität auf ihrem Gebiet. Er sah ihnen dabei zu, wie sie versuchten, die Klasse mit ihren zwölf- oder dreizehnjährigen Jungen und Mädchen im Griff zu behalten. Seine Schule war koedukativ und überkonfessionell, und es fiel ihm auf, daß die Lehrer einen Balanceakt zwischen ihrem Verständnis für das sexuelle Erwachen der Schüler und deren Gekicher und Gealbere vollführen mußten. Er sah, wie die Jungen versuchten, die Mädchen herumzukommandieren, und er sah, wie die Mädchen die Jungen dazu herausforderten, endlich erwachsen zu werden und sich nicht wie kleine Jungs aufzuführen. Und wie um ihnen diese Herausforderung einzuimpfen, machten sie die angebliche Überlegenheit der Jungen zunichte, indem sie ihnen im Unterricht und bei Prüfungen immer um eine Nasenlänge voraus waren. Nur selten schlugen sich die Lehrer in diesen Debatten zwischen Jungen und Mädchen auf eine Seite. Vielmehr warteten sie verwirrt ab, bis sich die ersten Anzeichen gegenseitigen Verständnisses bemerkbar machten.

Die neueren Schulgebäude waren alle einstöckig und hatten flache Dächer. Zwischen den einzelnen Abteilungen blühten lange, breite Gänge. Der erste Korridor war goldgelb getönt, der mittlere violett und der dritte in einem knalligen Grasgrün gestrichen. Das wilde Chaos in den Gängen ließ die Verwüstungen Cromwells wie Kindereien erscheinen; Chaos besitzt eine Qualität, die in Geschichtsbüchern fehlt – die von Comic Strips. Die morgendlichen Rollstuhlfahrten durch die Gänge von Mount Temple, so furchterregend das Pausengewühle auch war, riefen in Joseph keine Ängste mehr hervor. Mittlerweile fühlte er sich in der großen Schule wie zu Hause und war sogar darüber froh, daß er in dem Gedränge von den normalen Schülern herumgeschubst wurde. Nur war er an den Wintertagen völlig durchgefroren. Sein Körper konnte die verfluchte Kälte nicht abwehren. Als ihm die Kälte in die Glieder fuhr, wurden seine Füße zu Eisklumpen. Bis zum Mittagessen war sein Körper marmorkalt. Aber barmherzigerweise merkte seine Mutter, daß sein Puls sich verlangsamte. Eines frostigen Märztages, als sie ihn auf die Toilette setzte, fiel ihr auf, daß sein Körper sich kälter als sonst anfühlte. »Ist dir immer so kalt?« fragte sie. Er zeigte ihr seine Füße und erklärte ihr auf seine Art, daß ihm zuerst immer die Füße abfroren und dann das Frösteln einsetzte. Am folgenden Tag war Joseph wärmer angezogen, er trug Thermalleibwäsche und hatte ein zweites Paar Socken an. Das machte seinen Mangel an Bewegung mehr als wett. Geschützt gegen Kälte, nahm er die zugigen Gänge unbekümmert auf sich.

Frühling warf der dürftigen Landschaft einen leuchtenden Umhang über, dem Astwerk von Mount Temple hauchte er schubweise grünes Leben ein. Lehrer wie Schüler wurden froher, und selbst in Josephs Herzen stand Frühjahr nicht mehr für Hoffnungslosigkeit. Statt dessen sang es Kuckucksgesänge, in Mystik getauchte Musik. Jedes Jahr feierte die Schule die Ankunft des Frühlings mit einem Tag der offenen Tür. Als die Schüler an den Wänden des Zeichensaals ihre Bilder ausstellten, gesellten sich zu denen der Natur die großartigen Farben der Kunst. Bis in die Pausenhalle und die langgedehnten Korridore hinaus hingen die Gemälde. Handarbeiten aller Art waren zu besichtigen: Stühle, Tische, Töpferware, Metallarbeiten. Den geistig Interessierten wurden auf Tischböcken gut ausgedachte und ausgeführte Projekte vorgestellt. Joseph bedauerte, daß er gar nichts beitragen konnte, und bewunderte das Geschick der anderen. Geknickt faßte er einen Beschluß: Eines Tages würde er auch etwas vorzuweisen haben.

Honigwein durchfloß seine Schultage, wenn das Jahr süße, gedankenerfüllte Freitage brachte. Der Juni wand Rosen durch Josephs hoffnungsvolle Pläne. Er hatte sein uterines Leben ertragen, gegen alle Zweifel gehofft und sah sich angenehm getäuscht: Er hatte nur um Freundlichkeit gebeten und empfing doch scheffelweise Liebe. Ehrfürchtig betrachtete er die Hände seiner Schulfreunde.

Im schönen Sonnenmonat Juni war das Schuljahr aus. Mit einer Mitteilung über den Schullautsprecher unterbrach Mr. Medlycott die Stille des Klassenzimmers: »Achtung, bitte alle herhören!« Er gab die Daten für die zentrale Zwischen- und Abschlußprüfung bekannt, danach die Daten für die internen Schulprüfungen und schließlich den letzten Ferientag. Seine Bekanntmachung löste Aufregung aus, es herrschte Jubel, Trubel, Heiterkeit. Als die Jungen und Mädchen johlten, grinste Joseph kameradschaftlich. Als sie über die »olle Penne« und den »ollen Direx« herzogen – »Zieh Leine! Der kann mich mal!« –, machte er sich mit ihnen lustig. Sie putzten alles und jeden herunter, aber eigentlich flachsten sie nur; sie waren einfach aufgekratzt bei dem Gedanken an die Ferien, die Freiheit und das Vergnügen, das ihnen winkte.

Vor Joseph lagen drei lange Ferienmonate. Er hatte Zeit, sich in Erinnerungen zu ergehen, und ließ sein erstes Jahr in einer Schule für Gesunde Revue passieren. Kein Auf-die-Uhr-Schauen mehr, jubelte er, kein heruntergeschlungenes Frühstück, kein flüchtiger Blick auf die Toilette mehr, wenn er sich wünschte, er hätte noch ein paar Minuten, um sein Geschäft zu machen, keine Schultage mehr, an denen er dringend mal mußte, aber vor Mittag oder Abend nicht zur Toilette gehen konnte, kein Hungergefühl mehr, wenn er den anderen Jungen dabei zusah, wie sie in große, saftige Äpfel bissen, in Chipstüten wühlten oder Orangensaft schlürften. Nicht mehr um Verständnis feilschen, wenn seine Faust plötzlich einem armen Kerl die Nase platt schlug, keine entschuldigenden Blicke mehr, wenn seine Finger eine Handvoll Mädchenlocken haschten, oder noch schlimmer, wenn seine Hand ein Mädchen am Rock grapschte oder gegen ihre Brüste trommelte, was ihm mit Sicherheit Yvonnes Bemerkung eintrug: »Laß los, du mit deinem Sexkoller!«

Viertes Kapitel   Erste Regungen der Muse

In großen Zügen genoß Joseph seine neugefundene Freiheit: Das Schuljahr war zu Ende. Aber trotzdem war ihm irgendwie traurig zumute; er vermißte seine Freunde. Allerdings konnte er sich auf die Ankunft seiner Schwester freuen. Yvonne ging auf das Internat eines an den Ufern des Shannon gelegenenen Konvents. Zwar suchte sie ihn oft in seinen Träumen heim, aber diesmal sollte sie wirklich in den Ferien nach Hause kommen. Joseph war Ruhe und Ordnung gewohnt. Aber als Yvonne heimkam, ging alles drunter und drüber. War die Musik bisher in normaler Lautstärke erklungen, so plärrte jetzt wildes Gedudel. Ständig klingelte das Telephon, und es gab ausgedehnte, gickelnde Gespräche. Auf dem Programm stand nichts als Popmusik; die Nachrichten wurden auf ein Minimum beschränkt, und die Eltern mußten um ihr Recht kämpfen, sich das endlose, schwer verdauliche Gefasel anhören zu dürfen, das der Jugend ein Greuel ist. Joseph beobachtete seine Schwester und stachelte sie an. Nicht daß Yvonne viel Zuspruch nötig gehabt hätte, aber jetzt, wo er eine Stimme besaß, machte er sich einen Jux daraus, sie auch zu benutzen. Er befreite sich von seinen Zwängen und brüllte frenetisch nach mehr.

Mit den beiden rebellischen Teenagern mußten zwei gelassene Realisten zurechtkommen. Matthew und Nora wußten, wie abgebrüht »die jungen Leute von heute« waren. Sie sahen, wie ihre wagemutige Tochter ihren spastischen Bruder dazu herausforderte, sich ebenso normal aufzuführen, wie sie ihn behandelte. Yvonne verzärtelte Joseph nicht, vielmehr legte sie sich nach allen Regeln der Kunst mit ihm an. Etliche Jahre, bevor er – der inzwischen als schreibendes Wunderkind galt – es überhaupt geschafft hatte, seine ersten kreativen Sätze zu formulieren, hatte sie bereits vorausgesagt, wozu er es noch bringen würde. Ihr figurenreiches Gedicht *Mein Bruder* wirkte wie eine fühllose Schelte für die in dem sprachlosen Joseph eingepfercheten, unauslöschlichen Pleonasmen. Die Schularbeiten lähmten ihre schöpferischen Kräfte; Nora fand das schöne, mütterlich warme Gedicht unter ihrem Kopfkissen. Yvonne war am Wochenende nach Hause gekommen, um sich von der strengen Internatsroutine zu erholen, und inzwischen wieder nach Banagher am Shannon zurückgekehrt. Unter ihrem zerwühlten, daunengefüllten Kopfkissen hatte sie einen Wurf von weichwollener Schönheit hinterlassen.

Als Joseph seine Mundsperre, sein einsames Schweigen schließlich durchbrach, freute sich Yvonne für ihren Bruder. Sie hatte es nie sehr schwierig gefunden, seine kopfnickende, augenverdrehende Sprache zu verstehen. Stets maß sie sich mit ihm: Wo er kindliche Gedichte verfaßte, schrieb sie wunderbare Verse. Als ihm die öffentliche Anerkennung den Titel Dichter eintrug, drückte sie ihn unter herzlichen Beteuerungen an sich. Jetzt wartete sie Seite an Seite mit ihm darauf, wie es seiner autobiographischen Skizze in London ergehen würde.

Die Meehans warteten gemeinsam. Matthew, von Beruf psychiatrischer Krankenpfleger, aber Landwirt aus Neigung, arbeitete in der Nachbarschaft. Jahrelang hatte er im St. Loman's Spital in Mullingar gearbeitet und nebenher sein Land bei Corcloon bewirtschaftet. Er hatte sich redlich bemüht, das Los seiner geschwächten Krankenhauspatienten zu erleichtern, und lange, lange Stunden damit zugebracht, sich um ihr leidvolles Dasein zu kümmern. Matthews Dienstplan erlaubte ihm, jeden zweiten Tag auszusetzen, um seine Farm zu betreiben. Die Meehans bebauten ihre fruchtbaren Felder und hielten sich für echte Landfreaks. Von den Umständen zu Droschkenkutschern degradiert, schleppten sie Klotz-am-Bein-Joseph kreuz und quer über das eingefriedete Land. Müde, aber ohne sich je geschlagen zu geben, nahmen sie ihr behindertes Kind auf allen ihren Besorgungen mit. Als Joseph für einen Rollstuhl noch zu klein war, stellten sie sein mit einem Knauf versehenes Stühlchen in den hellblauen Schubkarren und wechselten sich darin ab, ihren einzigen Sohn in Begleitung von Yvonne und dem Collie Bruce auf dem Gelände herumzukutschieren. Oft prallte sein Streitwagen gegen einen Höcker, kippte um und schleuderte seinen Insassen kopfüber hinaus. Mit beruhigenden Blicken beschwichtigten sie den in seinem Stolz verletzten Jungen, versprachen ihm, demnächst vorsichtiger zu sein, luden ihren Fahrgast wieder auf und setzten die Erkundigungsfahrt fort, auf der sie ihren Kindern die Natur erläuterten. Nach vorhergehender Einigung hoben sie ihren Sohn aus seinem Stuhl und führten ihn in allernächste Nähe von Vogelnestern, Ameisenhügeln und Stäublingen; mit den Zehen ließen sie ihn die Sporenstaubkugeln der Boviste anstupsen. Er durfte in dem Bach plantschen, der durch das Grundstück floß, und hätte sich in dem eiskalten Quellwasser beinahe den Tod geholt. Mit Hilfe der Eltern fischte er nach Stichlingen und hielt stockstill, wenn er nach einer Forelle spähte, die ihm die flüsternde Yvonne mit wilden Gebärden wies. Das war der Schauplatz von Josephs geborgener Kindheit, und so spielerisch verlief das Jahr: von der Holzapfelbaumblüte zum Stechen schokoladenbraunen frischen Torfs, vom Herumtoben in Heuhaufen zur Kaninchenjagd des tollgewordenen Hundes. Die Heckenwege der Dubliner Berge waren von Blaubeersträuchern gesäumt, aber noch wußte Joseph nichts von ihrer Existenz. Er wiegte sich in dem kindischen Glauben, daß einzig die Grafschaft Westmeath, das Land seiner Vorfahren, ernstlich Vergnügen bereite.

Mutlos angesichts seiner verkrüppelten Freiheit, riß er sich zusammen, so gut er konnte. Einmal, ein einziges Mal weinte er, als er die gräßliche Hoffnungslosigkeit seiner Lage erkannte. Nora verhätschelte ihn nie. Sie ahnte, wie schwierig ihr Leben werden würde, aber sie richtete ihn auf und machte ihm Hoffnung, wo es gar keinen Grund zur Hoffnung gab. Sie empfand seine Frustration und sah ihm schweigend zu. Sein erzwungenes Säuglingsdasein ließ aus den Tiefen seines gebrochenen Herzens Tränen in seine Augen treten. Er war erst drei Jahre alt und vergoß doch die Tränen eines traurigen Mannes. Alle Dämme brachen, und die Tränen liefen ihm über die Wangen. Besser heraus damit, dachte seine Mutter bei sich, als daß er seinen Schmerz unterdrückt und die Wunde in alle Zukunft schwären läßt.

An jenem fernen Tag in Corcloon schien die Sonne. Yvonne war zur Schule gegangen. Joseph schlief in seinem blauen Bett und bot das friedliche Bild eines niedlichen Däumerlings. Nora summte fröhlich, als sie ihn heraushob. Gewaschen und gepudert saß er auf ihrem Schoß. Sein Kopf knickte nach vorn und schoß jählings zurück. Er sah seiner Mutter ins Gesicht. Er schenkte ihr seinen verwundeten Blick, mit aufgeworfenem Mund und gesprächsbereiten Augen. Er befahl ihr, aus dem Fenster in den Sonnenschein hinauszublicken. Er faßte sie fest ins Auge – ein Befehl, dem Gesang der Vögel zu lauschen. Dann rutschte er auf ihren Knien hin und her und forderte sie erneut auf, die Ohren zu spitzen und den Dorfkindern zuzuhören, die auf dem Schulhof spielten. Danach verhöhnte er sich selbst: Er zeigte auf seine Arme, seine Beine, seinen nichtsnutzigen Leib. Er konnte seine Tränen nicht länger zurückhalten und schüttelte den Kopf. Er sah seine Mutter an, gab ihr die Schuld, verdammte sie und formte mit den Lippen sein streitsüchtiges Warum, warum, warum ich? Bestürzt über die kindliche Schroffheit seiner Erkenntnis, versuchte sie ihn abzulenken. Sie nahm ihn auf den Arm und trug ihn auf den Hof hinaus. »Komm, ich zeig' dir die Kälber«, sagte sie mit einschmeichelnder Stimme. Seine einsamen Tränen rannen noch schneller. Er wußte, weshalb sie versuchte, seinen kindlichen Fragen aus dem Weg zu gehen. Er beschloß, die Kälber keines Blickes zu würdigen, schüttelte wieder den Kopf und schaute in die andere Richtung. Seine Mutter versuchte es von neuem. »Schau mal, da drüben, die Lämmer«, sagte sie und zeigte auf die Schafe auf der Weide, die aus ihrem Trog tranken. Er weinte so laut, daß sie endlich zur Vernunft kam. »Also gut«, sagte sie, »gehen wir halt wieder hinein und reden miteinander.« Sie setzte ihn auf seinen Stuhl, ließ sich nieder und blickte ihren mannhaft gewordenen Knaben an, ihren Ankläger mit dem goldenen Haar. Unterdessen weinte er unablässig, in der falschen Meinung, daß er sie damit zum Schweigen gebracht hätte. Durch seinen Tränenschleier hindurch bemerkte er, wie sie sich zu ihm herabbeugte, um ihm in die Augen zu sehen. »Habe ich denn darum gebeten, daß du verkrüppelt zur Welt kommst?« fragte sie. »Ich wollte dich quicklebendig, wollte, daß du rennen, springen und sprechen könntest wie Yvonne. Aber du bist nun einmal du, bist Joseph und nicht Yvonne. Hör mich an, Joseph, du kannst sehen, du kannst hören, du kannst denken, du verstehst alles, was man dir sagt, dir schmeckt dein Essen, dir gefallen schöne Kleider, Vati und ich haben dich lieb. Wir lieben dich so, wie du bist.« Immer noch schluchzend und schniefend, lauschte er auf die Stimme seiner Mutter. Sie sprach ganz nüchtern, während er nur jammernde Laute von sich gab. Seine Mutter hatte ihr Teil gesagt, und damit hatte es sich. Sie fuhr mit ihrer Arbeit fort, er mit dem Weinen.

Die Entscheidung, die er an diesem Tag traf, brannte sich auf immer in sein Gedächtnis ein. Er war erst drei Jahre alt, aber er entfachte den einzigen Hoffnungsfunken, den er vorfand: daß er am Leben war, ja mehr noch: daß er so, wie er war, akzeptiert wurde.

Die Szene war von angsterfüllter Unruhe gekennzeichnet und sollte Joseph zeitlebens in den Augen geschrieben stehen. Kindliche Vorstellungen spendeten ihm Trost. Sein unbeholfener Leib gehörte für immer zu ihm. Aber von Mutterliebe besänftigt, besah er sich kreiselnden Kopfes seine Gliedmaßen und – mochte Joseph Meehan.

Da er sich selbst mochte, verging seine Kindheit fast ohne Murren. Seine eigentliche Inspiration bezog er von seinem Vater. Dieser beobachtete ihn, wie er gegen sein Leiden ankämpfte. Er prüfte die Kraft seines Sohns und befand sie für unzulänglich. Der Junge hörte, wie sein Vater von ihm urteilte, er habe »nicht das Zeug zum Farmer«. Dafür hatte aber sein Vater, ohne daß er es wußte, das Zeug zum Erzähler. Er setzte sich seinen torkligen Sohn auf den Schoß, sagte ihm Gedichte und Kinderverse auf und erzählte ihm später vulgäre, zotige Geschichten. Joseph wühlte im Schlamm des väterlichen Gedächtnisses. Matthews Schoten begannen stets mit der Frage: »Kennst du schon die Geschichte von…?« Seine Histörchen waren kurz, aber lustig und gedankenstimulierend.

Die Szene war immer die gleiche, und Joseph war fasziniert von seinem vergnügten Vater. »Kennst du schon die vom Eselchen?« fragte ihn eines Tages sein Vater, als sie vor dem Kamin saßen. Joseph blickte ihn fragend an. Matthew drehte den Jungen zu sich herum, so daß er ihn anschauen konnte, und rezitierte das erste Gedicht, das Joseph zu Ohren kam. »Es handelt von einem neugeborenen Eselfüllen«, fügte er hinzu. Und so lauschte der Junge, wie sein Vater den Anblick eines kleinen Esels beschwor:

Es war einmal ein Grauchen,
Das zählte einen Tag;
Auf seinem dünnen Hälschen
Ein schweres Köpfchen stak.

Die Beinchen waren taumelig,
Sie fanden keinen Halt;
Es wankte und es schwankte,
War einen Tag erst alt.

Joseph hörte sich das Gedicht ganz an und sah vor seinem geistigen Auge das kleine staksige Eselfüllen. Er warf einen Blick auf die eigenen Glieder und lehnte den Kopf zurück. An diesem Tag verspürte er die ersten Regungen der Muse.

Niemand funkte dazwischen, wenn Matthew seine lebendigen Geschichten erzählte. Es wußte niemand im voraus, wann er seine brachliegende, schöpferisch-schöne Sprache wiederbelebte. Sein Auge fiel oft auf Gegenstände, die die im verborgenen schlummernden Verse wieder wachriefen. Geistige Nahrung reichend, besann er sich auf Verszeilen, mit denen er seine Familie ungewollt in seine luxuriöse Landschaft lockte. Auf diese Weise entwickelten seine Kinder musikalisches Gespür, ein kompliziertes Gedankengeflecht und eine fröhliche Neigung zum Schreiben. Dabei fiel das Wort »Literatur« gar nicht. Auch in ihnen regten sich bereits schöpferische Kräfte, aber ihre natürliche Umgebung war die Landschaft um sie herum, und ihr Leben kreiste um Farmtiere und Arbeiten auf dem Hof. Niemand machte sich einen Begriff davon, was geschah; Schriftsteller und Dichter wurden nie beim Namen genannt. Nur ihr geschichtliches Interesse brachte sie mit Namen irischer Dichter wie Francis Ledwidge, Padraic Colum, Joseph Mary Plunkett, William Ailingham, William Butler Yeats oder Patrick Kavanagh in Berührung. Matthew hatte ein gutes Gedächtnis; kam das Gespräch auf den Ersten Weltkrieg, so bot sich ihm eine Gelegenheit, über Francis Ledwidge zu sprechen.

Joseph sah und hörte stumm zu. In seinen Gebeten flehte er den lieben Gott um Hilfe an. Hilf mir, diese Hand zu gebrauchen, bettelte er und hob kindisch seine linke Hand. Er wollte mitteilen können, was ihm durch den Kopf ging. Die Angst um seine unausgegorenen Opfergaben zeugte Zäsuren der Verzweiflung. Doch das profane Leben wollte seinen Schrei nicht vernehmen. Der liebe Gott besah sich seine linke Hand und befand, daß die Fähigkeit, weggesperrte Geheimnisse zu verraten, langes, einsames, stümperhaftes Umhertasten verlangte. Enttäuscht, verhöhnt, heilte der Junge seine Hand, indem er sie an seinen Spielsachen rieb oder dem Hund zum Lecken hinhielt.
Der junge Joseph hatte große Freude an der sklavischen Hekuba und hing seinen Träumen nach. Seine Jugend befestigte in ihm den Entschluß, seine Gedichte in schriftlicher Form niederzulegen. Tote Träume verbannte er aus seinem Hirn, und neue Ideen setzten Zukunftsträume in Gang.
Er freute sich über die Inspiration, die er empfangen hatte.

Nachts hob er den Kopf vom Kissen und unterhielt sich damit, daß er den Vergnügungen des Lebens nachging. Er gedachte der klingenden Verszeilen, die er auf den Wanderungen seines Vaters aufgelesen hatte. So folgte er etwa den marschierenden Armeen der Konföderierten und der Nordstaatler und bejubelte ihre Tapferkeit:

> *Barbara Fritchie, alt und krumm,*
> *Stand mühsam auf und sah sich um.*
> *Die Flagge, die im Staube lag,*
> *Ergriff die Greisin ohne Zag.*
> *» Mich mordet« (furchtlos war ihr Ton),*
> *»Doch schont die Fahne der Nation!«*

Leichtfüßig versetzte er sich von Fredericktown nach Rom und hörte zu, etwa:

> *Die Angeln ächzten, die Läden knarrten,*
> *Als Pferdehufe den Kies aufscharrten,*
> *Klipp-klapp, auf dem Weg zu Cäsars Haus.*

Beim Gedanken an Schneeflocken konnte sich der Junge in sein Kopfkissen kuscheln und sich zwanglos die schüchterne Frage seines Vaters ins Gedächtnis rufen:

> *Nichts ist so stille, nichts ist so sacht*
> *Wie das Gestöber von Schnee in der Nacht;*
> *Ist es nicht schön, am Fenster zu stehn,*
> *Die weiß überstäubte Welt anzusehn?*

Ein Gedicht für jeden Anlaß, lebendig und verschwenderisch, verbürgte die Auferstehung einer lyrischen Stimme hinter seiner zitternden Zunge.

Matthew Meehan ließ sich auf heitere Potpourris atemberaubend schöner Gedanken ein. Wenn er in seiner geknebelten

Welt nach begütigenden Gesten scharrte, schien sein Rüstzeug aus Wörtern zu bestehen. Matthew wäre der letzte gewesen, der erkannt hätte, daß sein zusammenhangloses Gemurmel seinen Kindern zugute kommen mochte. Er war unter der Aufsicht seines Vaters aufgewachsen, doch er fand nie heraus, daß seine Bildung bei Joseph solche Wirkung zeigte.

Joseph Meehan hatte sein Schweigen noch nicht gebrochen, doch ohne daß seine Eltern es wußten, ebbte und flutete er unter dem Redefluß seines Vaters. Da er noch nicht in der Lage war, seine kreativen Gedanken niederzuschreiben, blühte und verblich, was er dachte, im stillen. Fast nie fuhr sein Vater ihn an; er dachte bei sich, daß Freundschaft seinen Sohn zu größerer Normalität verhelfen würde. Joseph wußte ihre Freundschaft zu schätzen und war am glücklichsten, wenn sein Vater vulgär wurde. Wenn Matthew seinen Sohn morgens die Treppe hinuntertrug, konnte man ihn erst fragen hören:

> *Ein ganz neuer Tag, ein frisches Beginnen,*
> *Läßt du ihn wirklich so unnütz verrinnen?*

Aber wenn sie unten an der Toilette ankamen, hatte er ordinäre Einfälle. Er setzte seinen Sohn auf die Klobrille und versuchte seine Muskeln zu entspannen, indem er sagte:

> *Ich will dir was erzählen,*
> *Die Story stimmt genau:*
> *Es starb einmal ein Dattergreis,*
> *Sein Bauch war dunkelblau.*

> *Ich will dir was erzählen,*
> *Ich laß mir's nicht verpatzen:*
> *Doch wenn du keinen Hintern hättst,*
> *So tät' dein Bauch dir platzen.*

Und beide mußten hell auflachen.

Fünftes Kapitel   Das achtbeinige Pony

Zur Weihnachtszeit lag die dünne Goldader des Knaben noch immer in den Schächten seines Bergwerks verborgen. Schlau hätschelte er sich und sein Geheimnis. Noch zögerten die tönenden Klänge, und Bosheit hatte den Gurt des leibeigenen Jungen fest im Griff.

Die Jahre knospten verhalten und bliesen blubbernde Blasen, doch Blasen zerplatzen, hinterlassen keinerlei Spur. Der Vater zeigte seine Liebe zu seinem gebrochenen, brustgegürteten Sohn, indem er dessen Los beherzt mit allen möglichen Gedichten erleichterte.

Kurz und bündig lenkte Yvonne ihren Bruder seinem furchtbaren Ziel entgegen. Sie wiegte seinen Kopf, wenn er krank war; war er aber gesund, machte sie ihm das Leben zur Hölle. Von Vati und Mutti bekam sie zum Geburtstag ein hübsches, scheckiges Connemara-Fohlen geschenkt. Das gemeine Miststück spielte sich ihrem verkrüppelten Bruder gegenüber auf. »Na, siehste«, brüstete sie sich, »endlich etwas, das ich nicht mit dir teilen muß.« Sie war sieben Jahre alt, er fünf. Die beiden Kinder erlebten, wie das Fohlen zum Pony heranwuchs, und sie erlebten, wie das wilde Pony zu einem wunderbar gelenkigen Springpferd zugeritten wurde. Yvonne mit ihrem kräftigen Brustkorb lernte reiten. Da saß sie in ihrem glänzend polierten Sattel auf dem Rücken *ihrer* Sally. Joseph hingegen saß in seinem kleinen violetten Stuhl, zwischen den Beinen den roten Lederknauf. Auf diese Weise konnte er von seinem Stuhl nicht herunterrutschen. Von seiner Ruheposition aus warf er seiner Schwester, die im Rampenlicht stand und ihm die Schau stahl, finstere Blicke zu. Woche um Woche verging, und allmählich wurde Yvonne auf graziöse Weise sattelfest, ritt und sprang immer besser. Brüder können nicht immer nur Zuschauer sein, also deutete Joseph mit dem Kopf auf sich. Yvonne weigerte sich und ritt vorbei. Wieder und wieder rief er sie, aber sie ritt an ihm vorüber. Schon wollte er aufgeben, aber er zwang sich, verletzt und gekränkt auszusehen. Sie eilte an ihm vorbei. Das nächste Mal ließ er den Kopf tief nach unten hängen und bettelte nicht mehr. Sie ritt auf ihn zu, hielt an und gab nach. »Hier, Kerl, ein einziges Mal laß ich dich rauf«, sagte sie. »Brauchst aber gar nicht erst zu schreien, wenn du runter willst. Das ist mein Pony, mein Pony, hörst du?« Die Schlacht war bereits gewonnen. Er wußte, er würde reiten können, sobald er einmal im Sattel saß. Nora hörte, wie die Kinder sich stritten, hörte, wie Yvonne ihrem Bruder Vorschriften machte. Sie trat auf den Mietenhof hinaus und rief Matthew herbei. Gemeinsam schimpften die Eltern ihren Sohn aus, daß er so hoch hinaus wollte. Und gemeinsam hievten sie ihren verkrüppelten Jungen auf den schwankenden, schlüpfrigen Sattel. Sie hielten ihn jeder an einem Bein fest und umklammerten jeder einen Arm. Zusammen sorgten sie für sein Gleichgewicht. Er nickte, er war bereit. Matthew schnalzte mit der Zunge, und Joseph setzte sich in Bewegung.

Die Steigbügel hingen lose herab. Eigensinnig, wie er war, schmerzte ihn die Angst, er könne versagen. Sein Lebensgesetz war die große Furcht vor dem Fehlschlag. Hier saß er auf dem Connemara-Pony – die pistolengraue Mähne fiel direkt vor seiner Nase anmutig herab, das schwarze Fell strotzte vor Gesundheit, die Ohren standen wie Kirchtürme vor seinen Augen, und die Nüstern pusteten ihm die Vergangenheit fort. Seine Eltern zogen auf beiden Seiten an den Zügeln und lenkten das Pony mit unerwarteter Kraft über die Mulden im Boden. Sally ging im Schritt, die Eltern ebenso. Joseph wurde unruhig. Er verlangte eine schnellere Gangart. Bevor seine triumphierenden Eltern etwas sagen konnten, kamen ihm belfernde Laute über die Lippen, und er verkündete seinen Ruhm. In Furcht um die Sicherheit ihres Kindes rannten Matthew und Nora auf beiden Seiten neben der scheckigen Sally her, denn jetzt trieb der junge

Jockey Joseph sie zu schärferem Trab an. Glucksend vor Leichtsinn, gab er ihnen einen Wink, auf das Hindernis zuzuhalten. Sie fingen Josephs verschmitzte Signale auf, und da sie keine Zeit zur Widerrede hatten, trabten sie auf das Hindernis zu.

Das achtbeinige Pony sprang hoch und hinüber, der bärtige Jockey über Sallys Nacken gekrümmt. Pferd und Reiter strahlten ein großes wundersames Vraiment aus. In sämtlichen gestohlenen Situationen stechpalmenblättrigen Lebens trieb menschlicher Durst auf Berühmtheit kleine Früchte hervor.

An diesem Tag hatte jeder eine Lektion zu lernen. Die Eltern gaben ihrem verrückten Sohn nach, denn sie merkten, daß sie den Abenteuersinn und das tapfere Pathos ihres Sohnes nicht zügeln konnten. Yvonne gab dem Geräusch ihres Herzens nach und erfuhr zum wiederholten Male, daß ihr Bruder sich nie geschlagen gab und daß er kein Schwächling war. Auch Joseph, überglücklich, lernte seine Lektion: Soviele Bedürfnisse er selber hatte, jetzt gönnte er Sally seiner Schwester. Er hatte sich als Jockey ausgezeichnet, aber es war ihr zärtliches Herz gewesen, das ihm an diesem herrlichen Tag zu seinem hohen Roß verholfen hatte.

Die bloße Erwähnung des Wortes »Boot« machte Nora nervös und ängstlich. Aber als Matthew verkündete, er wolle sich selber ein Boot bauen, lachte sie nur auf, wußte sie doch genau, daß sie sich nicht länger sorgen mußte. Ein Boot! mit ihrem Mann am Ruder! das war eine Erfahrung, die sie nicht zu machen brauchte. So oft schon hatte sie Matthew sagen hören: »Ach, das ist mir ein leichtes, das kriege ich selbst hin.« Und sie pflegte zu antworten: »So, so, wann denn? Wenn du mit dem Flugzeug fertig bist, oder schon vorher?« Denn Matthew steckte voller Erfindungsgeist, aber die Verwirklichung seiner Pläne stand auf einem anderen Blatt.

Nora dachte nicht mehr an das Boot. Sie war nach Mullingar gefahren, um einzukaufen und sich frisieren zu lassen. Doch sobald die Luft rein war, trat Matthew, ganz der alte, in Aktion.

Als Nora bei ihrer Rückkehr die Auffahrt hinauffuhr, verschwand vor ihren Augen plötzlich ein hoher Baum aus dem Blickfeld. Sie wußte, sie war nüchtern und konnte ihren Augen trauen. Und als sie das verlegene, schweißtriefende Lächeln ihres Mannes sah, befürchtete sie das Schlimmste. Wie immer gab sie sich kühl. Immerhin, überlegte sie, dauert es ein Weilchen, bis sich ein frisch gefällter Baum in ein wasserdichtes Boot verwandelt.

Matthew zersägte seinen Baum in Längen, und Nora, die ihm half, die Längen auf den Anhänger zu rollen, stellte ihre Bedenken einstweilen zurück. Matthew brach zur Sägemühle in Mullingar auf, um seine Lärche zu Latten zuschneiden zu lassen. Er ließ das Schnittholz eine Zeitlang auswittern, dann strich er die Latten mit Kreosot. Jetzt stand ihm die große Aufgabe bevor. Er überlegte sich, was er alles brauchte, und suchte sein Werkzeug zusammen. Wie eine Stute, die fohlen will, wählte er eine günstige Stelle.

Als der Bootsbau begann, war es Mai. Das Wetter war wie geschaffen für das feierliche Unternehmen. Der Sommer war der schönste seit fünfzig Jahren. Matthew bewegte seinen Bauplan im Kopf, und das Ausmaß des Bootsbauchs wurde jeden Tag ansehnlicher. Matthew war in seinem Element. Er plauderte mit seinem Ein-Mann-Publikum, erklärte, was er da trieb und warum, und führte dem Jungen vor, was jedes Werkzeug zu leisten vermochte. Dann herrschte Stille – die freilich manchmal von seinem Gehämmer unterbrochen wurde. Aber der stets vergnügte Vater sang auch. Er gab sämtliche überlieferten Lieder zum besten, jedes alte Küchenlied, das in seinem Gedächtnis schlummerte. War er des Singens müde, redete er von der entsetzlichen Hitze. Wie gewöhnlich sprach er ein Aparte:

> *Christy Maguire pißte ins Feuer,*
> *Er schrie: »Au, mein Gott!« und pißte in den Pott.*

Dann ließ er alle Vorsicht fahren, atmete schwer, schlug einen weiteren Nagel ein, und indem er seinem Sohn einen durchtriebenen Blick zuwarf, riskierte er den folgenden Reim:

> *Im Ausguß residierten eine Lady und ein Lord.*
> *Der Lord ließ einen Pups, der blies die Lady fort.*

Gleich darauf wechselte er die Rolle, und seine Lyrik tat den kleinen Schritt vom Lächerlichen zum Erhabenen. Er rezitierte den *Alten Seemann* von Samuel Taylor Coleridge oder Sir Walter Scotts

> *Der Hirsch trank an der Wasserstelle,*
> *Wo Mondschein tanzt auf Baches Welle.*

Dem Bootsbauer und seinem Gehilfen löschte Nora den Durst. Sie betrieb einen Pendeldienst und versorgte die beiden mit hochwillkommenen kalten Getränken und dick belegten, nahrhaften Stullen. Dem handwerklichen Geschick, das vor ihren skeptischen Augen Fortschritte erzielte, konnte sie ihre Bewunderung nicht versagen. Zum Essen setzte sich Matthew zwar hin, aber die ganze Zeit über musterte er sein Meisterwerk. Nachdem er sich mit der Hand den Mund abgewischt hatte, begab er sich wieder an die Arbeit.

Jetzt benötigte das bananenförmige, aber prächtige Boot noch Ruder. Als die Arbeit vollständig abgeschlossen war, strich der Künstler sein Modell an. Er wählte Grau, denn er hatte Angst, es könnte sinken, und rechnete sich aus, daß ein graues Boot auf dem Grunde des Flusses nicht so stark auffallen würde.

Es dämmerte der Tag, an dem das große Ereignis stattfinden sollte. Das Boot, das ein Mann sich erträumt hatte, sollte vom Stapel laufen. Aber für den Fall, daß das Boot lecken sollte, brauchte er jemanden, der das Wasser ausschöpfte. Er fand seinen Mann, den jungen Pat Earley. Nun war alles gerichtet für den atemberaubenden Stapellauf.

Das Boot wurde auf den Anhänger verladen, und sie brachen auf, die vollzählige Familie Meehan und ihr Nachbar. Ihr Ziel war ein schöner, breiter Nebenfluß des Boyne. Vorsichtig, wie mit Glacéhandschuhen, ließen sie das Boot auf den Gelben Fluß hinab. Matthew stieg eilends ein, aber als er sah, daß Wasser hineinsickerte, rief er Pat zu Hilfe. Pat schöpfte das Wasser hastig aus, und alles war wieder in Ordnung. »Kommst du?« fragte der listige Seemann. Joseph nickte und neigte den Kopf. Matthew steuerte das Ufer an, streckte die Hände empor und hob den Jungen samt seinem Stuhl ins Boot.

Nora und Yvonne standen ängstlich dabei und sahen Matthews Traumboot bei seiner Jungfernfahrt zu. Pat schöpfte, so gut er konnte, während Matthew so behutsam wie möglich ruderte. Josephs Stuhl paßte genau zwischen die Sitzbänke, und das Boot, aus dem nur sein blonder Schopf ragte, glitt mit ihm dahin. Prahlerisch ruderte die stolze Mannschaft ihr hübsches, fünf Meter langes Boot unter den feigen Blicken der Zuschauer auf und ab.

Weise geworden wie der geflügelte Drache, verhehlte Nora, daß sie auf die Handwerkskunst ihres Mannes nicht vertraut hatte, sondern redete sich darauf hinaus, sie werde am Ufer gebraucht, um die Matrosen zu retten, falls sie in Seenot gerieten. Darüber hinaus behauptete sie, daß einer schließlich zurückbleiben müsse, um die Versicherungsprämie zu kassieren. Aber Matthew machte Abstriche – schließlich kannte er ihre Furcht vor einem feuchten Grab.

Das Leben auf einem Bauernhof erfordert ständigen Einsatz. Matthew bemühte sich sehr, seiner Gefährtin die Arbeit zu erleichtern. Aber das Leben geht weiter, ob ein Mann da ist oder nicht. Joseph sah seinen Eltern bei der gemeinschaftlichen Arbeit zu. Wenn ihr Mann im Krankenhaus Dienst tat, mußte Nora zu Hause doppelte Arbeit verrichten. Sie kümmerte sich dann nicht nur um den Haushalt, sondern auch um die Farm. Wenn Joseph lange auf seine Mutter warten mußte, die erst noch die Kühe melken, die Kälber füttern, den Rindern und

Schafen Heu und dem Geflügel Körner geben mußte, so luden die Küchenwände zur Betrachtung ein. Ab und zu kam sie herein, um ein Wort mit ihm zu wechseln, etwa um ihm zu sagen, wie weit sie gekommen war, oder: »Hat mir doch die blöde Kuh fast den Milcheimer zertreten« oder: »Ich muß auf das Schaf aufpassen, das scheint lammen zu wollen.« Er nickte verständnisvoll, wußte er doch, daß sie fertig werden wollte und daß es sie zu ihrer Hausarbeit zog.

In dem kreiselnden Kopf des Knaben lösten befreite Augen-Blicke findige Gedanken aus. Wenn er in der Küche saß, spielte Joseph schöne Spiele. Er nutzte die Bilder, die Nora für ihre Kinder gemalt hatte. Wie mit einem Hanfstrick gefesselt, ritt er hinter der Hexe im schwarzen Cape auf einem Besenstiel dahin. Der Anblick der trotzigen Gestalt, die ein mürrisch-wieherndes Geschrei ausstieß, beförderte den Trotz in seinem Herzen. Der Besen streifte ihre schwarze Katze, und ihr rachelüsternes Gelächter machte das Glück zunichte, das er mit dem Anblick einer schwarzen Katze verband. Mit den Lippen formte er Anweisungen, er knebelte die Hexe und bat die Katze, ihm bei seiner Suche nach Ruhm Glück zu bringen.

Das nächste Bild zeigte einen grauen Elefanten. Es handelte sich um ein großes Bild, das selbst die Elefanten im Zoo in den Schatten stellte, und schilderte das riesige, schwerfällige Tier in allen Einzelheiten ab. Nur von seiner Intelligenz, von seinem Gedächtnis, dem alle Schmerzen eingeschrieben sind, verriet Noras Zeichnung nichts.

Eine Bauernküche vereinigt den Farmbetrieb mit der Pflege von Haus- und Hoftieren. Alles findet in der gemütlichen Küche zusammen. Joseph löste sich aus dem Lehen der Niederlage, wenn er den Blick – seine Nabelschnur! – auf die Bild-Wort-Karten heftete, die über die Wände der staubtrockenen Küche verteilt waren. Sie waren angeklebt. Über dem Kamin schwebte die spitzhütige Hexe, die auf ihrem Besen zum Mond ritt; ohne jeden Adel flog sie dahin wie eine jagende Wolke. Von der gegenüberliegenden Wand sah der graue Elefant auf ihn hernieder; er forderte seinen Blick heraus, hing er doch an derselben Wand wie das Bildnis des Herzen Jesu. Joseph fühlte sich wunderlich berührt, wenn er dem allwissenden, durchdringenden Auge Gottes auswich, den Blick abwandte und angelegentlich sein graues, weißköpfiges Kalb und den Traktor seines Vaters betrachtete. Hätte er sich doch nur klein machen können! So aber täuschte er nach außen hin Interesse an den anderen Bildern vor und bewunderte sein kreidefarbenes Kalb. Das Bildnis Gottes übersah er, statt dessen rief er sich den Tag in Erinnerung, als er sich das graue, weißköpfige Kalb aussuchte. In Maynooth war Markttag gewesen, und Matthew und Nora hatten ihn zum Einkauf mitgenommen. Sie erstanden fünf Kälber, aber er kam vor seiner Schwester zu Wort: er beugte den Kopf beharrlich in Richtung auf die graue, weißköpfige Färse. Abends kam Yvonne aus der Schule nach Hause, und als sie merkte, daß er sie ausgestochen hatte, sagte sie: »Das olle Kalb sieht ja wahrhaft entzückend aus, das Fell ist weder grau noch blau noch rot.« Weil er die fragenden Augen Gottes immer noch zu vermeiden suchte, taxierte er das Bild von Matthews rotem Traktor. Er saß hinter dem Steuer und artikulierte mit den Lippen seine Freude darüber, daß er wieder und wieder mit seinem Vater, der ihm die Hände ans Steuerrad drückte, tukkernd seine kläglichen Runden kreuz und quer über das große Feld drehen durfte. Er vermeinte den Duft von Diesel schnuppern zu können, das Gerüttel und Geschüttel des fahrenden Traktors zu spüren. Der Fahrtwind wirbelte ihm die Haarfransen auf, und er blickte erneut durch den schwarzen Qualm hindurch, der aus dem Auspuff quoll. – Was soll ich mir jetzt ansehen, fragte sich der nachdenkliche Junge; verzweifelt vermied er es, in diese wunderschönen Augen zu blicken. Jetzt gab es nur noch eine Wand. Doch als er hinüberschaute, fiel sein Blick genau auf das aus Binsen geflochtene Kreuz.

Mehrere Male blickte er auf die gegenüberliegende Wand, und jetzt gab er den Augen nach. Er war gefangen und stellte seine jugendlichen Fragen: Was soll ich mit mir anfangen, wenn ich das Elternhaus verlasse, fragte er laut. Er nahm an, Gott werde seine Lippensprache schon verstehen. Er fragte, ohne auch nur die leiseste Tröstung zu erwarten. Was wird geschehen, wenn ich auf die Central Remedial Clinic School in Dublin gehe? Was soll aus mir werden, wenn ich niemanden habe, der meine Sprechweise versteht? Was werden meine Lehrer von mir halten? Ich habe Angst, hörst du mich, sieh mich doch nicht an und schweige! Ich habe Angst, Angst vor meinem Leben, weil ich weder Mutti noch Vati und nicht einmal Yvonne haben werde. Ich werde ganz auf mich gestellt sein, mit meinem kreiselnden Kopf, unfähig zu sprechen, unfähig, mich mit den Armen zu umfassen, wenn mir bange wird. Gott, wenn du an meiner Stelle wärst, hättest du etwa keine Angst?

Sechstes Kapitel   Mit einem Messer

Der Winter in Corcloon war wunderschön. Kindern machte der Farmbetrieb Spaß, den Farmern nur Arbeit. Dies sollte der letzte Winter auf dem Bauernhof sein. Die Meehans zogen um in die rußige Großstadt. Die Bauerntölpel würden auf die Molly Malones von Dublin stoßen. An allem hatte nur Joseph Schuld. Wäre er mit dem Kopf zuerst zur Welt gekommen, hätte das Wetter in Corcloon den Kindern immer noch Spaß machen können. Aber es konnte ja gar nicht gut gehen, als er beschloß, sich in der Gebärmutter querzulegen. Und er lag ja auch nicht nur einfach quer, sondern ganz behaglich auf dem Rücken. Er wollte partout nicht hinaus. Aber das Leben verlangte nach ihm. Da er festsaß, mußte er aus seiner bequemen Hängematte herausgehoben werden; mit einem Messer schnitt man ihn heraus. Bei sich hatte er schon beschlossen, den Tod zu suchen, aber das Schicksal entschied anders.

Der Tod ist nicht geheimnisumwoben. Das wußte Joseph Meehan; schließlich war er bereits dort gewesen. Zwei geschlagene Stunden hatte er unter den Göttern geweilt, aber dann hatte das Leben ihn sich gekrallt, hielt ihn fest und erklärte ihn für frei.

Getauft für seine Kreuzeslast, überstand er kreideweiß die schmalen Alleen des Säuglingsalters. Aber niemand, der so versehrt war wie er, verdiente eine Überlebenschance. Besser tot, sagten die Besser-Wisser; besser tot, sprach die Geschichte; besser sich kopfüber hineinstürzen, entschloß sich die seelenfeste Nora, als sie sein verzweifeltes Schreien vernahm. Nur seine Mutter behandelte ihn als normal, verstand seine Intelligenz, die Zeichensprache seiner Augen, die Früchte der Stechpalme. Noch waren diese grün; doch ließ man ihm Zeit, gab man ihm ein Zuhause, so verhießen sie ein leuchtendes Rot.

In aller Stille suchte Nora fachmännischen Rat. Sie brachte ihr Baby in die Fitzwilliam Street in Dublin. In aller Stille betrat sie das Haus Nr. 9. Joseph im Arm, trat sie Dr. Ciaran Barry gegenüber. Der hörte sich die Geschichte einer Mutter ruhig an: wie bei der Geburt ihres Sohnes alles schief gegangen sei. Es hatte zweier lebensrettender Operationen bedurft; die erste galt der Entbindung, die zweite ihrem eigenen Leben. So hoch waren die Kosten, die sie zu Dr. Barry führten.

Der blauäugige Arzt sah und hörte sie an. Er lauschte den einfachen Beobachtungen, die sie über ihren Sohn anstellte. Er bemerkte, wie ihn das Baby neugierig anblickte, sich überall im Sprechzimmer umschaute. Es wirkte ganz so, als könne es verstehen, was seine Mutter sagte. Dabei war es erst siebzehn Monate alt.

Um das Kind einschätzen zu können, veranstaltete der Arzt gescheiterweise Spielchen. Er blies Joseph in die Augen, doch als dieser ihn tief Atem schöpfen hörte, machte er sich auf einen zweiten Anlauf gefaßt und schloß schlau seine Augen. Als der Arzt dann doch nicht blies, öffnete der Junge die Augen wieder, um zu sehen, was denn nun wieder war. Joseph bestand die ausgeklügelten Tests. Überzeugt von seinem Befund, stimmte der Arzt mit Nora überein, daß ihr Sohn augen-scheinlich eine normal entwickelte Intelligenz besaß. Daraufhin empfahl ihr der unerschrockene Doktor eine besondere Behandlung. Er erzählte ihr von der Central Remedial Clinic und regte an, dem Jungen dort Physiotherapie, Sprechtherapie, Beschäftigungstherapie sowie mit der Zeit regelrechten Unterricht zukommen zu lassen.

Mittlerweile war es so weit, der *blaue Knabe** wollte erzogen sein. In Sorge um sich selbst, bedachte er nicht den Preis, den seine Familie entrichten mußte. Immerhin mußte sie ihre ganze Lebensweise umstellen, ihre ganze Lebensauffassung ändern.

---

* Anspielung auf den englischen Kindervers: *Little Boy Blue come blow your horn, / The sheep's in the meadow, the cow's in the corn...*

Die schönen Tage, an denen sie sauber gespülte Bachkiesel befühlten oder den Mutterschafen zusahen, wie sie mit den Vorderbeinen auf den Boden trommelten, um ihre Lämmer zu schützen, waren vorüber. Vorüber das vergnügte Kreiseln auf der Schaukel, wenn die Seile sich verheddert hatten, oder der gemeinsame Gesang mit den Nachbarskindern, wenn sie draußen auf dem Mietenhof eine Schau um die Strohpuppe abzogen. Nie mehr würde er die großen, gierigen Maschinen erleben, die sich tief ins Moor fraßen und dann ihren großen eisernen Arm umschwenkten, um lange, lange Würste naßglänzenden Torfs auf die wollgrasgesäumten Dämme zu schütten. Nie mehr die Erlebnisse der Kindheit, denn jetzt rief ihn die Stadt Dublin, rief die Schule.

Der Himmel, der in Corcloon bedeckt gewesen war, wurde über Dublin milchig-blau. Ihre Farm lag hinter ihnen. Während der schlimmen Tage der Entscheidung hatte Anstrengung ihre Wangen gerötet. Aber Matthew und Nora zeigten keine Schwäche und keine Furcht, sie blickten nie zurück und erwarteten nicht länger vom Leben, daß es den höllischen Griff nach ihrer Kehle lockere; eilige Vorbereitungen sorgten dafür, daß die grimme Zukunft auf dem gewundenen Pfad, der vor ihnen lag, zugleich großartige Aussichten bot.

Als die Meehans nach Dublin zogen, ersetzte ein Ölbrenner den Torfofen. Sally, das Geflügel, die wunderbar frechen Earleys – alles das war fort. In Clontarf zogen neue Nachbarn ein und aus; niemand kannte sie richtig, niemand vermißte sie.

Zeit war Geld in der großen, geschäftigen Stadt. Dublin gellte forsch-fröhliche Selbstsicherheit, flüsterte verlockende Straßennamen und half so der Einsamkeit ab, dem Heimweh nach Corcloon. Aber die Meehans fanden sich zurecht und richteten sich ein; sie begannen mit der Schule, belebten die alten Freuden wieder und reduzierten neue Probleme auf ein Minimum.

Joseph kannte sich in Clontarf aus. Seit frühester Kindheit hatte er die Klinik in der Vernon Avenue besucht. Dreimal in der Woche war er die Milchstraße zu seinen physio- und sprechthe-

rapeutischen Sitzungen in der Central Remedial Clinic entlang-
gefahren. Die Familie kaufte sich ein neues Haus in der Nähe
der Klinik, damit Joseph es nicht so weit zur Schule hatte.

Als er die Psychologin Criona Gervey traf, lernte Joseph, noch
bevor er zur Schule ging, seine Furcht bezwingen, nicht verstanden zu werden. Er führte ihr seine Sprache vor: das Neigen
des Kopfes, das Deuten mit den Augen, das Strampeln mit den
Füßen. Sie verstand seine Zeichen und lächelte. Dann begann
sie mit den Intelligenztests.

Mit angehaltenem Atem prüfte er die harten Nüsse, die sie ihm
zu knacken gab. Aber im Handumdrehen fand er die richtige
Antwort. Es machte ihm Spaß, und er war ganz entspannt.
Schließlich rief sie: »Halt!« dabei hätte er gerne so lange weiter
gemacht, bis er nicht mehr gekonnt hätte. Criona Garvey lehnte
sich in ihren Stuhl zurück und lächelte. Er blickte die Psychologin fragend an. Sie sagte ihm, er könne eingeschult werden, aber
mit einem Lächeln fügte sie hinzu: »Wenn du keine guten Fortschritte machst, Joseph, kriegst du's mit mir zu tun.«

Die Begründerin der Schule hatte ein Herz wie Hektor. Joseph
war ihr bereits bei einem seiner Besuche in der Klinik begegnet.
Als aber eines Tages die Klassenzimmertür aufflog, erkannte er
die Frau, die da hereingepoltert kam, nicht. Sie trug ein türkisch
gemustertes, senfgelbes Kleid und flache Schuhe. »Guten Tag,
Lady Goulding!« riefen die Schüler im Chor. »Guten Tag, Kinder!« lächelte die Besucherin. Sie unterhielt sich im Stehen mit
der Lehrerin. Joseph saß da und sah vor sich niemanden anders
als Lady Valerie Goulding.

An der Tür zögerte sie, lächelte der Klasse zu und war im Nu
verschwunden. Ihr Gesicht blieb vor seinem geistigen Auge stehen: Aus ihren Blicken leuchtete die Wahrheit, ihr Lächeln kam
aus tiefster Seele. Er erinnerte sich, daß sie eine Laufmasche im
Strumpf gehabt hatte.

Derselbe Junge, der während der ersten Schultage vor Angst
geweint hatte, saß jetzt lachend neben Alan oder Alex. Hier saß
er nun, verlangte, verstanden zu werden, wurde schließlich ge-

deutet und dann auch verstanden. Da er seine Fächer beherrschte, zog große Freude in Josephs Herz ein, doch suchte er immer noch nach einem Weg, das in den Winkeln seines Geistes Geschriebene auch auszudrücken.

Joseph hatte sich längst an all die jesusfrommen Bemerkungen über sein Kreuz gewöhnt. Nunmehr wollte er versuchen, sich aus dem karitativen Zugriff der Gesellschaft zu befreien. Er sah, wie andere ihn beurteilten, und wollte allen beweisen, wie Unrecht sie hatten. Von allen Seiten in seiner Freiheit beschnitten, nahm er Dinge wahr, die nicht für seine Ohren und Augen bestimmt waren. Würde er je die Gelegenheit haben, den Leuten etwas vorzuführen, von dessen Existenz sie nichts wußten?

Wie bezwinge ich meinen Körper, fragte sich der gelähmte Junge. Man stempelt mich ab als gelähmt, aber kann sich denn ein Gelähmter bewegen? Mein Körper hört ja fast gar nicht mehr auf, sich zu bewegen. Meine Arme liegen im ständigen Gefecht und lassen mich wie einen Tölpel erscheinen. Mein Lächeln kann zwar auch ganz natürlich wirken, aber manchmal gefriert es mir auf den Lippen und macht, daß ich traurig und uninteressiert wirke. Zwei lange Beine habe ich, aber wenn ich sie mit meinem Körpergewicht belaste, knicken sie unter mir zusammen wie ein Kartenhaus. Wie also kann ich den Leuten beibringen, daß meine Beine genauso kräftig sein können wie die des stärksten Mannes? So lauteten Josephs höhnische Fragen. Aber es gab ein weiteres Hindernis, das seine Worte gerinnen ließ, bevor sie noch ausgesprochen waren.

Gleichwohl erhörte ihn das Schicksal, und es war doch das Schicksal, das seine Freiheit hatte erstarren lassen. Konnte es denn sein, daß das Schicksal in seinen Absichten schwankend geworden war? Seinen genickten Beobachtungen schenkte man Glauben – gestand ihm das Schicksal einen Ausweg zu?

Von Hand zu schreiben war ihm nicht gelungen. Das Schreiben mit der Schreibmaschine brachte Hoffnung. Die Schreibmaschine war kein Spielzeug. Joseph mußte sie meistern um seiner Zurechnungsfähigkeit willen, um seines Seelenheils willen. Die

Tastatur kannte er mit den Jahren in- und auswendig, aber das Schicksal versagte ihm die Kraft, zu nicken und die Tasten mit dem Stab auf seiner Stirn zu bedienen. Jeder Versuch, die Tasten mit dem Einhorn anzutippen, schlug fehl. Statt dessen befielen ihn schwere Starrkrämpfe und verwandelten jedes einfaches Nicken in eine groteske Verrenkung, der kein Glied entging.

Eva Fitzpatrick hatte sich jahrelang abgemüht, Joseph dabei zu helfen, seinen Körper zu beherrschen. Sie erklärte ihm alles, was sie über Hirnschäden und deren Auswirkungen wußte. Der Junge konnte ihr folgen, aber beweisen konnte er das nur, indem er ihr starr in die demütigen Augen blickte und einen bejahenden Blick gen Himmel sandte.

»Ja, nehmen Sie Joseph nur mit«, willigte seine Klassenlehrerin ein, wenn Eva einmal in der Woche kam, um ihren Zögling zum Schreibmaschinenunterricht abzuholen. Zu zweit bummelten sie die Gänge entlang, die junge Lehrerin und ihr behinderter Schüler. Eva plauderte, und Joseph hörte ihr zu. Manchmal versuchte er, sein Scherflein zur Unterhaltung beizutragen, indem er mit den Lippen Worte formte und ihr, hintenüber gebeugt, in die Augen blickte.

Evas Zimmer war mit bunten Bildern geschmückt. Sie besaß einen freundlichen Umgangston und ging aus sich heraus, aber innerlich hatte sie Mitgefühl mit ihrem Schüler, wenn dieser mit der Schreibmaschine kämpfte. Ihre Arbeitsmethode verlangte einen entspannten Schüler, daher schwatzte sie unbekümmert drauflos und prüfte den Grad seiner Entspanntheit. Sie plapperte munter weiter, doch sobald Joseph sah, daß seine Lehrerin den langen Spiegel an den Tisch rollte, wußte er, jetzt würden sie sich wieder in Schreibmaschinengymnastik üben.

So mühten sie sich gemeinsam ab. Der Junge schnaubte wie ein Walfisch vor Anstrengung, wenn er versuchte, seinen verfluchten Körper zu disziplinieren. Bei jeder Berührung seines Zeigestocks mit den Tasten der Schreibmaschine wurde sein Körper hintenüber gepeitscht. Eva hielt mit den Händen sein Kinn und wartete ab, bis er sich wieder entspannte und die nächste Taste anschlagen konnte. Joseph und die Frau arbeiteten mit aller Macht; sie tippten die Sätze, die Eva dem Jungen auftrug. Der *blaue Knabe* ergab sich ganz und gar seiner Lehrerin. Sie besaß genügend Geistesgegenwart, um nicht den Augenblick zu verpassen, wenn sein bejahender Kopf die Tasten ganz aus eigener Kraft niederdrückte.

Ohne Eva Fitzpatrick hätte er sich niemals befreien können. Selbst seine Mutter hatte ihn aufgegeben und entschieden, daß die Schreibmaschine überhaupt keine Hilfe sei. Sie hatte den Deckel zugeklappt und die Schreibmaschine weggestellt. Niederlagen schmerzten sie. In ihrem Kleinmut verstand sie nicht, daß sich zwischen ihren Sohn und die Schreibmaschine verheerende Atemkrämpfe drängten. Aber wie sollte eine Mutter auch wissen, daß hinter ihrem Kreuz ein Simon stand, der bereitwillig Gegenden erkundete, in denen sie ein Fremdling blieb? Woher hätte sie wissen sollen, daß Evas Bemühungen Erfolg hatten, daß sich die Wissenschaft mit ihr verbündete? Denn inzwischen wurde dem spastischen Jungen eine Droge verabreicht, und wenn er auch täglich nur den geringen Teil einer Lioresal-Tablette einnehmen durfte, so begann er sich doch schon anders zu fühlen. Die kleinen Tablettenstücke schienen zunächst ohne Wirkung, gleichwohl waren sie wie Senfkörner für die Stunden der Entdeckung, die er mit Eva teilte.

Nun kämpfte er mit der Gewißheit weiter, daß er Erfolg haben würde, und mit dieser Gewißheit wuchs sein Mut. Dieser Mut war grenzenlos, gerade so, als ob ihn jemand anspornte. Aber die Zuversicht kam nunmehr aus ihm selbst. Er wunderte sich, wie ihm geschah. Er wußte, nach Jahren der Niederlage durfte er eigentlich nichts als Verzweiflung empfinden, statt dessen kam ihm die Erleuchtung, daß er es spielend schaffen würde, seine Ketten zu sprengen und seine Zunge zu lösen.

Zur gleichen Stunde war das Schicksal auch bei Eva am Werk. Als sie es am wenigsten vermutete, erahnte sie die Musik, von der er Kostproben gab. Sie beobachtete Joseph im Spiegel, wie er sich plagte, die erforderlichen Tasten zu finden und zu drükken. Er vermied ihren Blick und stellte sich selbstquälerisch auf die Probe. Sein Herz hüpfte vor Freude, aber er wollte sicher gehen.

Er atmete etwas leichter, sein Körper zitterte etwas weniger, er saß da, das Kinn auf Evas Hände gestützt. Sogar den Duft ihres Parfüms konnte er schnuppern, aber er blickte nicht in den Spiegel. Vielleicht klappt es heute gar nicht, stichelte er, aber wunderbarerweise irrte er sich. Süße Gewißheit versüßte ihm den Augenblick. Ja, er konnte tippen, er konnte ungehindert die Tasten anstoßen. Er schaute in den Spiegel, und ihre Blicke trafen sich. Er lächelte schwach, aber sie blickte ihn nach wie vor forschend an. Nach hinten gebeugt, sah er ihr in die Augen, um Resonanz zu finden, aber sie machte bloß mit dem Rollstuhl kehrt und schwebte graziös den Korridor entlang zu seinem Klassenraum.

Von der großartigen Entdeckung wußte Nora nichts, und Joseph zog es vor, sie ihr zu verheimlichen. Der *blaue Knabe* hatte seinen Körper bezwungen, aber er prahlte vor niemandem als vor sich selbst.

»Mrs. Meehan, haben Sie Joseph schon beim Tippen zugesehen?« erkundigte sich Eva Fizpatrick in aller Unschuld. »Nein, Eva, seit etwa achtzehn Monaten hat er nicht mehr an seiner Schreibmaschine gesessen«, antwortete Nora nichtsahnend. Eva lächelte wissend, aber sie fragte Nora: »Würden Sie bei seiner nächsten Schreibmaschinenstunde vorbeikommen?« »Natürlich«, versetzte die arglose Nora, »wann haben Sie ihn denn?« »Nächsten Mittwochnachmittag um Viertel nach zwei«, sagte Eva.

Nora saß da und sah zu. Krämpfe zerrissen Josephs Körper. Der Schweiß stand ihm im Gesicht. Er versuchte seiner Mutter zu zeigen, wozu er fähig war. Sie war nicht sonderlich beeindruckt. So viel sah er, trotz seiner Tortur. Das Telephon klingelte, und Eva schlug Nora vor, sie abzulösen und Josephs Kopf zu halten. Die Krämpfe ließen ihn erstarren, aber innerhalb weniger Minuten spürte er, wie er sich entspannte. Nora wartete, das Kinn ihres Sohnes in den hohlen Händen. Da reckte er sich vor, lenkte den Zeigestock auf die Tastatur und tippte den Buchstaben »e«. Er schwenkte den Stock nach rechts und schlug einen anderen Buchstaben an, dann noch einen und dann wieder einen. Eva hatte ihr Telephongespräch beendet, und Nora, die immer noch Josephs Kinn stützte, drehte sich um und sagte: »Eva, jetzt verstehe ich, wovon Sie sprechen – Joseph beugt sich von ganz allein nach den Tasten – ich habe richtig gemerkt, wie er sich nach ihnen streckt.« Eva, seine couragierte Lehrerin, schlug mit der geballten Faust auf den Tisch. »Also hatte ich doch recht. Ich habe mir nur nichts zu sagen getraut, ich mußte mir erst Gewißheit verschaffen«, sagte sie mit einem breiten Lächeln.

Joseph saß da und betrachtete seine beiden Erlöserinnen. Sie unterhielten sich über ihre Entdeckung, indes er beglückt, ungläubig, verwirrt vor sich hin nickte. Er fühlte, wie er auf Gazeflügeln sicher dahinglitt. Es hungerte ihn nicht mehr. Er kicherte nervös, noch bevor er Dank sagen konnte. Auf dem Korridor jubelte er, seiner lieben Eva sagte er Auf Wiedersehen, und auf dem Heimweg gickelte und jubelte er Nora ins Gesicht. Erst elf Jahre zählte der schwächliche Junge, aber in kürzester Frist sollte er sich mit Nora verständigen, ihren Blick darauf lenken, was er sah, sie anweisen, seinen Kopf gerade zu halten, damit er von innen heraus Schönheit aufs Papier bannen konnte – die Schönheit eines geheimen Wissens, das im Verborgenen lag und beinahe für immer verloren gegangen wäre.

Indem er mit dem Kopf nickte, tippte er schüchtern grünende Worte: zarte Verse und kindliche Prosa. Für Joseph Meehan wurde das Schreiben zum Wortwald. Der Gehirngeschädigte hatte seine Worte in der Gewißheit, daß irgendein Erdenbürger mit dem konzentrierten Blick der Zyklopen auf eine Methode stoßen würde, mit deren Hilfe er seine Gedanken-Dolden ausdrücken könnte, jahrelang sorgfältig gehortet.

Seiner selbst und seiner Wort-Stöße gewiß, besaß er genügend

Selbstvertrauen, sich vom Ruhm zu nähren. Die in ihm nistenden Sätze befestigten ihn in dem naiven Glauben, er könne sich mit anderen Schriftstellern messen. So wartete er jetzt auf den Ausgang des jüngsten Wettbewerbs, an dem er teilgenommen hatte.

Er wartete in der Vorahnung, daß er mit seinem Versuch, im Literaturwettbewerb der Spastikervereinigung einen Preis zu gewinnen, Erfolg haben könnte. Er lag in der Mittagssonne im Hintergarten und fragte sich, wie es seiner atem-losen Autobiographie in der literarischen Hauptstadt der Welt wohl ergehen mochte.

Schwer lastete die Sonne auf ihm, aber Joseph grinste in sonderbarer Selbsteingenommenheit. Als er aus überanstrengten Augen nach oben sah, erblickte er Seemöwen, die sich in die Lüfte schwangen, um sich gleich darauf unter beutegierigem Gekicher herabzustürzen. Der Junge glühte und grinste und biß trotzig die Zähne zusammen. Wie er dalag in seiner vom Schicksal verpaßten stählernen Jacke, gefährdeten die im Sturzflug ausgestoßenen Schreie seine kühnen Pläne. Plötzlich störte ein heftiges Klingeln die Szene auf. Von der Küche her drängelte das Telephon und erschreckte Joseph zu Tode.

Mit einem Mal rührte sich Yvonne, ihr lebloser, goldbrauner Körper machte einen Ruck. »Ich geh’ schon, Mammi«, rief sie, als sie die Stufen hinaufstürmte, um den Hörer abzunehmen. Nora rührte sich nicht. Sie saß im Schatten der kleiderbehangenen Wäscheleine und las die Zeitung. Die Laken an der kreiselnden Wäscheleine blähten und bauschten sich im Wind, so daß ihr immer nur ein kleines Fleckchen Schatten vergönnt war. Josephs bleiche, geschrumpfte Glieder winkten der Sonne. Auch er wollte braun werden, wollte so golden aussehen wie seine Schwester.

Yvonne kam die Treppe heruntergerannt und rief: »Mammi, für dich, die Spastikervereinigung, Nina Heycock ist am Apparat!« Gefolgt von Yvonne, eilte Nora ins Haus. Joseph lag da und schaute den Möwen zu. Wie sie so aufstiegen, die Flügel im

Flug gespannt, murmelte er Aufsässiges – zur Hölle mit euch Angebern, mein verkrüppelter Körper wird auch noch einmal fliegen. Kann ein glückloser Mensch sich dem Schicksal widersetzen? Kann er sich Flügel wachsen lassen? Vielleicht überlegt es sich das Schicksal ja doch noch anders und perlt Gnade, perlt nußschalenhohle Schönheit. Aber warum kam Yvonne denn nicht zurück?

»Mensch, Joseph, du hast gewonnen, du hast den Sonderpreis gekriegt!« brüllte Yvonne, als sie aus dem Haus stürzte. Dann warf sie sich neben ihrem Bruder auf den Boden, griff nach seiner Hand und sagte: »Du Glückspilz! Dachte ich's mir doch, daß du gewinnen würdest, ich hatte nur Angst, es dir zu sagen. Ich wollte dir keine falschen Hoffnungen machen und dir eine Enttäuschung ersparen.« Joseph verbeugte sich mehrfach vor seiner Schwester. Er hatte die gleiche Vorahnung gehabt wie sie, und auch er hatte sich nicht getraut, darüber zu sprechen. Yvonne konnte an seiner Hand seine innere Spannung ablesen und schlug eine andere Taktik ein. »Du Glückspilz, schon wieder auf nach London«, sagte sie, »aber diesmal will ich keinen billigen Klunker«, ließ sie ihn wissen. »Diesmal will ich Goldschmuck, oder ist vielleicht Silber meinem Alter angemessener?« Joseph brach in Gelächter aus, und mit dem Gelächter wurde ihm vorübergehend leichter ums Herz.

Und doch kreisten sie stetig am Himmel, die Möwen mit den Albatrosschwingen. Erst stiegen sie hoch auf, dann schossen sie augenversehrend herab. Joseph äugte nach ihnen, aber seiner selbst gewiß, spottete er ihrer mit fröhlichem Gelächter. Nora kam herbeigerannt, um die gute Fee zu spielen. »Er hat's wieder geschafft, die Jury in London hat entschieden«, sagte sie. Joseph schaute zum Seemöwenhimmel auf, und indem er den Hals reckte und die Fersen gegen den Boden stemmte, versteifte er seinen Körper in Schönheit. Jetzt konnte er gen Norden, Süden, Osten und Westen blicken und jeder Möwe mit den Augen folgen. »Warte nur, Joseph, bist du hörst, was die Preisrichterin gesagt hat«, begeisterte sich seine Mutter. »Man vergleicht dich

mit Joyce und Yeats und sogar mit Dylan Thomas. Stell dir nur vor! Ach, du bist ja noch so jung. Noch so jung!«
Joseph war sehr aufgeregt und ganz fühllos vor Glück, voll heimlicher Vorahnungen und voll übergroßer Dankbarkeit. Wie hypnotisiert salbte er seine lebhaft vorgetragene Liebe. Jetzt erblühten seine nächtlichen Botschaften, ließen seinen verdorrten Stiel in Knospen rosiger Schößlinge erknospen. Er hörte, wie seine Mutter und seine Schwester sich für ihn freuten, doch zögerte er, bevor er in ihre frohen Blicke und Worte einstimmte. Denn seinem verkrüppelten Körper konnte nichts und niemand beikommen. Freilich dämmerte er nunmehr im Schatten der Literatur, und die Aussicht auf den vor ihm liegenden Büchermarkt genoß er durchaus.

Aufgeregt plappernd, kniete Nora vor ihrem Sohn nieder und blickte ihm in die Augen, während Yvonne auf dem Bauch lag, ihren Bruder immer noch bei der Hand hielt und den Krämpfen, die seinen Körper schüttelten, mit einem Händedruck Einhalt gebot. Ihre Blicke trafen sich, und er dirigierte sie flehend zu seinem Streitwagen. »Mammi«, sagte sie, sein Signal deutend, »Joseph möchte wieder in seinen Rollstuhl.« Nora und Yvonne hievten ihn von seinem Läufer und plazierten ihn vorsichtig in seinen Sitz. Wieder klingelte das Telephon und wollte trotz der Geschäftigkeit der Szene gar nicht mehr aufhören zu klingeln. »Ich wette, das ist Pappi!« rief Yvonne und rannte erneut los, um den Anruf entgegenzunehmen.

Nora brachte Josephs Rollstuhl in die Küche, indem sie ihn an den Rückrädern die zwei Stufen hinaufschleppte. Yvonne unterhielt sich mit ihrem Vater und teilte ihm die großartige Neuigkeit über Joseph mit. Nora rollte ihren Sohn in die kühle, halbdunkle Diele, nahm ihrer Tochter den Hörer ab und hielt ihn an Josephs Ohrmuschel. Der hörte seinen Vater reden und stieß ein wildes Freudengeheul aus. Matthew brach unvermittelt ab und sagte lachend: »Ach, du bist's, Joseph. Du bist mir ja ein toller Bursche. Ich bin sehr stolz auf dich.« Dann fragte er: »Bist du auch mit dir zufrieden?« Aber das ungestüme Nicken seines Sohnes konnte er nicht sehen. Joseph blickte von unten die lächelnde Nora an und ließ sie wissen, daß sie den Hörer übernehmen sollte.

Mit der Flut ging auch seine Trauer zurück. Auf Dollymount Strand war es bis auf die Familie und ihren schwarzweißen Collie still. Gemächlich bummelten sie den Strand entlang. Auf diesem Abendspaziergang stand Joseph im Rampenlicht und war die *cause célèbre*. Der Leuchtturm vor Howth sandte seine blitzenden Signale aus und warnte die Schiffer vor versteckten Felsenriffen. Joseph machte viel Wesens vor seiner Familie. Er verneigte sich und nickte in Richtung England. Sie verstanden seine Zeichen und freuten sich für ihn. Selbst seine Wahlheimat schien seinen Erfolg feiern zu wollen: Um ihn herum funkelten hufeisenförmig die Lichter der Stadt Dublin und umrahmten so die Geschichte von Joseph Meehan in blau, grün, weiß und golden getönten Aquarellfarben. In der Bucht schimmerte das Wasser, und das Rauschen des Meeres verschluckte seinen gemurmelten Dank, aber er nickte dem Horizont zu. Gott, verzeih mir, wenn ich dich mit meinem Warum zurechtwies, betete er, aber wie hätte ein kleiner Kerl wie ich wissen sollen, daß ein inständiges Gebet von mir genügt, Gott dazu zu bewegen, Tür und Tor zum Himmel aufzustoßen?

In Begleitung seiner Familie brüstete er sich kindisch, aber in der Stille der Nacht tauchte er seinen Tröster in Ozeane kreatürlichen Dankes. Auch die heilige Kommunion rückte seinen Tröster in greifbare Nähe, und den engen körperlichen Kontakt krönte still-verzweifelt die Kredenz. Das Abendmahl diente einem großartigen Zweck: es diente dazu, Gott bei ihm einkehren zu lassen und ihn bei einem dienstbaren Gott.

Siebentes Kapitel In selbiger Nacht

Seelsorger in Clontarf war Hochwürden John Flynn. Jeden Mittwoch und jeden Sonntag besuchte er Joseph. In der Innentasche verwahrte er die Bursa, in der sich das geweihte Brot befand. Indem er durch die Eucharistie seine Liebe bekundete, gewann Gott wunderbar an Glaub-Würdigkeit. Bei Kerzenlicht intonierte der Priester seine geschliffenen Gebete von schrecklicher Schönheit. Dann hielt er die weiße Hostie empor und sprach Josephs Bittgebet:

> *Herr, ich bin nicht würdig, daß Du eingehst unter*
> *mein Dach;*
> *aber sprich nur ein Wort,*
> *so wird meine Seele gesund.*

Daraufhin versuchte Joseph, seinen Mund zu öffnen, um die Kommunion zu empfangen. Aber seine Kiefer klemmten, und seine Zähne waren schraubstockartig zusammengepreßt. Seine Augen ruhten liebevoll auf seinem Herrn, verehrungsvolle Worte flossen aus seiner Seele – vor ihm stand, eingekapselt in der Hostie, Gott, und der Junge versuchte noch immer, seine Muskeln zu entspannen, auf daß er seinen Herrn empfangen könne.

Hochwürden Flynn gewahrte alsbald schon Mittel und Wege, wie man Joseph dabei helfen konnte, seine Muskeln zu entspannen. Indem er zusah, wie die Meehans mit den Krämpfen umgingen, lernte er, daß man Joseph manchmal überraschen, plötzlich zugreifen und ihn beim Kinn packen mußte, manchmal aber auch nur etwas gänzlich Unerwartetes von sich zu geben brauchte. Jahrelanges Ausprobieren hatte aus den Familienmitgliedern Experten gemacht. Jetzt verbündete sich der großartige, sanftmütige Priester mit ihnen in der gemeinsamen Anstrengung, Josephs rebellischen Körper zu bezähmen.

In Josephs flehenden Blicken standen versteckte Hilferufe geschrieben. Es war vor allem Yvonne, die ihm zu Hilfe kam. Sie tat so, als habe sie seine Schwierigkeiten nicht einmal bemerkt, und trat urplötzlich in Aktion. Blitzschnell preßte sie mit einer Hand gegen seine Stirn, während sie mit der anderen seine Kinnlade nach unten drückte. Ob nun wegen ihres spontanen Zugriffs oder wegen seiner Schreckreaktion – Joseph konnte seinen Kiefer wunderbar entspannen. Hochwürden Flynn nickte in nachdenklicher Anerkennung, flüsterte bedeutsame Worte der Anbetung und legte dem Knaben die weiße Hostie auf die Zunge.

Monatelang mochte es ohne derartige Schwierigkeiten abgehen, aber inzwischen war der Priester Josephs krampfgeschütteltem Körper mehr als gewachsen. Als jemand, der leidenschaftlich gern P. G. Wodehouse las, dachte sich Pfarrer Flynn beherzt eigene Kniffe aus. Als Joseph wieder einmal Schwierigkeiten damit hatte, seinen Mund zu öffnen, hielt der Priester den Leib Christi empor, blickte die Oblate wissend an und sagte: »Na, Joseph, was hast du gestern in der Kirche gemacht? Hast du dich etwa an der Almosenbüchse vergriffen?« Joseph war so perplex von der Anschuldigung, daß ihm vor lauter Verblüffung der Mund weit offen stand. Im Nu legte ihm der Priester die Hostie auf die Zunge und nahm sein Gebet wieder auf. Seine Intrigen waren so einfühlsam, daß der Junge im Laufe der Monate und Jahre immer entspannter wurde.

Verwirrt von Schönheit, nicht immer gleich besorgt, nur zum Denken befähigt, setzte Joseph seinen Lebensweg munter fort. Froh gedachte er seiner Freunde, waren sie doch aufgeweckt genug, Mitgefühl mit ihm und seiner Not zu empfinden. Aber seine Freunde waren nicht immer zur Stelle, wenn er Gesellschaft wollte, also hielt er sich an Rundfunk und Fernsehen. Sein Radioapparat stand neben seinem Bett und brachte ihm Musik, aktuelle Meldungen und großartige, aufregende Hörspiele. Sonntags hörte er die Messe, doch sobald diese vorüber war, wirbelte er im Rhythmus der Popmusik. Wichtige Programme auf künstlerischem Gebiet weckten in ihm oft den Wunsch nach mehr Lyrik. Er freute sich über die Arbeiten anderer Autoren und hätte sich nie ausgemalt, daß er eines Tages seine eigene Poesie zu hören bekommen würde.

Das Zeitzeichen verkündete die volle Stunde: ein Uhr. Es war Heiligabend und Zeit für die Nachrichten. Die Sendung hieß »Die Welt am Wochenende« und wurde von der BBC London ausgestrahlt. Joseph hörte dem Sprecher zu, der die neuesten Nachrichten aus aller Welt verlas. Eigene Korrespondenten, die in den betreffenden Ländern vor Ort berichteten, boten Hintergrundberichte. Als sich die Sendung ihrem Ende näherte, teilte der Moderator der Zuhörerschaft mit, er habe vier distinguierte Gäste im Studio, die er um Auskunft gebeten habe, welches für jeden von ihnen in dem zur Neige gehenden Jahr »der eindrucksvollste Augenblick« gewesen sei. Unter den geladenen Gästen befand sich auch Mrs. Edna Healey, die Frau des britischen Schatzkanzlers Denis Healey, selbst Schriftstellerin. Zu Josephs grenzenloser Verblüffung erzählte sie, für sie sei »die Lektüre der Gedichte von Joseph Meehan der Höhepunkt des Jahres« gewesen. Joseph saß mit aufgesperrten Ohren da, sein Herz hämmerte so stark, daß er beinahe überhört hätte, was Edna Healey weiter sagte. Sie erklärte, wie sie zur Preisrichterin für Lyrik in dem von der Spastikervereinigung organisierten literarischen Wettbewerb bestimmt worden sei. Als der Moderator den Schauspieler Haydn Jones bat, Joseph Meehans Gedicht »Ich spähe durch Häßliches« vorzutragen, endete die Sendung mit einem Glockengeläut, das Schönheit in das Weihnachtsfest des Jungen trug. Das Radio durchbrach seine Isolation, und als er der Stimme aus London zu Ende gelauscht hatte, verkündete – wie die Stille zu Bethlehem – die Stille ihm eine frohe Botschaft, die ihn verzauberte.

Damals war Joseph zwölf Jahre alt und verbrachte die Weihnachtszeit bereits in Dublin. Aber die Weihnachtsfeste seiner Kindheit waren ihm unauslöschlich eingeprägt, denn so kindlich diese auch gewesen waren, sie lösten nicht nur freudige, sondern auch furchtbare Erinnerungen aus. Da er seine Augen nicht willkürlich schließen, Schlaf also nicht vortäuschen konnte, nahm das Jesuskind in Josephs Lebenswelt den zweiten Platz hinter dem Weihnachtsmann ein. »Nun eil dich, mach die Augen zu und schlaf, sonst kommt der Weihnachtsmann nicht«, redete ihm seine Mutter gut zu, doch der arme Joseph fand keinen Schlaf, konnte sich nicht unter die Decke verkriechen, und was am allerschlimmsten war, er konnte die Augen nicht schließen, seine Angst vor dem Weihnachtsmann nicht vertreiben. Seine eigentliche Angst rührte daher, daß er wußte, kein Sterblicher durfte den dickbäuchigen, rotgewandeten, weißbärtigen Mann zu Gesicht bekommen. Er stöhnte vor sich hin und kuschelte den Kopf ins Kissen, aber seine Einbildungskraft ging mit ihm durch. Am Heiligabend war die Nacht in Corcloon schwarz, kohlrabenschwarz. Von den hohen Bäumen, die das Haus umstanden, drangen laute Geräusche herüber. Jedesmal, wenn der Esel der Whelehans seinen langgezogenes Wehgeschrei ausstieß, mit dem er in selbiger Nacht die Göttlichkeit Gottes für sich reklamierte und sich als Zeuge und Tröster aufspielte, entschlüpften Joseph beim Gedanken an schaurige Gespenster, die vom Friedhof über der Straße herbeigeirrt kamen, verschleimte Angstrufe.

Mit dem Umzug war zugleich das Kapitel seiner Kindheit beendet und das neue seiner Jugend aufgeschlagen. Weihnachten wurde nunmehr zum großen Gedächtnisfest der Geburt Christi. Das Bewußtsein von der Bedeutung dieses Ereignisses flößte Joseph tröstliche Tagträume ein:

> *Weihnachten freute die Freudlosen,*
> *Bestreute die Schwachen mit Jasmin,*
> *Rief heim die schwarzen Schafe,*
> *Linderte die Schmerzen des Himmels.*

Den Monat Dezember verbrachten sie nunmehr im strahlend schönen Dublin. Joseph fuhr mit dem Zug in die Stadt und zurück. Sein Vater schob ihn schnell durch die Straßen und ließ ihn all den Zauber, die Musik, den Jubel und Trubel der weihnachtlichen Hauptstadt Irlands erleben. Die Menge machte dem Jungen im Rollstuhl Platz, die Serviererinnen taten ihm einen Schlag mehr Sahne in den Kaffee, anscheinend waren die Verkäuferinnen mit der Wahl seiner Geschenke hoch zufrieden, und die Gepäckträger halfen ihm an der für ihn günstigsten Stelle in den Zug. Für einsame Jugend gab er keinen Pfifferling, jetzt war er hier und konnte die Gesichter der Menschen betrachten. Manchmal mußte er lächeln, wenn er die Straßenhändlerinnen mit heiserer Stimme ausrufen hörte: »Kaufen Sie Geschenkpapier... schöne Luftballons... Christbaumschmuck... bunte Lichter... Hier, mein Junge, wunderschöne Knallbonbons – die letzten zwei Kartons!« Sie waren nicht beleidigt, wenn man an ihnen vorbeiging, sondern nahmen bloß einen neuen Anlauf und brüllten um so lauter. Der Junge glaubte seinen Augen nicht zu trauen, aber er liebte das Gewühl der Menge in den belebten Straßen. Lange bunte Lichterketten erzeugten Magie zum Trost für die ihm verwehrten Aussichten. In der vielfarbigen Henry Street und in der Moore Street, in der es wie in den alten Tagen zuging, lauschte er den Töchtern Molly Malones, die immer noch ihre Karren schoben und Geschäfte machten: »Saftige Apfelsinen... Reife Bananen... Kaufen Sie Ihren Rosenkohl... Sehen Sie her, meine Dame, wunderbar frische Ware... Frische Champignons!« Beunruhigt von dem lauten Lärm, aber angenehm berührt, daß er Teil des Straßenbilds war, und aufgeheitert von den rotbäckigen Frauen, die ihre Becher mit Tee ohne Schuß umfaßt hielten, nickte er seinem Vater zu – Hinweis, daß er vorerst genug hatte und es an der Zeit war weiterzugehen.

Wenn sein Vater ihn über die Liffey-Brücke rollte, hüllte sich Joseph fester in seinen Schal. Er warf einen Blick durch die Brückenbalustrade und erspähte den düsteren, von Neonlichtern geäderten Wasserspiegel. Nur wenige Schritte von der O'Connell Bridge entfernt befand sich die D'Olier Street.

Durch die Straßen wühlte und wälzte sich der ungeduldige Verkehr, aber Matthew steuerte sein Gefährt geschickt durch die langen Schlangen qualmender Autos. Dann schauten Vater und Sohn auf ein Gebet und ein Gelübde bei der Kapelle in der D'Olier Street herein. Zwar war es immer nur eine eilige Stippvisite – zur einen Tür hinein, zur anderen wieder heraus –, aber sie dauerte doch lange genug, daß sie Christus in seinem Tabernakel grüßen konnten. Wenn sie die sanfte Stille des Bethauses hinter sich gelassen hatten, zockelten sie um die Ecke von Trinity College. Joseph amüsierte sich damit, vom Säulengang des alten Parlamentsgebäudes auf die abgeteilten Fenster der ehrwürdigen Universität hinüberzuschauen. Ein hastiger Blick auf die Dame Street genügte ihm vollauf – seine Augen eilten ihm schon zu seiner Traumstraße voraus. Als wolle sie ihn nicht enttäuschen, bot Grafton Street düster-nachdenklichen Jungen derbe Überraschungen. In der frostig-kalten Luft ließen Straßenmusikanten ihre Musik erschallen, Gruppen von Weihnachtssängern kontrastierten die üppigen Auslagen der Geschäfte mit der Krippe im Stall zu Bethlehem, und angesichts der beweglichen Tierfiguren in den Schaufenstern von Switzer's durchlöcherten Kinder mit weit aufgerissenen Augen ihre paketbeladenen Eltern mit Tausenden von Fragen.

Joseph liebte diese ganz eigene Atmosphäre verhaltener Aufregung in der vornehmen Grafton Street. Mochte sein Gesicht auch vor Kälte blau anlaufen, innerlich fühlte er sich wohl und behaglich. Die Leute, die die schicke Einkaufsstraße auf und ab bummelten, nahm er insgeheim kritisch unter die Lupe. Er fühlte sich eingesperrt und wünschte sich, daß es anders gewesen wäre, aber bei seinen Besuchen in der Grafton Street fiel ihm immer wieder auf, daß die Straße fast wie ein belebter Laufsteg war, auf dem nicht nur schöne Menschen, sondern auch Punks, Rocker, Jesus-Freaks und Bettler posierten, stolzierten, stolperten, scharwenzelten – alle wollten gesehen werden, alle waren auf der Suche nach irgend etwas. Aber zur Weihnachtszeit funkelte und zwinkerte dieser Laufsteg den

Passanten zu, denn jetzt betraten ihn ganz gewöhnliche Leute, die alle versessen darauf waren, ihren Lieben ein schönes Geschenk auszusuchen.

Joseph war kein Kind mehr, das sich vor dem Weihnachtsmann fürchtete, sondern er empfand und erlebte die große Vorfreude auf das Familienfest. Seine Schwester Yvonne schmückte den Baum, während er im Rhythmus der aufleuchtenden Kerzen mit den Augen zwinkerte und sich etwas wünschte. Beim Rühren des Plumpuddings half er immer mit und betrachtete die komplizierten Zuckergußverzierungen auf der schneeweißen Landschaft des Weihnachtskuchens. Aber am meisten nahm der Truthahn seine Phantasie gefangen. Er fürchtete sich davor, wenn der Puter ausgenommen wurde. Seine Furcht stammte aus der Zeit auf der Farm, als er den Truthühnern dabei zugesehen hatte, wie sie sich kollernd und schlingend ihrem Tod täglich näher mästeten. Er hatte gesehen, wie die blauen Köpfe der Hähne sich erst rosa färbten und dann vor Zorn rot anliefen, wenn sie im Koller ihre Weibchen mit flatternden Flügelschlägen umtrippelten. Vor dem Ingrimm ihrer finsteren Blicke hatte er sich stets geängstigt, aber was er ihren »Rotz« nannte, hatte ihn fasziniert. Ihr »Rotz« war nichts als ein winziges Fädchen Fleisch, das ihnen zwischen den Augen wuchs. Wenn sie tückisch wurden, wurde ihr »Rotz« immer länger, bis er schließlich anfing, hin und her zu schaukeln. Der Anblick erinnerte Joseph immer an ein greinendes, schniefendes Kind.

Dann kam der Schlachttag – der Tag, an dem das allerfeinste Tier dem Familienverzehr zum Opfer gebracht wurde. Joseph und Yvonne waren neugierig und beschlossen zuzuschauen. Musik erinnerte die Familie an »*Zwei Turteltauben / und ein Rebhuhn auf dem Birnbaum*«, während Matthew draußen auf dem Hof den armen Puterich an den Flügelspitzen und den Beinen festhielt. Unter dem Griff des Rechens lag das einstmals stolze Haupt des grimmigsten Truthahns. Vater nahm den angststarren Kopf unter dem Griff zwischen die Füße und zog dran. Es klickte fast unhörbar, und das Tier war tot. Matthew hob den Puter auf und band seine Beine zusammen. Die Flügel flatterten ein wenig. Dann hängte er ihn an den Beinen an einen Nagel im Torfschuppen. Yvonne war übel, und ihr Bruder fühlte sich benommen. Trotzdem sahen sie weiterhin zu, trotzdem waren sie gespannt. Sie sahen sogar mit an, wie der mit dem Kopf nach unten hängende Truthahn unter leisem Zucken versuchte, wieder lebendig zu werden, aber ihr Vater versicherte ihnen, daß der Truthahn keine Schmerzen litt und nicht einmal wußte, was mit ihm vorging.

Es verging eine Woche, bevor der Vogel wieder in den Mittelpunkt der allgemeinen Aufmerksamkeit rückte. Nora las Bündel alter Zeitungen zusammen. Auf der Resopalplatte des Küchentischs lag, nackt und kalt, der Puter. Joseph und Yvonne, neugierig wie die Katzen, saßen ganz nah dabei, um sich nur ja nicht entgehen zu lassen, wie Nora den Truthahn ausnahm. Diese vermied ihre Blicke und schien hin- und hergerissen zu sein zwischen mütterlicher Sanftmut und einer geistigen Roheit, die sich vom Leichenschauhaus und seiner Beute angezogen fühlte.

Mit einem scharfen Messer schnitt Nora erst den einsamen, schuldbewußt dreinschauenden Kopf ab, dann die geschuppten Beine. Als nächstes schlitzte sie den Puter auf und zwang das Fleisch auseinander. Sie tauchte die Hand in die Höhlung. Aus den Tiefen des Körpers drang ein lauter Seufzer. Sie begann zu ziehen und zu zerren. Ihr Gesichtsausdruck paßte zu den Lauten des toten Tieres. Schließlich holte sie die Innereien heraus. Mit den hervorquellenden Eingeweiden wurde ein weiteres Auferstehungsächzen laut. Sie legte ihre Beute auf das Zeitungspapier. Die Hände blutverschmiert, fuhr sie mit den Fingern unter die Haut der Kehle und zog daran, bis die Luftröhre brach. Die geringelte Schur hielt sie einen Augenblick zwischen den Fingern, wie um ihre Länge zu messen. Wieder fuhren ihre gebogenen Finger in die zitternde Kehle. »Ich versuche den Kropf zu erwischen«, erklärte sie mit vor Zittern kehliger Stimme. Joseph konnte sehen, wie ihre Finger sich unter der

Brusthaut zu schaffen machten. Dann riß sie den Kropf heraus. Er sah aus wie ein geplatzter Luftballon und wollte sich dauernd um ihre Finger schlingen. Daraufhin wandte sie ihre Aufmerksamkeit den Innereien zu, die das Zeitungspapier durchtränkten, und schied die Leber und den bläulich gemusterten, am Rand violetten Muskelmagen von dem grünen Gedärm. Den widerlich aussehenden Rest wickelte sie in Papier und ging hinaus, um ihn in den Abfalleimer zu werfen. Danach kehrte sie zu ihrer blutigen Arbeit zurück und hob das Herz auf. An seinen Kammern klebte geronnenes Blut. Sie warf das Herz in eine Schüssel mit Wasser. Darauf zeigte sie ihren Kindern die Gallenblase, die an der Leber haftete. Sie erklärte ihnen, weshalb der Inhalt grün war. Nachdem sie den grünen Sack abgeschnitten hatte, legte sie auch die Leber in die Schüssel. Nunmehr schnitt sie den Magen des Tieres auf. Er steckte voller Kieselsteine, Körner und Schieferbrocken. Nora entfernte den Inhalt und wusch den Muskelmagen, dann brachte sie ihn zurück und zeigte dem Zuschauerpaar die runzlige, goldene Magenschleimhaut. Schließlich trug sie den zerlegten Kadaver zum Ausguß, bat Yvonne, das Salzfaß zu holen, und nachdem sie das Tier gereinigt hatte, ließ sie es auf dem Spültisch aus rostfreiem Stahl abtropfen.

In dieser Nacht konnte Joseph nicht schlafen. Einsame Gedanken verdarben dem Jungen das Weihnachtsfest. Was der Truthahn seinem kindlichen Glauben an eine liebevolle Mutter angetan hatte, das krönte der Weihnachtsmann damit, daß er schlau den Kamin seines Geistes heruntergeklettert kam, um seiner Phantasie aufzulauern.

Doch all das lag nun schon weit zurück. Der Dubliner Truthahn wurde als »ofenfertig« bezeichnet, und es kostete Joseph nur wenig Anstrengung, die Vergangenheit des ländlichen Tiers zu verdrängen und darauf zu schwören, daß Stadtputer kein Leben vor dem Tode besaßen und nie den Kopf verloren. Das Anrichten des Stadttieres geschah ohne Verzug; im Nu hatte Nora es gefüllt und in Alufolie gewickelt. Die Hausarbeit nahm kein Ende, aber Nora beklagte sich nie. Ihr Buhmann war die Zeit – sie hielt es für geboten, mit allen Arbeiten rechtzeitig zum Einsetzen der Glockenschläge fertig zu sein.

In allen Kirchen Dublins dröhnten die Glocken, als – Schlag auf Schlag – die Mitternacht auf all die wirren Sehnsüchte schüchtern Antwort gab. Christus, das Gotteskind, atmete jetzt menschlichen Atem. Das Wort war Fleisch geworden und weilte unter den Menschen. Der Erlöser lag in der Krippe und ließ sich wiegen. Für Joseph bezeichnete die Mitternachtsmette den Augenblick; stolz vor Erkenntnis, bestaunte er den Adel des Menschensohns.

Am ersten Weihnachtsfeiertag zauberte Nora aus hausfraulicher Pflicht ein großes Freudenfest. Die Festtafel erglänzte von funkelndem Silberbesteck und geschliffenem Glas. Als Joseph sah, wie sein Vater von dem goldbrüstigen Truthahn Scheiben gefüllten Fleisches löste, lief ihm das Wasser im Mund zusammen. »*Herr Jesus, sei unser Gast, und segne, was Du uns bescheret hast. Amen.*« So lautete das Tischgebet der Familie. Nora freilich, die die Ihren über die Tafel hinweg anblickte, fügte stets ihr eigenes Gebet hinzu, eine uralte irische Fürbitte für die Fortdauer des Lebens: »*Go mbeirimid beo ar an am seo aris.*« (Mögen wir nächstes Jahr zu dieser Stunde wieder beisammensein!) Joseph saß am Tisch, nahm alles auf und beteiligte sich am allgemeinen Gespräch. Der weiche Schimmer der brennenden Kerzen versiegelte die Szene in seinem Gedächtnis. In seinem Glas schillerte erlesener Rotwein, dessen wohlige Wärme ihn blinkend ins Mannesalter lockte. Aber was er am liebsten auskostete, war der Abschluß der Mahlzeit: Matthew löschte die Kerzen, und Nora trug den atemberaubenden, von blau züngelnden Stichflammen erleuchteten Plumpudding auf.

Achtes Kapitel   Blick auf Derravaragh

Als Weihnachten vorüber war, beschloß Joseph, mehr für die Schule zu tun. Allerdings hatten seine Freunde andere Vorstellungen, und wie er so tagtäglich zur Schule ging und sich der Meute beigesellte, gewannen sie ihn allmählich für ihre Art, die Dinge zu sehen. Um nur ja nicht in die nächste Stunde zu müssen, dachten sie sich allerhand Tricks und Komplotte aus. Tag für Tag wurde die Clique gewitzter, ihre Pläne raffinierter. Aber trotz ausgekochtester Pläne pirschte sich um jede Ecke krasser Fehlschlag: Waren die Schüler pfiffig, so war ihr rasch reagierender Tutor doppelt pfiffig. Jim Casey vereitelte noch ihre ausgefeiltesten Versuche, denn das Klirren der an seinem Gürtel baumelnden Schlüssel war schon bei seinem Kommen zu hören, lange bevor seine wachsamen Augen seine nervösen Opfer musterten. Im Richterton fragte er alsdann: »Was ist hier denn los, weshalb seid ihr nicht in eurem Klassenzimmer?«

Freundschaften gedeihen jedoch nicht in Klassenzimmern, und Jim Casey schien sich dessen vollauf bewußt zu sein. Er sah, wie Joseph sich heimlich seinen Weg in die Herzen seiner Freunde bahnte. Zwar tat er so, als sei er ungehalten, aber wenn er den Blick seines Schülers auffing, lächelte er oft freundlich und blinzelte ihm zu, als wolle er andeuten, daß er volles Verständnis für Josephs pennälerhafte Bemühungen habe, sich Trost zu verschaffen.

Als nächstes stand Ostern vor der Tür, und bei dem Gedanken, daß Peter ihn an den Lough Derravaragh eingeladen hatte, verspürte Joseph richtige Erleichterung. Der »Eichensee« raunte eine uralte Mär, und der mißgestaltete Junge ruderte aufgeregt mit den Armen, so sehr freute er sich auf den bevorstehenden Aufenthalt dort. »Kommst du mit zum Fischen im Lough Derravaragh?« hatte Josephs Freund ihn einschmeichelnd gefragt.

»Ich fahre nach Multyfarnham und zelte eine Woche am See.«
Die Jungen saßen in der Laube und unterhielten sich. Joseph
zuckte vor Aufregung über die Einladung seines Freundes, und
Peter sah, wie seine Augen die Frage froh bejahten.
Lough Derravaragh lag in der Grafschaft Westmeath, wo Jo-
sephs Großeltern lebten. Sanft geschwungene Hügel fielen an
seine Ufer ab. Zwischen den Hügeln wand sich die Straße von
Glenidan und gab hier und da einen Blick auf Derravaragh frei.

Der Tag bei den Nicholsons gab ihm eine Kostprobe von Gali-
läa. Das von Peters Vater gesteuerte Boot tuckerte friedlich vor
sich hin, während Peter und sein Bruder die Angeln auswarfen.
Der Himmel war bedeckt, und der Regen hielt sich gerade noch
zurück. Joseph saß zwischen seinen Freunden und fühlte sich
eins mit ihnen. Die Tage der Einsamkeit zerrannen wie ein bö-
ser Traum. Er blickte nicht zurück und blickte nicht nach vorn,
er erwartete keine frohe Botschaft. Jetzt war sein Becher bau-
chig, seine Börse voll. Das Leben ließ ihn zum Trost erst einmal
am Daumen lutschen, stadtschwärende Waldhorn-Verwegen-
heit gellte Feuer in seinen Funden. Aus Verlegenheit sprangen
seine Freunde recht unsanft mit ihm um, doch meist durch-
schaute er ihre jugendliche Schminke.
»Gefällt's dir?« brüllte ihm Peter ins Ohr, und der Junge im
Boot verbeugte sich beseligt, richtete die Augen gen Himmel
und verlangte nach mehr. Joseph ließ seinen Blick über das
schäumende Wasser schweifen, sang mit offenem Mund und
posaunte seine Freude in die Welt hinaus. Das Motorenge-
räusch übertönte zwar seine Musik, doch für ihn besaß seine
Stimme Wohlklang.
Als er an seine Großmutter dachte, empfand er große Freude.
Er blickte über den See zur Straße nach Crookedwood und
konnte sich vorstellen, wie sie als junge Braut von ihrem neuen
Zuhause in Glenidan zur nächstgrößeren Stadt Mullingar
chauffiert worden war. Sicherlich hatte sie neben Joseph, ihrem
Mann, gesessen und sich die vom See kommende Brise ins Ge-

sicht wehen lassen. Sie wird auf den See geblickt haben, malte er sich aus, aber niemals hätte sie sich vorstellen können, daß ihr Sohnessohn über den spiegelglatten See ihrer luftigen, gesangerfüllten Stille flitzen würde. Bestimmt war das Verdeck ihres Ford T heruntergeklappt, und als sie schweigend über die Legende der »Kinder von Lir« nachsann, mochten ihr dann und wann Tränen in die Augen gestiegen sein.

Auf Wellenkämmen reitend, glitt das Boot anmutig über das Wasser. Plötzlich herrschte helle Aufregung. Peter versuchte den Fisch an seiner Leine hereinzuholen, doch die Angelrolle gab nach, als hinge ein Haifisch am Haken. Was sie aber an diesem Tag fischten, war frischer Flußbarsch.

Am Abend saßen die Fischer um ein purpurrotes Feuer. Durch die Träume des Jungen zogen Rauchschwaden. Die Fische garten an rotglühenden Stöcken. Aus dem brutzelnden Flußbarsch tropften unblutige Säfte. Das Wasser des Sees plätscherte heran und stahl sich zwischen Schilf und Stein; es schien eine Botschaft in den Sand zu zeichnen, die es weise wieder verwischte. Joseph blieb der Duft der gegrillten Fische im Gedächtnis haften. Am Horizont entdeckten die suchenden Augen des Jungen wie aus einem früheren Leben vier königliche Schwäne, die schweigend auf ihre geschichtliche Isolation zutrieben.

Wieder daheim in Clontarf, grübelte er vor sich hin. Er suchte einen Halt im Leben und machte seinen Freunden das ihre schwer. Seine reiherähnliche Wartestellung schien ihnen zwar nichts anzuhaben, aber wie Hekuba halfen sie ihm nach auf allen seinen steinigen Pfaden. Unfähig, seine gedämpfte Jugend gelenkig zu machen, schleppte er wie eine Nymphe im Nebel sein Knochengestell dahin und empfand ungeteilte Freude, wenn müde, aber bewährte Menschen ihm ihre Hilfe anboten.

In der Küche der Meehans wurde alles besprochen. Urlaub nahm in Noras Welt den Ehrenplatz ein. Es war Juni und Zeit, daß die Familie in die wohlverdienten Ferien fuhr. Abgestumpft von der Arbeit, kümmerte sich Nora doch um die Bedürfnisse ihrer Familie, was die Ferien betraf. So berieten sich denn die Meehans, ob sie wieder ins liebliche Kerry reisen oder sich in neue Gefilde vorwagen sollten. Nora schlug den Burren in der Grafschaft Clare vor, und die Kinder sahen ihre Chance gekommen, eine andere Gegend kennenzulernen. Außerdem ahnten sie, daß es mit dem Burren seine besondere Bewandtnis hatte.

Während die Kinder begeistert die Annehmlichkeiten von Wohnwagen und Hotel gegeneinander abwogen, hörte Matthew ruhig zu. Da sie in ersterem mehr Freiheit hätten, entschieden sie sich für den Wohnwagen. Sie wußten, daß das für alle mehr Arbeit bedeutete, aber die Vorstellung, morgens an einem fremden Ort aufzuwachen, in Ruhe zu frühstücken und den Tag zu planen, war verlockend. Es gab jedoch noch einen anderen Grund, weswegen die Kinder für Campingferien plädierten – sie wollten ihren großen Collie Bruce mitnehmen. Auf dem Land würde ein eingesperrter Hund wieder zu seinem alten Format finden, Kaninchen aufspüren oder einfach die Pfoten lang strecken. Als die Ferienzeit herannahte, begann die Familie mit der Ausstattung des Wohnwagens. Kleider, Geschirr und sonstige Ausrüstung mußten auf ein Mindestmaß beschränkt werden. Für regnerische Tage durften die Kinder das Radio, das Mühlespiel und Spielkarten einpacken, aber Nora ließ sie nicht aus den Augen, denn Yvonne und Joseph hätten gerne ihre sämtlichen Habseligkeiten mitgenommen.

Als die Meehans die Insel in Richtung Co. Clare durchquerten, schaukelte und schlingerte hinter dem Familienauto der Wohnwagen. Kein Traum hätte eine schönere Landschaft herbeizaubern können. Joseph sang, auch wenn niemand es zu bemerken schien. Er und Yvonne kochten vor Aufregung. Sie stieß ihn in die Rippen, um ihm Dinge zu zeigen, die ihre Aufmerksamkeit erregt hatten. Wendete er sich nicht schnell genug um, packte Yvonne ihn beim Schopf und drehte ihn eigenhändig um. Joseph ließ sich das nicht immer gefallen, hatte er doch selbst Augen im Kopf und konnte selbst bestimmen, was er sehen und sichten wollte. Manchmal aber auch nur deswegen nicht, weil sich ein Bursche seine Schwester vom Leib halten muß. So geschah es oft aus reinem Trotz, daß er in die andere Richtung schaute. Er war sauer, wenn sie ihn herumkommandierte – schließlich zwang er ihr ja auch nicht seine Beobachtungen auf. Es folgte ein beklagenswertes Hickhack; während seine Schwester mit scharfen Worten focht, hielt er seine Position, indem er wie am Spieß schrie und ihr durchbohrende Blicke zuwarf.

Auch wenn sie mitunter Meinungsverschiedenheiten hatten, so kamen Bruder und Schwester doch gut miteinander aus. Sie erinnerten sich an die gemeinsamen Kindheitserlebnisse auf dem Bauernhof. Ihre Reisemöglichkeiten wußten sie zu schätzen und leisteten einander im großen und ganzen gute Gesellschaft. In musikalischen Fragen verbündeten sie sich gegen ihre Eltern. Während der Fahrt hörten sich Matthew und Nora ständig irgendwelche Nachrichtenprogramme und altmodische Musik an. Dann verdrehte Joseph die Augen zum Himmel und ersuchte um Geduld. Zusammen quengelten sie so lange, bis sie endlich zu ihren Lieblingsschlagern herumhopsen konnten.

Unterwegs machte die Familie eine Picknickpause. Aus dem Autoradio erklang Musik, und bis in die Ferne erstreckte sich eine himmlische Landschaft. Nach der Reise im Kofferraum genoß Bruce seine neue Freiheit. Er wälzte sich im hohen Gras und brummte und knurrte vor lauter Vergnügen. Am hohen blauen Himmel über ihnen hing nicht eine einzige Wolke, im wilden Geißblatt summten die Bienen, und Joseph zwang ein Sandwich mit kleingeschnittenem grünen Salat in seinen vor Glück nervösen Magen. Dann schauten sich die anderen drei in alle Richtungen um und schrien: »Feuer frei, du Teufelskerl!« – das Zeichen für ihn, Wasser zu lassen. Bevor das nächste Auto herangerollt kam, hatte er sein Geschäft schon verrichtet, Manchmal allerdings wollte es vor lauter Lachen nicht kommen, und dann brüllten sie: »Halt, stop, ein Auto kommt!« Während er in Raserei geriet, nahm seine Familie seine Schwierigkeiten auf die leichte Schulter.

Als sie sich dem Burren näherten, wurde Joseph Meehan ganz

aufgekratzt. Er hatte versucht sich auszumalen, was ihm bevorstand. Vor seinem geistigen Auge hatte er eine Landschaft mit Meer, Sandstrand, Dünen und Hecken wahrgenommen, aber als sie in Fanoir ankamen, merkte er, daß sein Meisterwerk hinter der Wirklichkeit weit zurückblieb. Matthew hob ihn aus dem Auto, und bevor er noch in seinem Rollstuhl saß, sammelte der Junge bereits seine ersten Eindrücke von dem geheimnisumwobenen Burren. Als er ein schwaches Flackern von Lichtern bemerkte, spähte er aufs Meer hinaus, wo er eine Flotte von Fischerbooten erblickte, die, wie Leuchtkäfer am Horizont auf- und niederwippend, zu ihren Fischgründen fuhren oder von dort zurückkamen. Matthew schnallte ihn in seinem Rollstuhl fest, und ohne eine Sekunde zu verlieren, suchte der Junge die Umgebung nach auffälligen Sehenswürdigkeiten ab.

Das Dämmerlicht zeichnete die große Bergkette zu seiner Rechten weich, aber etwas Frisches, Wildes löste den Zauber. Ein Sprudeln drang an sein Ohr und nahm ganz von ihm Besitz. Der strudelnde Sturzbach erfüllte ihn mit Neugier, und sogleich winkte er seinem Vater, daß er ihn zu dem fordernden Gewässer rollen solle. Matthew schüttelte den Kopf und sagte: »Nun mal langsam! Eins nach dem andern! Ich muß erst einmal um Erlaubnis fragen, ob wir hier überhaupt haltmachen dürfen.« Sein Vater machte sich auf zum nächsten Haus und kehrte schon nach wenigen Minuten wieder zurück: »Kein Problem, die Besitzerin sagt, wir dürfen so lange bleiben, wie wir wollen. Im Geschäft da unten kriegen wir morgens frische Milch – der Eigentümer hält sich eigene Kühe. Und sie sagt, wir sollen auf streunendes Vieh aufpassen. Vergangene Woche haben die Kühe jemandem das Zelt niedergetrampelt und alles zertreten.« Währenddessen hatte sich Nora schon an die Arbeit gemacht. Sie schaute nach, ob Joseph es in seinem Rollstuhl auch bequem hatte, und forderte Yvonne auf, ihr beim Auspacken des Geschirrs zu helfen. Matthew schloß den Gaszylinder an, und Nora stellte den Wasserkessel auf die blaue Flamme. Alle machten sich nützlich außer Joseph – der saß nur da und spielte den Vormann.

Nachdem sie das Essen aufgesetzt hatten, machten sich die Eltern und ihr strahlender Sohn auf den Weg zu dem Bergbach. Yvonne hatte sich bereits davongeschlichen und planschte mit Bruce in dem kalten Quellwasser herum. Die Familie trank die Geräusche in tiefen Zügen, während sich Bläschen der Einsamkeit unter der Straßenbrücke hindurch nach Fanoir vom goldenen Strand davonstohlen.

Da er Säckevoll nostalgischer Erinnerungen nach Dublin mitzunehmen gedachte, wollte der Junge unbedingt die Landschaft des Burren erkunden. Indessen hatte Nora andere Pläne. Sie trommelte alle zusammen und blickte um sich. »Wo ist Bruce?« fragte sie. Matthew pfiff schrill, und Bruce kam herbeigetapst. Matthew warf Yvonne einen Blick zu und ermahnte sie, auf den Hund achtzugeben. »Er darf einfach nicht ausreißen. Merk dir das!« schimpfte er sie aus. Der schöne, mit Kieseln ausgelegte Bach lud zu näherer Besichtigung ein, aber Nora verdarb dem neugierigen Joseph allen Spaß, indem sie darauf bestand: »Kommt jetzt, das Essen ist fertig. Morgen ist auch noch ein Tag.« Matthew, der nach der langen Fahrt müde war, half seiner Frau, die Neugier der Kinder zu bremsen. Eine erschöpfte Familie begab sich zur Nachtruhe.

Matthew hatte Bruce an der Kupplungsstange festgebunden, aber der Hund zog es vor, sich unter den Wohnwagen zu legen, wo er ein Dach über dem Kopf und Gesellschaft hat. Da der Schlaf auf sich warten ließ, unterhielt sich die Familie über das Gesehene. Das Gespräch kreiste um die Kargheit der Landschaft. Matthew und Nora klärten die Kinder über die Geschichte des Burren auf. Sie erfuhren, daß es sich um ein Kalksteinplateau handele, das einmal ein tropischer Meeresboden gewesen sein mußte, und versuchten sich die Faltungen der Erde vorzustellen, die den Meeresboden vor Hunderten von Millionen von Jahren nach oben gedrückt hatten.

Die Eltern sagten ihnen, am nächsten Morgen würden sie selbst sehen, was die Eiszeit im Burren angerichtet hatte.

Joseph lag da und hörte seinen Eltern zu, wie sie das Geheimnis der Gegend erklärten. Yvonne stellte alle Fragen. Schließlich gebot Matthew ihr zu schweigen. »Psst«, sagte er, »jetzt schlaft aber, sonst sind wir morgen zu müde für unsere Erkundungsgänge.«

In seiner engen Koje fand Joseph keinen Platz für seine ausgestreckten Arme. Seine Hand schlug gegen die Fensterscheibe, gegen die Wohnwagenwand und sogar gegen den Einbauschrank, der sich hinter seinem Kopf befand. »Psst, halt deine Hände still, ich kann ja nicht schlafen«, herrschte Yvonne ihn an. Joseph beschwerte sich auf seine Art, aber seine Hand trommelte weiter ihren Tamtam-Rhythmus. Darauf beschloß Yvonne, ihn ihrerseits wachzuhalten, und plauderte mit ihm über Bruce: wie er in Gort im Kofferraum gesessen und sich durch Knurren vor den zahllosen Hunden zu schützen versucht habe, die ihn mit bösen Augen durch den Schlitz des leicht geöffneten Kofferraumdeckels angefunkelt hätten. »Hast du mitgekriegt, wie tapfer Bruce in seinem Wagen war«, lachte Yvonne, »und hast du gemerkt, Joseph, wie aufgebracht die Köter waren, als sie ihn nicht zu fassen kriegten?« So plapperte sie immer weiter, bis Joseph sich entspannte. Als Yvonne ihren Bruder lang und breit gähnen hörte, versank auch sie in den Schlaf.

Auf dem Blechdach klang jeder Schritt scharrend, aber als Joseph das wache Äuglein einer Krähe erblickte, das ihn von oben durch das Dachfenster scheel ansah, wären ihm fast die Augen aus dem Kopf gefallen. Auch Yvonne wurde wach und lag ganz still, während sie den Besucher musterte. Doch ausgerechnet dann mußte sich Josephs grillenhafte Hand bewegen, und der schwarze Vogel, zu Tode erschrocken, flog schleunigst davon.

Unter dem Wohnwagen wurde ein verhaltenes Knurren laut und störte erneut die Stille des taufrischen Morgens. Bruce, der auf dem Posten war und seine Familie bewachte, rührte sich nicht von der Stelle, aber vom vielen Kläffen wurde sein Hals immer länger. Vollends wach, setzte Matthew sich im Bett auf, schob den Vorhang zurück und späte hinaus. Er sprang aus dem Bett und rief: »Da kommen die Rindviecher ja schon!« Er eilte hinaus und vertrieb die hängebäuchigen, bockenden Kühe. Danach schloß er den Gaszylinder wieder an und schickte sich an, seinem Clan das Frühstück zu bereiten. Inzwischen waren alle wach, und Yvonne richtete sich im Bett auf, um ihre Umgebung in Augenschein zu nehmen. Voller Entzücken rief sie aus: »Mensch, Joseph, du glaubst nicht, was ich sehe. Genau gegenüber von uns liegen Inseln. Sieh nur, Pappi, wie heißen die? Heb Joseph hoch, damit er sie auch sehen kann.« Matthew gesellte sich zu den Kindern, warf einen Blick hinaus und sagte: »Das sind die Aran-Inseln.« Er hievte seinen Sohn in eine Sitzstellung und stützte ihn ab, während dieser die Landschaft betrachtete. Joseph war so glücklich wie noch nie, als er seinen Blick wandern ließ. Auf dem glatten blauen Meeresspiegel glitzerte die frühe Morgensonne, die weißgetünchten, strohgedeckten Katen schmiegten sich behaglich in die Landschaft, unter der azurblauen Himmelskuppel schwirrten die Vögel, und die blau-glasierten Inseln entboten dem verkrüppelten Vetter ein Willkommen. Nora setzte sich auf, sah hinaus, gähnte schelmisch und legte sich wieder lang. Sie kannte die Regeln viel zu gut, als daß sie sich hätte stören lassen. Matthew haute Eier und Speck in die Pfanne, machte Joseph Haferschleim und goldene Toastschnitten für Yvonne. Die Regeln nämlich besagten: In den Ferien nahm Nora das Frühstück im Bett zu sich. Yvonne, die vor Glück überschäumte, machte sich diese Vereinbarung zunutze und plapperte, sang und neckte ihren Bruder, daß er seinen Toast nicht im Bett essen könne. Doch dessen Glück war ebenso grenzenlos. Er nahm sich Essen anderer Art und genoß die Zugehörigkeit zu seiner Familie, die ihn – ein Utopia eigener Art – trotz seiner Behinderung in ihre natürliche Ausgelassenheit einbezog.

Nachdem die Hausarbeit erledigt war, machte sich die Familie wieder auf den Weg zu dem Bergbach. Sie planschten und platschten, und Joseph war immer mittendrin. Nora hob ihn aus seinem Rollstuhl und reichte ihn Matthew. Er durfte barfuß patschen, das rauschende, wogende Wildwasser fühlen und in dem harten, kalten, steinigen Bachbett stehen. Er wackelte mit den Zehen und sah, wie weiß und graziös seine Füße in dem kühlen Quellwasser wirkten. Während er sich im Wasser vergnügte, fiel sein Blick flußabwärts auf die Steinbrücke. Er sah seinen Vater an, suchte seine Augen und deutete auf die Brücke. Sein Vater hob ihn höher und brach zu dem Brückenbogen unter der Straße auf. Yvonne eilte ihnen nach. Sie schlug einen scharfen Ton an, weil Joseph sie wieder einmal ausgestochen hatte. Aber der Himmel war hyazinthenblau und hyazinthensüß der Duft, der an diesem Morgen durch die Lüfte zog. Fanoir hatte weit mehr zu bieten als einen goldenen Strand.

Jeden Tag entdeckten die Meehans etwas Neues. Sie wanderten an stummen Steinbrocken vorbei. Joseph saß auf Matthews Schultern, Yvonne und Bruce sprangen vorneweg, und Nora blieb in Josephs Nähe, um ihn auf wilde Blumen aufmerksam zu machen, die er noch nie zuvor gesehen hatte. »Kommt her und schaut euch an, wo die Blume hier wächst«, rief Nora, und Vater und Sohn spähten in eine schmale Spalte zwischen den behauenen Steinplatten, in die sich in glänzendem Alleinsein ein saphirblauer Enzian gebettet hatte. Wenn er sich auf seinem hohen Ausguck umschaute, bemerkte der Junge auch, wie schwer es die Bäume im kargen Burren hatten. Verbrannt von der reflektierten Sonne, von ehernen Winden in steifgefrorene, verkümmerte Formen gepeitscht, wuchsen sie zwischen den großen Felsenplatten und klammerten sich fest, als versuchten sie, ihre Botschaft in den festen Boden einzugravieren wie in eine Tafel.

Die Familie streifte an glitzernden Orchideen, an Enzian, Mädesüß und wilden Sonnenröschen vorbei, die von der Brise herbeigewehte oder von Vögeln herbeigetragene Samenkörner hervorgebracht hatten. Verschiedentlich traten sie auf Blumenteppiche, die hier und da zwischen den Felsen ausgerollt waren. Joseph summte Hymnen der Verwunderung angesichts der auf Kalkstein gedeihenden Schönheit. Er ritt auf seinem menschlichen Lasttier und blickte in Brunnen blumengepolsterten Grüns hinab. Plötzlich machte Yvonne den Hund auf einen schnellfüßigen Hasen aufmerksam. Der arme, leider senkfüßige Bruce gehorchte und hetzte wildentschlossen los, um seine Beute zu fassen. Aber der Hase flitzte hakenschlagend davon, während Bruce desorientiert hin- und herlief und versuchte, seine Fährte wiederaufzunehmen. Dann, als habe er sich darauf besonnen, daß die Jagd auf Hasen als Collie eigentlich unter seiner Würde sei, legte er sich lachend hin und ließ ermattet seine schinkenrosige Zunge heraushängen.

Jeden Tag rundete die erschöpfte Familie ihre Streifzüge damit ab, daß sie schwimmen ging. Fanoir vom goldenen Strand suchte Gesellschaft; im Meer war keine Menschenseele zu erblicken. Die Sonne verweilte noch und kerbte den Abendhimmel rot, ockergelb, orange-golden und türkisblau. Als erster zog Matthew sich Badesachen an, um Joseph mit ins Wasser nehmen zu können. Dann folgten ihnen Nora und Yvonne in die Wogen des Atlantiks. Alle zusammen halfen Joseph dabei, zu schwimmen und sich von der warmen Strömung treiben zu lassen. Wenn sie hinausschwammen, hielten sie ihn über Wasser. Er glühte vor Vergnügen, als er dahinglitt, denn in ihren Händen fühlte er sich völlig entspannt und sicher. So kostete er dank ihrer Bemühungen von den Freuden der Gesunden.

Nach ihrer Rückkehr zum Strand dachte sich die Familie eines Abends etwas ganz Besonderes aus. In dem feinen Sand hoben sie ein tiefes Loch aus. Als es groß genug war, stellten sie Joseph wie einen Setzling hinein und schütteten seinen Körper mit Sand zu. Nur sein Kopf und seine Schultern ragten heraus. Sie trampelten den Sand um ihn herum fest und traten zurück. Da stand er nun – und zwar auf eigenen Füßen. Bruce umkreiste ihn und bellte verblüfft. Joseph tüpfelte die Szene mit verzweifelten Fragen. Fühlt so die Welt sich an, wie sie sein müßte, wunderte er sich. Er blickte aufs Meer hinaus, und als er sah, wie die weichen Wellen beständig auf ihn zurollten, schnitt er dem Horizont Grimassen. Jetzt war er frei, und er malte sich weitblickenden Ruhm aus. Wie er sich umsah, war er Monarch über alle, die ihn umstanden, aber niemandes Gebieter. Er blickte nicht in Gesichter, sondern auf Füße und fühlte, wie die sich neigende Sonne seine Freude trübte. Seine Füße sehnten sich wieder nach Stiefeln, seine Beine schmerzten, sein Rumpf gab nach und verlangte zur Normalität zurück. Yvonne mußte Bruce zurückpfeifen, sie rannte davon und rief dem Hund zu, ihr nachzusetzen und seinen Freund in Frieden zu lassen, damit der seine erbettelte Selb-Ständigkeit genießen konnte. Je länger Joseph so dastand, desto mehr lernte er. Er spann einsame Gedanken, einsame Sehnsüchte. Den Blick wieder aufs Meer gerichtet, ließ er die Augen zum Horizont schweifen. Schweigend distanzierte er sich von seinem trübseligen, schamerfüllten Verlangen. Als er sein einsames Leben überflog, erkannte er: Sein Rollstuhl war sein Thron. Er wartete auf eine Gelegenheit, den Blick seines Vaters zu erhaschen, und teilte ihm mit, daß er wieder in seinen vornehmen Rollstuhl wollte. Matthew begann den feinen Sand wegzuschaufeln. Zwischen seinen Fingern schien goldenes Licht durchzuschimmern. Inzwischen schwankte Joseph wie Schilfrohr im Sturm. Nora sprang herbei und umklammerte seinen wankenden Körper. Jetzt war er schon fast freigeschaufelt. Nora verstärkte ihren Griff und hob ihren Sohn höher und höher. Er fühlte, wie seine Füße aus ihrem Grab rutschten. Matthew streckte die Hände aus, um den mit Sand panierten Körper seines Sohnes in Empfang zu nehmen. Dann wiegte er ihn in den Armen und trug ihn zu einem großen Badetuch, das auf einer Grasnarbe lag. Indem er vorsichtig den Sand abtupfte, sagte er: »Kennst du schon die Geschichte vom Walroß und vom Zimmermann?« Josephs Antwort wartete er gar nicht erst ab, sondern hob schon an zu deklamieren:

Das Walroß und der Zimmermann
Spazierten hier am Strand
Und weinten herzlich über den
Entsetzlich vielen Sand:
»O weh und ach!« So seufzten sie,
»Der Sand nimmt überhand!«

»Wenn sieben Mägde sieben Jahr
Hier täglich siebenmal kehren,
Ob sie dann wohl«, das Walroß sprach,
»Den Strand vom Sand entleeren?«
»Wohl schwerlich«, sprach der Zimmermann
Und weinte heiße Zähren.

Es bereitete Matthew und Nora großes Vergnügen, jeden Ferientag mit Freude auszufüllen. Sie kochten kleine Mahlzeiten
und nahmen auf ihren Ausflügen in die Berge des Burren Pick-
nick mit. Der Rollstuhl war auf dem felsigen Gelände eher hin-
derlich, aber die Meehans begaben sich trotzdem unverdrossen
auf ihre Wanderungen. Joseph saß rittlings auf den Schultern
seines Vaters, Nora trug die Brotzeit. Die frische Luft beflü-
gelte sie, als sie zwischen riesigen Felsbrocken höher und höher
kletterten. Während der Mittagsrast auf den Steinplatten unterhielten sie sich über Freiheit – über die Freiheit, mit der Natur
eins zu sein. Wenn sie nicht sprachen, lauschten sie der absolu-
ten Stille. Sie cremten ihre müden Leiber ein und schaukelten
ihren bedürftigen Sohn. Joseph sonnte sich in dem Wunder der
Natur und saugte das Gespräch in sich auf. Aber seine Augen
ließ er währenddessen umherstreunen.
Eines Tages vernahm Joseph plötzlich das Getrappel von Hu-
fen. Er wurde auf eine riesige Felsensäule aufmerksam, die
einen Schatten auf ihren Rastplatz warf. Als er sich rasch um-
drehte, erblickte er ein uraltes, bärtiges Gesicht, das hinter dem
großen Felsen hervorlugte. Die untertassengroßen Augen starr-
ten Bruce an, doch der war zu dumm, als daß ihm etwas aufge-

fallen wäre, und blieb unwissend lächelnd liegen. Der gelb-braune Ziegenbock trat hervor, um die Szene in Augenschein zu nehmen, und stemmte alle Viere trotzig in den Boden, während kulleräugige Ziegen und Zicklein erschrocken durcheinanderhüpften und -blökten. Ein schwerer, stechender Gestank wehte zu ihnen herüber. Selbstgefälliger Bock, der er war, störte er sich daran, daß irgendwelche Hinterwäldler in seine alte Steinfestung eindrangen. Bruce, der sich inzwischen aufgerappelt hatte, bellte und kläffte – ob er nun seine Familie schützen wollte oder als der Bastard, der er war, eifersüchtig auf die kinderreiche Ziegenherde war. Die von der Natur eingesetzten Eigentümer machten der Familie ihren Rastplatz streitig, also beschloß man aufzubrechen.

Ein Hünengrab, dessen Umrisse sich gegen den Abendhimmel abhoben, verband die tote Vergangenheit mit der verbummelten Gegenwart. Der müde Kindträger ließ seinen Sohn von den Schultern gleiten und setzte ihn auf der Deckplatte ab, um sich auszuruhen. Nora löste Matthew ab und richtete ihren Sohn auf, damit er sich die Umgebung von einem natürlichen Aussichtspunkt anschauen konnte. Der Junge saß entspannt da und fühlte sich jetzt unabhängiger. Im Grabmal unter ihm lag kalt der Tod. Heimlich tauschte er mit seinen schweigenden Vorvätern ein Grußwort aus. Als künstlich angelegtes Grab drückte der Dolmen dem zeitlosen Land ein Verfallsdatum auf.

Das Aufspüren einmaliger Erlebnisse, großer Freuden und unverhohlener Gewißheiten versah Joseph und seine Familie mit einem Lebenszweck, einem Daseinsgrund. Sie führten zwar ein anspruchsloses Leben, aber für Joseph war es gar nicht so anspruchslos. Die Ferien in Clare rüttelten seine Sinne wach, verliehen seinen Ambitionen Festigkeit, ließen Wünsche wach werden und trockneten seine Frustration aus. So saß der Junge, während seine Familie beschäftigt war, stumm da und warf einen letzten Blick auf die Landschaft des Burren. Eibenbeflaggt bäumten sich die mürrisch-grauen Berge auf, Farn fossilierte auf rohen Felsen, aus karger Mondlandschaft sickerte

Zeit, und ein rauschender Bach spendete Leben – spann verzweifelt einen Faden, aus dem sich jemand einen unbedeutenden Namen machen mochte.

Rückfahrten sind immer eine Enttäuschung. Aber auf dem Heimweg nach Dublin versuchte der Junge seine Pfaffenhütchen festzuhalten. Und die Zukunft? Wieder winkte dem watschelnden, dem schlichten Jungen Joseph Meehan die Stadt London.

Neuntes Kapitel Könnte er sich nur erden

Auf dem Flug nach London war Joseph, der den Sonderpreis nun schon zum zweitenmal gewonnen hatte, ganz entspannt. Er hatte kein Déjà-vu-Erlebnis; anders als auf der ersten Reise konnte er seine Furcht diesmal bezwingen. In der von der Britischen Spastikervereinigung geschaffenen Atmosphäre fühlte er sich richtig locker und freute sich darauf, alte Freunde zu treffen. Ihrem Preisträger aus Irland wurde dienstfertig alles geboten. Der Großzügigkeit der Gastgeber entströmte eine Hoffnungsbereitschaft, welche das Trostbedürfnis jeder Person mit Gehirnschaden stillte, deren Leben so entsetzlich mühsam war. An der prächtigen Ausrichtung der Veranstaltung konnte man geruhsam die große Aufmerksamkeit der Wirte ermessen. Ihre ganze Vorsorge galt dem Bemühen, Krüppel aus ihrem Bettlerstand zu erheben. Da das Flugzeug nicht vor 20.30 Uhr in Heathrow landete, hatte Aer Lingus in weiser Voraussicht für den Sohn Irlands ein Sonderfahrzeug organisiert: Eine Limousine brauste mit Joseph und Nora zum Fitzroy Square, wo die Veranstalter des Literaturwettbewerbs ihn bereits erwarteten. Wie beim letzten Mal stand ein kalter Imbiß bereit, und nachdem die Gastgeber sich vergewissert hatten, daß die Meehans herzliche Aufnahme gefunden hatten, stahlen sie sich davon und ließen Joseph in Ruhe zu Abend essen.

Das literarische Lunch am folgenden Tag fand gleichfalls in gelockerter Atmosphäre statt. Die Serviererinnen und Kellner, die sich um die körperbehinderten Gäste kümmerten, schienen im Umgang mit ihnen völlig unbefangen. Joseph saß dabei und ließ alles auf sich wirken; er zog es grundsätzlich vor, allein zu speisen, denn das bloße Schlucken bereitete ihm große Beschwerden.

Da war es um die Preisverleihungszeremonie anders bestellt!

Joseph Meehan saß unter den Gewinnern, als sei er schon immer zu Ruhm bestimmt gewesen. Ja, der »*kleine, blaue Knabe blies jetzt in sein Horn«!* Da er unter dem Eindruck stand, daß die Namen in alphabetischer Reihenfolge aufgerufen würden, zuckte er zusammen, als plötzlich sein Name fiel. Er warf einen raschen Blick auf die Reihe der Juroren und überlegte, was für Worte seine Preisrichterin wohl an ihn richten würde. Aber er mußte seinen Gedankengang unterbrechen, denn schon trat Lady Georgina Coleridge auf ihn zu. Sein Kopf fiel hintenüber, als er ihr ins Gesicht blickte, aber sie beugte sich leicht vor, um ihm gerade in die Augen sehen zu können. Inzwischen hatte Nora seinen Kopf schon wieder aufgerichtet. Indem sie ihre Fingerspitzen als Kopfstütze benutzte, half sie ihm, seiner Preisrichterin aus einer normalen Position ins Gesicht zu sehen. »Joseph«, sagte diese, »herzlichen Glückwunsch zu deiner ausgezeichneten Einsendung.« Mit einem warmen Lächeln fuhr sie fort: »Du berechtigst zu großen Hoffnungen. Deine Arbeiten verraten eine gewisse Verwandtschaft mit Joyce, es findet sich sogar ein Spur Dylan Thomas darin.« Indem sie ihm den großen, weißen Umschlag mit seinem Preis überreichte, drang sie in ihn: »Du mußt auch weiterhin schreiben. Du bist wirklich begabt!« Joseph lächelte einfältig und verneigte sich mehrfach. Er hoffte, ihr seinen jugendlichen Respekt vor ihren ermutigenden Worten vermitteln zu können. Nach einem kräftigen Händedruck ging sie zu ihrem Platz zurück, damit der nächste Preisrichter seinen Preis überreichen konnte. Joseph, der vor lauter Freude und Glück ganz benommen war, suchte ihr Gesicht ab. Es bestand nicht der geringste Zweifel: der Dame war ernst mit dem, was sie da gesagt hatte.

Wie gewohnt schwamm Joseph sich von seinem strangulierten Körper frei. Er spürte, wie die in ihn eingesenkte Gewißheit Christi seine Seele besänftigte und ihn mahnte: »Was fürchtest du dich? Sieh doch, wie der Geist sich ergießt!« Es kamen ihm Tränen, aber er zwinkerte und unterdrückte sie. Bewußt hörte er genau hin und nahm Anteil am Triumph der andern. Aber seine Benommenheit linderte sein Leiden. Joseph ließ sich jedoch nicht unterkriegen, sondern verbeugte und verneigte sich. Hätte er eine Stimme besessen – aus den tiefsten Tiefen seines Glücks hätte er geschrien und gebrüllt.

Seine große Bekanntheit schmeichelte Joseph Meehan. Großbritannien beurteilte seine Behinderung so fair, als sei er selber Brite. Als Wunderkind gefeiert, erschien er in der farbigen Bildbeilage der *Sunday Times*. Im Auftrag der angesehenen Zeitung war der bekannte britische Photograph Lord Snowdon eigens nach Dublin geflogen, um Aufnahmen von Joseph zu machen. So hatte dieser ungezwungen vor William Chambers architektonischem Juwel, einem exzentrischen Prachtbau namens Marino Casino, posiert.

Aus den Seiten der Beilage lächelte ein freches Gesicht hervor. Joseph, der zeit seines kurzen Lebens in Schweigen gehüllt war, sprach jetzt also nicht nur zur britischen Öffentlichkeit, sondern durchstöberte mit Hilfe der Zeitung wie ein Frettchen das Terrain von Ländern in aller Welt.

Das Leserecho auf den Magazinartikel gab ihm neue Hoffnung. Die Leser ahnten, daß es sich um eine seltene Entdeckung handelte, und neue Ideen waren im Schwange. Neurologen und Linguisten vertieften sich in Josephs literarische Arbeiten und befaßten sich eingehend mit seiner Stummheit. Sie fahndeten nach Spuren erbitterten Kampfes. Joseph versuchte sich an ihre Stelle zu versetzen und machte sich Sorgen: Werden sie meine furchtbaren Schwierigkeiten richtig einschätzen können, fragte er sich, kann sich überhaupt irgendein kerngesunder, körperlich leistungsfähiger Mensch vorstellen, wie jemandem zumute ist, den seine übelgesinnten Gliedmaßen ständig zum Gespött der Leute machen? Er wies sich selbst zurecht, aber dann gab er sich ein weiteres Rätsel auf: Wie kann selbst der bedeutendste Fachmann aus deinen spärlichen Werken Wahrheit schöpfen, wo dir doch deine eigentlichen Gedanken zufliegen, wenn du scheinbar schläfst? Mutig, aber außerstande; gequält, aber nicht betrogen; fröhlich, aber gebrochen; berühmt, aber feige; Mann und doch noch Knabe; geborener Schriftsteller, der indes nur unter Schwierigkeiten schreibt; angespornt von osterglocken-hellen Momenten, bei trüben Farben jedoch dem Untergang ge-weiht; in schmerzlicher Landschaft taifungeschüttelt, aber nicht ausgesetzt; verletzt, doch wild entschlossen zu überleben. Vor allem aber, wie können sie denn deinen Schrei nach Leben hö-ren, dein Verlangen nach einer Chance, in einer Welt zu leben, in der deine verkrüppelten Brüder bislang wie Hammel am Kreuz verschieden, in der die Sonne Leidenschaft versengte und Menschenherzen schmolz? Freilich waren die Befürchtungen, die Joseph hegte, kindisch; er unterschätzte die intellektuellen Fähigkeiten der Erwachsenen. Indem sie seine derben Tiraden mit Verständnis bedachten, hängten ihm die Experten einen Zobelfellmantel um.

Der Bericht in der *Sunday Times* erregte die Aufmerksamkeit von Computerwissenschaftlern. Ihrer Berufung gemäß unter-suchten sie die kummervolle Ödnis, die den behinderten, stum-men Jungen umgab. Phil Odor, Forschungsstipendiat an der Universität Edinburgh, fragte sich, ob Joseph Meehan von der Mikroelektronik nicht aus seiner Zwangsjacke herauszuspren-gen sei. Systematisch durchdachte er das Problem so lange, bis er davon überzeugt war, daß die Computerwissenschaft die Fühllosigkeit von Behinderten durchaus überwinden könne. Mit den Erfolgsaussichten eines unübertroffenen Erfinders kam er nach Dublin angereist. Stunden um Stunden verwandte er darauf, seinen hirngeschädigten Probanden zu studieren, bis er schließlich einen wunderbaren Ausweg für den stumm nicken-den Jungen ersann. Der ruhige, selbstlose Mann verstand all-mählich, daß Joseph sich vorgenommen hatte, die Saga hilflo-ser, von der Gesellschaft verworfener, in der Schwebe gelasse-ner Krüppel, die im Grunde nur apathisch darauf warteten, völ-lig in Vergessenheit zu geraten, neu zu schreiben. War Phil es gewohnt, seine Disziplin damit zu charakterisieren, daß sie menschliche Arbeit durch die Betätigung eines winzigen Schal-ters ersetzen konnte, so mußte er erstmals anerkennen, daß zwei kräftige Hände zuwege brachten, was ein Computer nicht zu leisten vermochte. Der Gelehrte fragte sich, was zwei Menschenhände einer Maschine voraushatten. Er grübelte darüber nach, was Joseph dabei empfand, wenn er das Kinn in Noras hohle Hände legt. Joseph hätte es ihm sagen können: Diese Hände lenken meinen Kopf, einmal als eine Art Drehzapfen, ein andermal – wenn ich mich nach vorn recken muß – als Aufzug, dann wieder als verläßliches Entstörungselement gegen blitzschnell einsetzende, zerstörerische Stromstöße, oder als Stütze, wenn ich lediglich nachdenken will. Weil ich mich bei meinen Versuchen, eine Taste anzuschlagen, fast immer verkrampfe, verharren die feinfühligen Hände, ertasten die angestaute Kraft und halten meinen Kopf, bis der Anfall abgeklungen ist.

Der engagierte Fachmann überlegte, wie ein einfacher Schalter dieses bewußte Fühlen wohl ersetzen und den verkümmerten Gliedmaßen dabei helfen könnte, auf Befehle zu reagieren. Er hielt danach Ausschau, ob es in Josephs grobschlächtigem Körper auch nur eine einzige willkürliche Muskelbewegung gab. Josephs zuverlässiges Kopfnicken! Er machte sich daran, es auszunutzen. Auf seinen nächtlichen Spaziergängen entlang der Dubliner Bucht knobelte er an den Bedürfnissen Joseph Meehans. Wenngleich er vom stundenlangen Anstarren des hellgrün flimmernden Bildschirms müde war, setzte er seine verblüffende Forschertätigkeit fort. Joseph beobachtete und bewunderte ihn: Sollte man es wirklich für möglich halten, daß die große, grausame Welt in einem einzigen Mann Sachkenntnis und Großherzigkeit vereinigte?

Die Probleme waren nahezu unlösbar. Der Wissenschaftler folgerte, daß bedauerlicherweise selbst die modernste Technik Josephs Bedürfnisse bei weitem nicht erfüllte. Er mußte lange darüber nachgrübeln und verbissen daran arbeiten, bis er Menüs programmieren konnte, die Joseph ein gutes Stück entgegenkamen: Auf dem Bildschirm erschien das Alphabet, und der Cursor sprang von einem Buchstaben zum nächsten über, Jo-

seph brauchte nur noch mit dem Kinn eine in der Nähe ange-
brachte Drucktaste zu betätigen, und Wunder über Wunder!
der gedrückte Buchstabe tauchte in einem eingerahmten Be-
reich des Bildschirms auf. Auf diese Weise ließ die Behinderung
sich überwinden. Joseph war sich bewußt, daß er die Taste mit
aller Kraft niederdrücken mußte. Aber wenn er darauf wartete,
daß der grüne Cursor den verlangten Buchstaben anzeigte, war
sein ganzer Körper bereits völlig erstarrt, so sehr hatte sich sein
scharfer Verstand auf die schwierige Operation eingestellt –
und vor seinen Augen sprang der Cursor weiter. »Mach dir
nichts draus, Joseph, nächstes Mal erwischst du ihn«, tröstete
ihn Phil, dem die Frustration des Jungen nicht entgangen war.
Aber wieder und wieder passierte das gleiche. Phil nahm Joseph
ruhig bei der Hand und zügelte ihn: »Noch nicht, noch nicht«,
flüsterte er, als er spürte, wie sich die Glieder des Jungen vor
wachsender Spannung stählten. »Noch nicht, noch nicht, aufgepaßt – jetzt!« und Joseph versetzte der Taste einen mächtigen
Schlag, der ihn beinahe Kopf und Kragen gekostet hätte. Phil
lächelte und sagte vergnügt: »Prima, bist ein toller Bursche!«
Dank der Hand, die ihn beruhigte und zurückhielt, vermochte
Joseph seinen Namen zu buchstabieren.
Die *Sunday Times,* die von der schwierigen Lage des behinderten Jungen erfahren hatte, bezeugte nicht nur Interesse an sei-
nem schriftstellerischen Talent, sondern schenkte auch seinem
Versuch, sich aus seinem Fangnetz loszustrampeln, bemerkens-
wert viel Aufmerksamkeit. In einem zweiten Artikel wurde der
Versuch des hirngeschädigten Jungen beschrieben, seine Unab-
hängigkeit zu gewinnen. Die Zeitung bat um Spenden, die es
Joseph ermöglichen würden, sich einen eigenen Computer an-
zuschaffen. Die Reaktion der Leser war so überwältigend, daß
Joseph ganze Mikrocomputer, Software sowie Tausende und
Abertausende von Pfund angeboten bekam. Das große Echo
auf den Spendenaufruf rührte den Jungen zutiefst. Er dachte:
Könnte ich vielleicht, obwohl ich verkrüppelt bin, eine neue
Kampagne anführen, um auf die Kommunikationsbedürfnisse

all derer aufmerksam zu machen, deren Lippen versiegelt sind und die doch normale Geisteskräfte besitzen? Schweigend ließ er sich seine Aspirationen durch den Kopf gehen. Falls mir die Computerwissenschaft zu einer Stimme verhelfen kann, dann haben auch all die anderen, die ähnlich gestraft sind, eine Chance zur Befreiung. Und wenn es mir selbst nicht gelingen sollte, Fortschritte zu erzielen, sei's drum; vielleicht kann jemand anders, der etwas weniger eingeengt ist, die Kluft überbrücken. Dann wird der wissenschaftliche Fortschritt nach Höhen streben, die bislang göttlichem Tun vorbehalten waren. Als Joseph seine Entscheidung Nora und Matthew mitteilte, äußerten diese die unterschiedlichsten Erwartungen: wahrgenommene Gefühle, Grundgerüste und Prophetien. Er entdeckte ihnen seinen Plan, mit Hilfe der Spenden der *Sunday-Times*-Leser eine Stiftung zu gründen. Damit wollte er einen Aufruf an die Wissenschaft richten, den Traum von einem Leben ohne Krücken zu verwirklichen, den Stummen eine Stimme zu verleihen.

Als Yvonne seine Vision künstlerisch zu interpretieren versuchte, waren auf dem Papier zuerst nur zittrige Umrisse zu erkennen. »Drückt das in etwa das aus, was du für dich und Leute wie dich erreichen willst?« fragte sie wiederholt. Joseph hatte nur eine ungefähre Vorstellung und fürchtete, daß sie es bald satt haben würde, auf seine Bedürfnisse einzugehen. Plötzlich sah er aufgeregt, wie sie genau das Bild zeichnete, das er im Sinn hatte – die Silhouette eines Schädels, der sich in einem Schlüsselbart befand. Das Schlüsselloch plazierte sie genau ins Gehirn. So war das Zeichen der gewagten neuen Forschungsstiftung, mit deren Hilfe eines Tages die in einem stummen Krüppel eingesperrte Intelligenz geoffenbart würde, bereits entworfen. Ja, ja, ja, signalisierte Joseph, als Yvonne letzte Hand an ihr Design anlegte. Sie schenkte ihm ein schwesterliches Lächeln und sagte: »Kannst ruhig seufzen, du hast ja genauso schwer gearbeitet wie ich.« Joseph lächelte zurück und stieß einen Seufzer der Dankbarkeit aus. Denn geplagt, wie er war, plagte er stumm einen jeden, der leichtgläubig genug war, sich den Forderungen seines rastlosen Hirns zu beugen.

Joseph, der allen ihm offenstehenden Möglichkeiten blindlings vertraute, verknüpfte seinen geehrten Knabennamen mit dem einer Gruppe engagierter Gelehrter, die versuchten, jener Intelligenz habhaft zu werden, die in Behinderten schlummerte. Lärmschlagen zeitigt Resultate, jubelte er armwedelnd, sah er doch selbst, daß große Wissenslücken geschlossen würden und verrückt wirkende Menschen sehr wahrscheinlich nicht mehr mißbilligend beäugt zu werden brauchten.

Trotz aller Hoffnung sorgte und wunderte Joseph sich, wenn er nachts in seinem Bett lag. Er war fasziniert von den Möglichkeiten der Technik. Jetzt, wo die Koryphäen der Wissenschaft gängige Vorurteile zerpflückten und Freude über die beginnende Errettung der Behinderten gellten, würden die Stummen ihre alten Leiden nie mehr sprach-los ertragen müssen. Joseph sann über seine eigenen Forschungen nach. Die Freiheit, seine Muskeln willkürlich zu bewegen, war ihm versagt. Erteilte er den Befehl zu einer Bewegung, so erfolgte nichts als ein übereifriges, sprunghaftes oder schwaches Fuchteln. Hände, die ungewollt allem und jedem in seiner Nähe einen wuchtigen Schlag verpassen konnten, wurden steif und zögerlich, sobald er einen Gehirnimpuls zu ihnen entsandte. Auch wenn er versuchte, mit einer schnellen Seitwärtsdrehung des Kinns die Drucktaste seines Computers zu betätigen, war die Mühe, die es ihn kostete, übertrieben groß – sein ganzer Körper mußte sich auf eine Bewegung einstellen, die doch in nichts als einer leichten Drehung des Kopfes bestand. Als ob diese Anstrengung immer noch nicht groß genug gewesen wäre, sah er sich einer anderen grausamen Gefahr ausgeliefert. Nie konnte er den genauen Augenblick festlegen, in dem er mit dem Kopf rucken mußte. So war er es ja auch gewohnt, sich den langersehnten Moment zu verderben, da er die Kommunion empfangen sollte. Wenn der Priester sein Zimmer betrat, schnappte er wild mit dem Mund; auch wenn jener seine Gebete sprach, konnte er den Mund noch problemlos öffnen; doch sobald er ihn aufmachen sollte, um die Hostie zu empfangen, verpaßte er den rechten Augenblick, und zurück blieb nichts als Trauer und Verzweiflung. Er dachte so intensiv hierüber nach, daß er vor Angst in lauter Zuckungen verfiel. Beinahe hätte er darüber vergessen, daß er es immerhin fertiggebracht hatte, seinen Radioapparat selbst an- und auszuknipsen. Doch weitere Schlachten warteten seiner. Er mußte dafür trainieren, die Kraft seiner Muskeln auf eine einzige örtlich begrenzte Bewegung zu konzentrieren, und zugleich eine Methode finden, den richtigen Augenblick abzuwarten, in dem er den Befehl dazu geben mußte. Daß er sich seines Dilemmas bewußt war, hieß freilich noch längst nicht, daß er sich daraus befreien konnte. Gleichwohl träumte er weiter. Sprudelnde Sprechblasen durchschossen seinen schöpferischen Surrealismus. Ganz neu und unbedarft auf dem Gebiet des Schriftstellerns, bedurfte er einer Betätigungsmöglichkeit für seine berstende Kreativität. Als Joseph sich Phil Odors Forscherblick zu eigen machte, wußte er: Er könnte ein ganz eigenständiger Schriftsteller werden, könnte er sich nur erden.

Zehntes Kapitel Epiphanie meiner Kindheit

Da Joseph seine Hoffnungen und Sorgen mit niemandem teilen konnte, mußte er die Schule von dem, was er zu Hause tat, trennen. Doch um fair zu bleiben, Mount Temple bot mehr als genug, um ihn zu beschäftigen. Jedes Jahr führte die Schule ein Musical auf. Colin Mackenzie war Regisseur, während ihm seine Frau Patricia als imposante Pianistin und Korepetitorin zur Seite stand, die die Schüler in Gesangstechnik und Darstellungskunst unterwies. Am Ende nahm das gesamte Kollegium daran teil, gemeinsam vermochte es auch unbeholfene Schüler in gestandene Wanderschauspieler zu verwandeln.

Joseph Meehan hatte noch nie in seinem Leben auf der Bühne gestanden. Wer hätte sich auch denken sollen, daß ein stummer Krüppel eine solche Erfahrung machen möchte? Wer wäre einfallsreich genug gewesen, in der sprachlichen Arena der ganz Normalen ausgerechnet die Stummheit zu Gast zu bitten? Doch in der großherzigen Mount Temple Comprehensive School geschah genau das.

»Wirst du bei unserem Musical mitmachen können?« fragte Mr. Mackenzie. »Du kannst im Chor mitsingen, Joseph, da bist du gut aufgehoben. Die Entscheidung überlasse ich dir.« Und er fügte hinzu: »Aber ich finde, du solltest mitmachen. Es wird dir riesigen Spaß machen.« Josephs Herz machte einen Satz. Er sah seinem Lehrer in die Augen, lächelte und blickte gen Himmel. Wieder und wieder erteilte er sein bejahendes Signal.

Täglich gegen ein Uhr verkündete Mr. Medlycott über den Schullautsprecher: »Alle Schüler, die beim Musical mitwirken, finden sich bitte um zwei Uhr in der Turnhalle zur Probe ein.« Als folgten sie dem Ruf des Rattenfängers von Hameln, strömten die Schüler um zwei Uhr in Grüppchen aus ihren Klassenzimmern in Richtung Gesangsprobe. Die meisten Schüler kannten die Musik aus *Joseph And His Amazing Technicolour Dreamcoat* schon, aber jetzt galt es, den Text auswendig zu lernen. Da sie die Nummern täglich wieder und wieder übten, wurden sie deutlich vertrauter mit dem Stück. Die Proben hielten den ganzen Nachmittag über an und dauerten bis zum Abend. Mit jedem Tag wuchsen Selbstsicherheit und Selbstvertrauen der Schüler. Joseph saß dabei und sah zu, er bemitleidete seine Freunde, die durch diese Feuerschmiede hindurch mußten, um ganz in ihren Rollen – Joseph, Jakob oder der Pharao – aufzugehen. Die Tänzer wurden sorgfältig ausgewählt, damit niemand sie ablenken konnte oder sich über ihre Bemühungen lustig machen würde. Als selbst Leute mit zwei linken Füßen sich in die gelenkigen Tänzer des Pharaos verwandelten, erscholl wieherndes Gelächter.

Auf der ersten Kostümprobe war das Ensemble bereits ganz professionell. Anscheinend schenkten die Kostüme den Mitwirkenden großes Selbstvertrauen. Joseph bangte um seine Freunde. Er konnte ihren Text, er kannte ihre Songs, aber er kannte nicht ihre Nerven. Er sah Peter Nicholson dabei zu, wie er sich Unmengen von Talkumpuder in sein blondes Haar stäubte und so ganz im Sinn seiner Rolle als Jakob um Jahre alterte. Tony Mullins wickelte sich in ein weißes Bettlaken wie in einen Sarong, während Joseph Meehans weißes Gewand nicht nur ihn, sondern auch seinen Rollstuhl verhüllte. Auf dem Kopf trug er ein großes weißes Halstuch, das von einem roten Iqal zusammengehalten wurde. Die Rollen waren den Schülern, die unter ihrer Schminke kaum noch wiederzuerkennen waren, wie auf den Leib geschneidert. Die Atmosphäre in der Garderobe war geladen, und es herrschte Chaos. Kurz bevor sich der Vorhang hob, konnten die Lehrer die Nerven ihrer Schützlinge schließlich doch noch beruhigen, und die Schüler nahmen in der Reihenfolge ihres Auftritts Aufstellung. Tony Mullins, der zum letzten Mal an seinem Schleier herumnestelte, dann Josephs zurechtrückte, flüsterte diesem zu: »Mach dir keine Sorgen um deinen Schleier, Joseph!« Doch kaum hatte er sich mitsamt dem Rollstuhl auf den Weg gemacht, als auch schon irgendein Tolpatsch auf das Ende von Tonys Laken trat und es sich aufzuwickeln begann. »Herrgott im Himmel, vor den Zuschauern darf das aber nicht mehr vorkommen«, sagte die Garderobiere Dorothy Siney. Die für alle Notfälle ausgerüstete Lehrerin holte eine große Sicherheitsnadel hervor, mit der sie, kameradschaftlich lachend, Tonys Gewand feststeckte.

Dann war es so weit: Zuerst gaben Solisten ein Konzert, dann folgte der Hauptprogrammpunkt des Abends – die Aufführung von *Joseph And His Amazing Technicolour Dreamcoat* durch die Schüler der Mount Temple Comprehensive School.

Der Vorhang ging auf. Das begeisterte Publikum reckte die Hälse. Eltern suchten die zahlreichen Mitwirkenden nach dem eigenen Sprößling ab. Mit einer schwungvollen Bewegung seines Taktstocks hauchte der Dirigent der Veranstaltung Leben ein, und vor aller Augen entfaltete sich eine großartige Geschichte voller Songs. »*Vor vielen, vielen hundert Jahren*«, sang der versammelte Chor und erzählte die biblische Legende von Joseph und seinen elf Brüdern. Joseph Meehan formte mit den Lippen die wunderbaren Melodien und fühlte sich von der Musik mitgerissen. Tony stand neben ihm, und unter den verschwommenen Gesichtern des Publikums glaubte er Nora und Matthew zu erkennen.

Die Atmosphäre war geheimnisvoll. Die Geschichte handelte von smaragdgrünem Neid und von Feigheit, von Feigheit so gelb wie der Schwimmfuß einer Ente. Als die Brüder sahen, daß der Lieblingssohn Jakobs den »*bunten Rock*« trug, formte Joseph Meehan mit den Lippen die Furcht seines Namensvetters. Die Zuschauer reagierten mit donnerndem Applaus und langgezogenen, gellenden Pfiffen. Die Musik wirkte berauschend. Als der biblische Joseph seinen aus Hunger inzwischen unterwürfigen Brüdern verzieh, wurde auch das Thema des Musicals – Versöhnlichkeit – deutlich. Alles freute sich, als der arme, alte Jakob wieder mit seinem Sohn vereint war. Beim Fallen des Schlußvorhangs wurden Zugaben verlangt. Nachdem Mr. Makkenzie zwei Wiederholungen konzediert hatte, versagte er sich allen weiteren Forderungen, denn das Ensemble hatte, um dem berühmten Stück gerecht zu werden, sein Bestes gegeben und war erschöpft. So verließen denn die Schüler leise die Bühne. Tony rollte Joseph in den Durchgang hinaus. Joseph merkte, wie der Schweiß auf seiner Stirn erkaltete und daß auch sein Rücken schweißnaß war. Für ihn war es ein Mammutunternehmen gewesen, aber es hatte die Anstrengung verlohnt. Es war ihm gelungen, seine Arme ruhig zu halten, seine Füße hatten sich still verhalten, und sein Mund hatte Worte, wunderbare Worte, lautlose Worte geformt – Worte, die von aufgewühlten Träumen zerfleischt wurden.

Festliches Drama in historischen Kostümen war der Schule vorbehalten, doch zu Hause nahm währenddessen ein echtes Drama seinen Verlauf. Joseph Meehans Vorstoß auf kreatives Terrain nahm die Phantasie von Korrespondenten aus aller Welt gefangen. Dauernd klingelte das Telephon, und Josephs Familienangehörige bekamen es langsam mit der Angst zu tun. Die Meehans baten nicht um Schonung, aber ebenso wenig gewährten sie Schonung. Sie behandelten Josephs Behinderung, als fänden sie sie ganz in Ordnung. Sie ließen ihren gesunden Menschenverstand spielen und rückten von den rührseligen Auffassungen der Vergangenheit ab. Allerdings ging den Journalisten die nüchterne Einstellung der Familie bald auf, und erfinderisch, wie sie waren, stellten sie sich rasch auf die Situation ein. Sie lernten die Behinderung im Verhältnis zur schöpferischen Begabung des Jungen zu sehen. Immer wieder fragten sie ihn, weshalb seine Werke so sparsam und knapp gehalten seien, und wunderten sich über seinen Stakkato-Stil. Manchmal lud er sie ein, ihm beim Schreiben zuzuschauen, oder schlug ihnen sogar vor, sein Kinn in ihre hohlen Hände zu legen, damit sie die geheimen elektrischen Ströme spürten, die durch seinen Körper jagten und ihn in seinen Versuchen behinderten, einen Buchstaben anzuschlagen. Nur so konnte er ihnen die Knappheit seiner Sprache verständlich machen, nur so ihnen erklären, weshalb ihr Rhythmus so ruckhaft war und ihr Klang dem Ohr wehtat.

Die BBC produzierte eine Dokumentarsendung über den behinderten Jungen und seine Schriftstellerei. Das Programm drehte sich um ihn selbst, seine Familie, seine Schule und seine Werke. Normalerweise lesen Dichter ihre Gedichte selbst, doch in diesem Fall mußte der Produzent einen Schauspieler verpflichten, der die poetischen Gedanken des jungen Schriftstellers zum Vortrag brachte.

Joseph saß da und hörte sich an, was in den Händen der Medien aus seiner Geschichte gemacht worden war. Aus den ihm gewidmeten Features und Artikeln leuchteten Liebenswürdigkeit, Feingefühl, Fairneß und Loyalität hervor. Er achtete darauf, daß er nicht ausgebeutet wurde, und hatte insgeheim auf jedermann ein wachsames Auge. Für ihn stand im Vordergrund, sich selbst einen Namen zu machen. Er wollte seine närrischen Befunde veröffentlicht sehen und erblickte im Geist schon einen Gedichtband von Joseph Meehan, der ganz allein für sich auf einem Regal in seinem Arbeitszimmer stand.

Er rief seine Mutter herbei, und als sie sich zu ihm hingesetzt hatte, machte er sich mit seinen Augen an die Arbeit. Er ließ sie wissen, daß er über sich selbst zu sprechen gedachte. Sie nickte und sagte, breit grinsend: »Na, was gibt's denn?« Er überging ihre Spitze, machte ein ernstes Gesicht und deutete mit dem Kopf auf das Telephon. Mit den Augen gab er ihr ein Zeichen, ihn in sein Arbeitszimmer zu rollen. Er neigte sich erst vor seinen Manuskripten, dann vor den Büchern auf seinem Regal. All diese Hinweise dienten dazu, ihr seine Bitte zu verdeutlichen, in seinem Namen den Londoner Verleger anzurufen. Besorgt runzelte sie die Stirn und suchte sich dem Auftrag zu widersetzen. »Nein, das kannst du von mir nicht verlangen«, bettelte sie, »ich weiß ja gar nicht, was ich am Telephon sagen soll. Außerdem«, fuhr sie fort, »was willst du denn machen, wenn er von dir nichts wissen will, weil deine Sachen einfach nicht gut genug sind oder weil sich niemand dafür interessieren würde?«

Er lachte, aber dann flehte er sie an, für ihn anzurufen, indem er wieder und wieder in Richtung Telephon nickte. Die grausame Forderung ihres Sohnes quälte sie. Mit hochmütigem Blick erklärte sie: »Ich hab' ja seine Telephonnummer gar nicht.« Aber seit der gefahrenvollen Geburt ihres Sohnes, die fast sein Untergang gewesen war, bestand ihre Dienstfertigkeit darin, auch noch die atemberaubendsten Schwierigkeiten zu meistern. Er sah, wie sie das Telephonbuch holte und durchblätterte. Dann legte sie es beiseite und fuhr mit der Hausarbeit fort. Aber er kannte ihre Gewohnheiten und wußte, daß sie die Nummer, die sie benötigte, um die Telephonnummer des britischen Verlags zu erfahren, schon gefunden hatte. Sie hatte Vertrauen in die Arbeiten ihres Sohnes und bereitete sich innerlich darauf vor, passende Worte zu finden, die die Anfrage eines Schuljungen in den Augen eines großen, bekannten Verlags belangvoll erscheinen lassen würden.

Joseph konnte sich darauf verlassen, daß seine Mutter tun würde, worum er sie gebeten hatte. Richtig hörte er, wie sie am Telephon die gewünschte Nummer erfragte; doch dann ging sie wieder in die Küche und machte sich dort zu schaffen. Sie tat ihm leid, aber er war entschlossen, seinen geheimen Ehrgeiz – die Veröffentlichung seiner Werke – nicht unbefriedigt zu lassen. Plötzlich unterbrach sie sich bei der Zubereitung des Abendessens, und als ob ihre Gedanken ihrem Auftrag jetzt endlich gewachsen seien, warf sie ihm einen finsteren Blick zu, ergriff den Rollstuhl und schob ihn in die Diele. »Denk daran, mein Junge«, warnte sie ihn, »du hast es so gewollt. Also stell dich auch darauf ein, was dieser Anruf alles auslösen kann.« Dann nahm sie den Hörer ab und wählte die Nummer. Joseph ließ die Augen auf der Botin verweilen, die er sich herangezogen hatte. Als seine Mutter sich verabschiedete, sagte ihm ihr Blick alles, was er wissen wollte. Der Londoner Verleger, dem Josephs Name schon vertraut war, hatte darum gebeten, seine übrigen Arbeiten sehen zu dürfen, und im Herzen des stummen Jungen eine ruhige Hoffnungsflamme entzündet.

Jeden Tag pünktlich um Viertel nach eins fuhr Nora langsam auf dem Schulhof vor. Im Gewühl entdeckte sie ihren Sohn, der sich in Begleitung von Jungen oder Mädchen auf sie zubewegte. Die Schüler, die sich an Josephs Mitteilungsweise inzwischen gewöhnt hatten, waren durchaus imstande, ihn vor seiner Mutter zu hänseln und in Verlegenheit zu bringen. Sie jedoch, die sich außergewöhnlich gut bei ihm auskannte, war sich des Draufgängers, der sich hinter dem einfältig wirkenden Gesicht und dem gebrechlichen Körper verbarg, nur allzu bewußt. Sie gab sich eine Miene, als sei sie von den Enthüllungen seiner Klassenkameraden zutiefst schockiert, und ermunterte sie, ihr mehr anzuvertrauen. Da sie jedoch Angst hatten, ihn in Schwierigkeiten zu bringen, wurden sie mit einemmal verschlossen, wechselten mit großer Gelassenheit das Thema und begaben sich auf sicheres Gelände. Dann dankte Nora seinen Freunden und rollte ihn ins Schulgebäude, und zwar in den kleinen Raum neben Jack Heaslips Sprechstundenzimmer. Dort ließ sie sich nieder, schenkte ihm süßen Tee aus einer Thermosflasche ein und klärte ihn über die Ereignisse des Morgens auf. Wenn es Post für ihn gab, zeigte sie ihm erst die Briefe; danach hielt sie seinen Kopf ruhig und träufelte ihm den Tee ein.

Heute haben wir Dienstag, zählte Joseph die Tage, und am Donnerstag haben wir das Päckchen an den Verlag aufgegeben. Im stillen überflog er die Tage und rechnete sich die Chancen aus, ob Nora wohl schon einen Brief für ihn dabeihaben könnte. Aber als sie mittags eintraf und er in ihre Tasche lugte, ob er irgendeinen Umschlag entdecken könnte, erblickte er lediglich das rote Schottenmuster seiner Thermosflasche. Er betrachtete ihr Gesicht, das aber völlig ausdruckslos war. Auch ihrem Verhalten war nichts Außergewöhnliches zu entnehmen, und als sie ihn langsam den lila Korridor entlangrollte, sagte sie ihm im Plauderton, es hätte keine Post gegeben und sie hätte den Postboten nicht einmal zu Gesicht bekommen. Sie öffnete die Pausenhallentür und rollte ihn in das gemütliche Zimmer. Er sah ihr dabei zu, wie sie ihm den bernsteinfarbenen Tee eingoß. Jetzt hatte er nichts zu befürchten, sondern konnte sich die Kehle anfeuchten, und auf die Toilette mußte er auch. Sie schenkte ihm langsam ein, und dann sagte sie wie beiläufig: »Ich habe einen Anruf von Weidenfeld bekommen. Man hat mir gesagt, daß der Verlag Interesse an deinen Sachen hat, ja daß er es als ein Privileg empfindet, deine Werke lesen zu dürfen, und sich geehrt fühlen würde, sie zu veröffentlichen.« Joseph reagierte mit dem ganzen Körper: Sein Gesicht war ganz fassungslos, seine Augen flogen himmelwärts, sein Herz war in äußerste Stille gehüllt. Er suchte nach einer Stimme, die jene Worte hätte aussprechen können, die er mit den Lippen formte. Seinem Körper wurde die Schönheit der Normalität zuteil, und sein schweres Kreuz hob sich ein wenig von seinem schmalen Rücken. Die Umrisse seiner Mutter verschwammen vor seinen gleichgültigen Augen, und seine Seele fieberte vor übergroßer Freude. Nora bewahrte Schweigen und beobachtete ihn nur leise lächelnd. Sie wollte ihren Sohn von sich freimachen. Dies war der Augenblick seiner Geburt – er hatte den bläulichen Tod bezwungen und sich selbst das Leben geschenkt. Er hatte einen Schriftsteller aus sich gemacht. Langsam kehrte er in die Wirklichkeit zurück und dankte Nora bestimmt für ihre Vorarbeit. Typische Hausfrau, die sie war, schien sie mehr daran interessiert, den süßen Tee in seinen aufgewühlten Magen zu schmuggeln. Als sie das geschafft hatte, gab sie ihm einen Klaps auf den Rücken und sagte: »Bravo, mein Junge! Das waren wirklich wunderbare Neuigkeiten heute! Aber laß sie dir bloß nicht zu Kopf steigen, dir steht noch allerhand bevor. Aber du bist ja einer solchen Herausforderung sehr gut gewachsen. Heute hast du die erste Hürde genommen. Stell dir nur vor, was Vati und Yvonne sagen werden, wenn sie davon erfahren! Wir müssen Yvonne Bescheid geben, daß sie nächstes Wochenende nach Hause kommen soll; dann feiern wir richtig. Schließlich hat eine Familie nicht jeden Tag soviel zu feiern.« Joseph hörte ihr die ganze Zeit zu und nickte immer wieder zustimmend. Er war viel zu benommen, als daß er ihr etwas anderes hätte bescheinigen können. Er, der so lange versteinert gewesen war, würde alle ansprechen können, die genügend Interesse hatten, ihn anzuhören. Wie gewöhnlich richtete er den Blick in die ferne Zukunft. Was werden einst meine Leser von der Epiphanie meiner Kindheit halten, fragte er sich.

Zu glücklich für Worte, lauschte er den ganzen Nachmittag seinen Lehrern. Diese verheimlichten ja ihr Privatleben freiwillig; sein Privatleben hingegen war so privat, daß vor seiner Tür dämonische Verzweiflung schäkerte. Jetzt gluckste er in sich hinein, denn jetzt war er wie alle anderen Teil ein und derselben Welt. Er konnte sich aussuchen, wieviel er mitteilen wollte, und er durfte listig entscheiden, wieviel er verschweigen wollte. Das geschriebene Wort wäre seine Stimme.

Als der Vierzehnjährige all seinen eingekerkerten Mut zusammennahm und Vergebung für die Sünde des Zweifels erbat, wurden ihm seine unerquicklich kalten Verzweiflungsschreie anders als in früheren Nächten behaglich warm. Wie er so in seinem Nachtsampan lag und die Vergangenheit ihm allmählich entschwand, sickerte ihm aus den Augen das Tränenwasser der Scham. Die geplagte Nora hatte mehr als wettgemacht, daß er ein so unempfindliches Kind war. Jetzt, wo weltoffene Weisheit harte, wüstentrockene Tatsachen schuf, verlieh das entgangene Leben ihm einen nebelhaften Namen. Von dieser gerade entstandenen Wüste überschäumender Schönheit war Joseph ganz erfüllt. Flüchtige Bekannte freuten sich für ihn aufgrund der Glaubwürdigkeit, auf die das Buch Anspruch hätte. Glaubwürdigkeit setzte Wahrheit voraus, und die Wahrheit folgte ihm wild entschlossen auf den Fersen. Denn uneingeschränkter Dienst entspringt grasgrüner Wahrheit.

Elftes Kapitel Ich hab's geschafft!

Die Schüler der Mount Temple Comprehensive School, Jungen und Mädchen zusammen, verteilten sich auf verschiedene heterogen gruppierte Parallelklassen. Jede Klasse trug in ihrem Namen einen Buchstaben des Worts D-U-B-L-I-N. Jahr für Jahr gingen andere Schüler in die so bezeichneten Klassenräume. Die Jungen und Mädchen mußten, um ihren diversen Wahlfächern nachgehen zu können, die Klasse wechseln. So sahen sich Josephs Freunde eines Tages von ihrem Klassenkameraden getrennt. Zu Beginn des Schuljahrs, im September, befand sich Joseph allein mit lauter Unbekannten in Klasse 3L. Alle Welt kannte ihn – war das nicht der verkrüppelte Spinner Joseph Meehan? –, aber auch er war nicht so schüchtern, daß er sich weiter versteckt hätte, denn er verfügte über wirkliche Schulfreunde.

Die 3L stellte eine Herausforderung für ihn dar. Er mußte sich mit den neuen Jungen und Mädchen in seiner Klasse verständigen lernen. So unternahm er denn einen ersten Anlauf und schaute in die Runde. Er warf jemandem einen Blick zu, doch der sah weg. Daraufhin versuchte er es mit anderen und machte seinen Stakkato-Bückling, aber sie fixierten ihn nur und täuschten Interesse an Mr. Caseys Unterricht vor. Er versuchte es zum wiederholten Mal, doch die Jungen und Mädchen wiesen ihn schweigend ab. Er nahm sich vor, nicht gleich die beleidigte Leberwurst zu spielen; er konnte es ihnen ja nicht einmal verdenken – er an ihrer Stelle hätte vermutlich genauso oder gar noch schlimmer reagiert. Vielleicht sollte er sein Mißvergnügen raffiniert mit einer rüden Geste bekunden! Er lachte in sich hinein; statt Mr. Caseys Ausführungen zur Assonanz Beachtung zu schenken, versuchte er es von neuem. Meine Fresse, hab' ich ein Glück, dachte er, als es ihm gelang, die Aufmerksamkeit des

Jungen am Nachbartisch zu erregen. Joseph verbeugte sich vor ihm und setzte ein natürliches Lächeln auf. Der Junge lächelte kurz zurück und sah wieder weg. Dann aber schien er es sich anders zu überlegen und musterte ihn scharf und fragend. Er lächelte erneut und lehnte sich zu Joseph herüber. Seinen Ellbogen auf die Armlehne des Rollstuhls gestützt, flüsterte er: »Grüß dich, ich heiße Paul Browne. Ist von deinem Kurs niemand hier in der Klasse?« Joseph schüttelte den Kopf. »Mach dir nichts draus, daß du allein bist«, sagte der neue Klassenkamerad, »ich sitze ja neben dir und werde mich um dich kümmern.« Joseph explodierte fast vor Freude. Jim Casey stand da und wollte ihnen etwas über Assonanz beibringen, wo sich doch direkt vor seiner Nase ein richtiges Drama abspielte. Der Lehrer, dem das flüsternde Gespann nicht entgangen war, äußerte sich nicht – wie hätte er sich auch einen Reim auf die Bedeutung dieser Begegnung machen können? Geradewegs vor ihm saß ein gesunder, stimmbegabter junger Mann, der sich erbot, mit einem stummen, verkrüppelten Jungen Freundschaft zu schließen.

Paul richtete sich auf und begann seine Aufmerksamkeit wieder dem Lehrer zu widmen, während Joseph dasaß und den Himmel hinter dem hohen Fenster betrachtete. Auf dem gerahmten Bild glitten Möwen hin und her; er gesellte sich zu ihnen, und auf goldenen Fittichen aufsteigend, gellte er innerlich mit den Aasfressern um die Wette. Ich hab's geschafft! brüllte er, ich hab's wahrhaftig geschafft. Als er seine Gedanken wieder der Wirklichkeit zuwandte, merkte er, daß der Unterricht fast schon zu Ende ging – dabei hatte er nicht ein Wort von dem aufgenommen, was Jim Casey über die Assonanz zum besten gab. Aber den jungen Schüler durchströmte Hoffnung. Er war erstaunt über Pauls unbefangenen Annäherungsversuch. Mit der Zeit sollte sich herausstellen, daß Paul nicht nur mit seinem neuen Freund Joseph reden konnte, sondern daß der stumme Krüppel sogar selber das Wort ergreifen konnte.

Während ihn der Schulalltag mit dem Rest der Herde zusammenpferchte, übte er im stillen jene Fragen, die er seinen Klassenkameraden vorlegen wollte. Er dachte über die Anliegen nach, die er ihnen vortragen wollte. Seine Fragen würden ihre Gewitztheit auf die Probe stellen. Er zählte sie auf: Akzeptiert ihr, daß auch in meinen Adern Jungenblut rollt, daß sich in meinem Schädel die Gedanken eines Jungen tummeln, daß in meiner Brust der Ehrgeiz eines Jungen brennt, daß in mir ein ganz normales Bewußtsein wohnt? Und als ob er ihnen helfen wolle, deutete er an: Anders als ihr alle bin ich von dumpfigen Schurken, die mich in einen Brustpanzer zwängen, zum Zölibat gezwungen. Obwohl er diese Fragen nur in seinem Innern bewegte, begannen seine mutigen Freunde zu seiner Überraschung genau die gleichen Fragen anzuschneiden, und was noch wunderbarer war, sie teilten ihm keck ihre Beobachtungen mit, die sie auch untereinander austauschten. »Mensch, Joseph, deine Krämpfe müssen dich ja zur Weißglut treiben«, sagten sie. »Möchtest du nicht manchmal so sein wie wir? Hast du nicht manchmal die Schnauze gestrichen voll von den kleinen Klugscheißern, die dich wegen deines Armgefuchtels veräppeln? Hast du nicht manchmal Lust, sie in den Hintern zu treten und zu sagen: ›Haut bloß ab, ihr verdammten Idioten‹?« Je nachdem, wie Joseph auf ihre Beobachtungen reagierte, ließen sie sich weiter aus über Mädchen, Sex, alle möglichen Schweinereien und darüber, wie furchtbar altmodisch sich die Erwachsenen anstellten. Joseph weidete sich an ihren Grobheiten – sie benannten seine Frustrationen und spendeten ihm Trost, indem sie versuchten, in seine Haut zu schlüpfen. Wenn sie über sein Gebrechen fluchten, blubberte in ihm Gelächter. Schmissig hingeschnarrte Schuljungensprüche breiteten die Decke des Trosts über Joseph aus und stifteten lebenswichtige Jeansfreundschaft zwischen ihm und seinen Klassenkameraden.

Aber auch in London meinte das Leben es gut mit ihm: Seine Verlagslektorin las sich seine Werke mehrfach durch. Sie, die den Umgang mit den stimmbegabten Autoren des Verlags Weidenfeld gewohnt war, bekam diesmal Wörter zu Gesicht, die aus den Tiefen eines starren Körpers gefördert worden waren. Als sie Josephs selbstquälerischen Gedanken nachspürte, war sie bestürzt von dem Surrealismus einer Kreativität, die sich beinahe für immer chaosartig an den Rand des Abgrunds zur Hölle geklammert hätte.

Vor Paul Browne prahlte der stumme Junge mit seinem bevorstehenden Buch und seiner klugen Lektorin und versprach, ihm bald ein Exemplar zu schenken.

Als seine Mutter die Einfahrt zur Schule entlangfuhr, tanzten auf dem Schulgelände die Osterglocken einen fröhlichen Reigen. Es war Mittagspause, und er wartete auf den Anblick ihres Autos, das erst über eine Rampe holpern mußte, bevor es auf den Hof gelangte. Sie hatte einen Brief für ihren Sohn dabei, er sah ihn neben der Thermosflasche aus ihrer Tasche herausragen. Aber sie plauderte zunächst ein Weilchen mit Paul, ergriff dann den Rollstuhl und schob Joseph zum Mittagessen ins Innere des Gebäudes. Feixend und nickend erkundigte er sich nach dem Inhalt des Briefes, aber sie sagte verschmitzt: »Wart's ab, bis du ihn siehst, du wirst vor Freude platzen!« Er bemerkte, wie groß der Umschlag war, und als er sah, daß seine Mutter ihm einen Katalog entnahm, bäumte er sich auf vor Freude. Der Katalog besaß einen osterglockengelben Einband mit den roten Buchstaben: *Neuerscheinungen im Frühjahr 1981.* Schon beim Anblick dieser Worte war Joseph ungeheuer aufgeregt, aber dann erblickte er auf Seite 23 das Photo, das Lord Snowdon von ihm gemacht hatte. Darunter stand in großen Lettern der Titel seines Buchs *Dam-Burst of Dreams.* Der Verlagstext faßte den Inhalt des Buchs knapp zusammen.

War bereits der Anblick des Titels etwas Besonderes, so war er vom Anblick seines Namens, der in Großschrift gedruckt war, geradezu berauscht. Als er seinen Blick darüber hinwegschweifen ließ, fühlte er sich geehrt; denn so jung er auch war, war er doch schon vertraut mit den Eitelkeiten dieser Welt. Jetzt befand er sich in der Gesellschaft literarischer Größen. Er staunte, wie gebauchpinselt er sich vorkam. Er jauchzte vor Genugtuung, denn dieses Buch gab seinem Leben einen Sinn. Jetzt verstand er, weshalb er die Chance einer zweiten Geburt bekommen hatte.

Alle werdenden Schriftsteller brauchen Publicity. Aber Joseph besaß keine Stimme. Also mußte man sich neue Mittel und Wege ausdenken, wie man für seine Geschichte und sein Buch werben konnte. Funk und Fernsehen eilten ihm zu Hilfe; zusammen mit Zeitungen und Zeitschriften sprangen sie in die Bresche und verhalfen seiner quecksilbrigen, klangreichen Sprache zu einer Stimme. In Großbritannien wie in Irland wurde Joseph als vielversprechender, kühner Schriftsteller vorgestellt. Die BBC und Radio Telefis Éireann drehten in Gemeinschaftsproduktion einen Dokumentarfilm über ihn. Das Kamerateam begleitete den Jungen vom Bett zur Schulbank, von der Schulbank zum Schreibtisch, von der Schriftstellerei zum Leben in der Familie oder bei Ausflügen mit der Familie. Indem Joseph seine Poesie und seine Prosa für sich sprechen ließ, flossen auch seine Gedanken in den Film mit ein.

Während das Kamerateam den Schulleiter interviewte, unterhielten sich in der Toilette Josephs Kumpel darüber, wo sie sich für das Interview im Freien aufbauen sollten. Sie striegelten und schniegelten sich. Danach machten sie sich an ihrem Klassenkameraden zu schaffen. Sie wuschen ihm das Gesicht und kämmten ihm die Haare. Dann waren sie soweit. Als sie aus der Toilette herausströmten, fragte sich Paul, ob Joseph mit seinem Erscheinungsbild zufrieden war. Er hob den Rollstuhl mitsamt seinem Freund hoch und hielt ihn vor den hohen Spiegel. Joseph konnte einen flüchtigen Blick auf ein gründlich geschrubbtes Gesicht und einen ordentlichen Pony werfen. Er sah Paul an und gab ihm sein Augen-hoch-Signal. Als Peter, Paul und Frank den Korridor entlangwanderten, wußten sie nicht so recht, wie sie sich in dem Interview verhalten sollten. Gemeinsam versuchten sie herauszufinden, was Joseph von ihren Antworten halten würde. Er schüttelte den Kopf und lachte, womit er ausdrücken wollte, daß es ihm schnurzpiepegal sei.

Sie verstanden, was er sagen wollte, und lachten alle zusammen. Sie fühlten sich als Clique und wollten zeigen, wie nahe sie ihrem Freund standen. Auf den Stufen vor Mr. Medlycotts Büro sitzend, führten sie vor, wie gut sie Joseph kannten und wie sehr er ihnen ähnelte.

Bei den Außenaufnahmen war es schön kühl, aber danach wurden die Kameras wieder hineingeschafft, damit eine Unterrichtsstunde gefilmt werden konnte. »Drehort« war das Klassenzimmer von Aileen Craig, die an diesem Morgen Geographieunterricht erteilte. Sie fuhr mit dem Unterricht fort, als gäbe es gar keine Kameras. Ihre Schüler aber bekamen von der entsetzlichen Hitze der Scheinwerfer ganz rosige Wangen.

Allmählich wuchs die Publicity um den jungen, behinderten Schriftsteller Joseph Meehan. Rundfunkreporter sprachen vor und wollten Dokumentarberichte über ihn erstellen. Zeitschriften und Zeitungen entsandten Reporter und Photographen, die den Jungen für Interviews aufsuchten. Josephs Eltern beeilten sich, ihnen zu zeigen, wie ihr Sohn sich verständigte. Die Journalisten lernten die hastigen Zeichen verstehen, die seine kommunizierenden Augen aussandten. Die listreichen Anstrengungen des Jungen waren nicht vergebens, denn die Journalisten hatten die Vorausexemplare seines Buches gelesen und glaubten nicht mehr daran, daß mit einer körperlichen Behinderung immer auch eine geistige einhergehen muß.

Es verging kaum ein Tag, an dem sich nicht ein Journalist per Flugzeug oder Fähre auf den Weg begeben hätte, um den Autor Joseph Meehan kennenzulernen. Aus ganz Großbritannien und Irland, aus Australien und Italien, aus Deutschland und Dänemark kamen die Vertreter der Medien angereist. Dummer Kerl, der er war, war ihm zunächst um seine Geschichte in den Händen sensationslüsterner Journalisten bange gewesen, aber nachdem er sie erst einmal kennengelernt hatte, respektierte er ihren Professionalismus. Inzwischen war er sich bewußt, daß es sich um aufrichtige Leute handelte, die nur ihren Beruf ausübten und Abgabetermine einhalten mußten.

Er las sich durch ihre Artikel und Berichte hindurch, hörte ihre Radiosendungen und sah ihre Dokumentarfilme im Fernsehen. Seine Geschichte ebenso wie seine Werke wurden ausgesprochen fair behandelt. Joseph war davon überzeugt, daß Journalisten einander glichen wie ein Ei dem anderen. Aber in dieser Hinsicht stand dem vierzehnjährigen Jungen noch eine Lehre bevor.

Der außergewöhnlich große Neuankömmling mußte sich bükken, als er durch die Tür ins Wohnzimmer trat. Sein Bart war der reinste Wildwuchs. Er trug eine kleine violette Handtasche. Es war kurz vor Einbruch der Dunkelheit.

Von all den anderen Journalisten unterschied sich der Mann dadurch, daß er auf positive Aussagen nur schwer ansprach. Er schien einfach nicht begreifen zu wollen, worum es ging. Notizen schien er sich auch nicht zu machen. Er hatte Mühe, sich zu entscheiden, auf welches Familienmitglied er seine Fragen abfeuern sollte. Kurzum: Er beunruhigte den Jungen, der zusah und abwartete.

Als der Amerikaner eine Frage nach der anderen hierhin und dorthin richtete, wurde Joseph immer unbehaglicher zumute. Der Besucher schien seine riesigen Füße mitten ins Herz des feinhörigen Jungen zu stemmen. Ohne je zu lächeln, sprach er von früheren Generationen. Offensichtlich hielt er bei Hinz und Kunz nach Genialität Ausschau, nur nicht bei Joseph. Der verkrüppelte Junge saß da und versuchte, den Fragesteller einzuschätzen. Er spürte dessen blanke Abneigung gegen die Stiefkinder des Schicksals. In dem Journalisten entdeckte er eine angeborene Aggressivität, und es beschlichen ihn düstere Vorahnungen.

Matthew, der den Amerikaner in aller Unschuld durch seine Familiengeschichte führte, nahm nichts davon wahr. »Mein Vater verfaßte Lyrik und Prosa, für die er auch Verleger fand«, sagte er. »Und ich hatte einen Onkel, der Priester und Dichter war«, fügte er hinzu. Aber der große Mann war nicht daran interessiert, das konnte Joseph eindeutig feststellen. Der Junge prüfte die Strategie des Amerikaners und beschloß bei sich, dem Mann vorzuführen, wie er tippte und seinen kreativen Gedanken Gestalt verlieh. Er lud den Journalisten ein, ihm zuzuschauen, und tippte ein Gedicht für ihn ein. Aber als er über seine Arbeit gebeugt saß, konnte er ein gelangweiltes Gähnen nicht überhören. Er schenkte dem Amerikaner sein wohlgehütetes Gedicht, aber wie hätte er wissen können, daß es der Schönheit bestimmt war, ungesehen aufzublühen?

Hinter all der Publicity trat die Schule an die zweite Stelle, so daß Joseph dem Unterricht ganze Tage fernbleiben mußte. Zunächst musterte ihn der Direktor über seine Brillengläser hinweg und bekundete Verständnis, aber dann setzte er eine gestrenge und gewichtige Miene auf und warnte seinen Schüler: »Wenn die Interviews vorüber sind, mußt du aber wieder zur Schule.«

Die Schule fiel dem behinderten Jungen längst nicht mehr lästig. Die Fächer interessierten ihn, nur interessierte ihn die gesellschaftliche Erfahrung eben mehr. Sein Freundeskreis wuchs, und seine Freundinnen wurden hochnäsiger. Gespräche verliefen ganz natürlich, und menschlicher Kontakt war wunderbar unbefangen.

Namensaufruf und Morgenandacht, jeden Montag pünktlich um neun Uhr, wurden zu einer höllischen Angelegenheit. Mit hängender Zunge stürzten die Jungen und Mädchen hastig aus Autos und Bussen und hechteten in letzter Minute ins Schulgebäude. Nur der arme Joseph konnte noch so nah sein und war doch so fern. Wenn er im morgendlichen Stoßverkehr im väterlichen Auto festsaß, schwitzte er vor lauter Anspannung. Er mochte nur wenige bebende Schritte vom Schultor entfernt sein, doch solange der Verkehr sich nicht voranbewegte, konnte er nichts tun. Wenn das Zeitzeichen die Neun-Uhr-Nachrichten ankündigte, seufzte er und fand sich mit seiner Lage ab. Und wenn der Engel der Verdammnis endlich eintraf, waren Schulleiter und Klassenlehrer, die die Schüler wegen ihres Zuspätkommens und mangelnden Fleißes zusammenstauchten,

gerade so richtig in Fahrt. Dann freuten sich seine mit versteinerten Gesichtern dastehenden Klassenkameraden über die Ablenkung, die der späte Auftritt ihres Kumpels bedeutete. Mr.
Medlycott wurde der Situation Herr, indem er sich umwandte
und dem Burschen, der sich da einschlich, mit einem Blick über
den Brillenrand schweigend seine Mißbilligung zu erkennen
gab.

Nora und Matthew wechselten sich darin ab, Joseph zur Schule
zu chauffieren und wieder abzuholen. Am Mittwoch, dem
6. Mai war es Nora, die vorfuhr, um ihn an seinem freien Nachmittag nach Hause zu bringen. Sie setzte ihn in den Beifahrer-
sitz und verstaute seinen Rollstuhl im Kofferraum des grünen
Kombiwagens. Er plapperte lebhaft vor sich hin und bemerkte
an ihr nichts Ungewöhnliches. Nachdem sie zu Hause ange-
kommen waren, hob sie ihn aus dem Auto und machte es ihm
wieder in seinem Rollstuhl bequem. Als er durch die Diele kam,
schaute er auf dem Tisch nach, aber es waren keine Briefe für
ihn da. Seine Mutter rollte ihn in die Küche und gab ihm ein
Glas Milch zu trinken. Sie hob ihn erneut aus dem Rollstuhl
und trug ihn auf die Toilette. Erst als sie ihn wieder in seinen
Rollstuhl gesetzt hatte, bemerkte er, daß sie einen Schrank öffnete und einen großen wattierten Umschlag herausnahm. Als
sie hineingriff, machte sie ein ernstes Gesicht. Er konnte nur
flüchtig einen blauen Einband sehen. Er saß wie angewurzelt
da. Sein Mund stand ihm vor Staunen offen. Jetzt sah er das
ganze Buch, das seine Mutter lächelnd in der Hand hielt. Sie
zeigte ihm Vorder- und Rückseite. Er starrte auf den Namen,
der ihn regelrecht ansprang, und war vor Freude noch immer
ganz benommen. Er warf einen Blick hinein, um zu sehen, wie
sich seine Worte im Druckbild ausnahmen, wie seine Gedichte
über die Seite verteilt waren und wie seine Prosa den Band
durchbrauste. Er sah, wie sich aus dem hämmernden Klang seiner Buchstabensprache trauliche Zwiesprache ergab. Dann löste seine Mutter langsam die Finger seiner verkrampften linken
Hand und legte ihm in die gespreizten Finger das Buch. Seine

Augen ruhten auf seiner vollen Hand, einsam sehnte er sich nach einem festeren Griff, sein Blick verschleierte sich, und er ließ sich von einer blödsinnigen Freude überwältigen. So oft hatte er sich gegen die Gebißstange gesträubt. Jetzt aber kannte er nicht nur die Antwort, er hielt sie in seiner Hand. Heimlich liebkosten seine Finger den harten, glänzenden Einband, und innerlich errechnete er die Ausbeute. Aber dann lockerten sich die zufassenden Finger ein wenig, seine schöne, goldene Ernte entglitt ihnen und fiel auf den Küchenboden.

Jeden Mittwoch und jeden Sonntag kam Hochwürden Flynn mit der heiligen Kommunion. Die Ankunft des Buches machte keinen Unterschied. Dem sensiblen Mann fiel auf, daß Joseph lange zu kämpfen hatte, bis er die Hostie empfangen konnte. Hochwürden Flynn hatte es nie eilig, sich von Familie Meehan zu verabschieden. Stets richtete er sich auf ein Täßchen Tee, ein Schwätzchen oder den Austausch von Histörchen ein. Wie gewöhnlich ging er in die Küche und überließ den Jungen seiner Danksagung.

Josephs Danksagung war fruchtbar. Er überschüttete seinen Herrn mit von Herzen kommendem, ausgeschmücktem Dank. Er erbat Verzeihung für seine Vergeßlichkeit und nickte verschämt seinem Buch im Küchenschrank zu. Habe ich jetzt nicht Grund zum Stolz, flehte er. Kannst du mich nicht wenigstens so weit freisprechen, daß ich auf spätere Ernüchterung vorbereitet bin?

Die Lautlosigkeit seiner Danksagung nahm ein Ende, als er wie wild mit den Füßen gegen die Fußstütze seines Rollstuhls trommelte. Seine Mutter kam herein und rollte ihn ungerührt wieder in die Küche, wo er sich ihr und dem Priester zugesellen konnte. Seine Augen funkelten spitzbübisch, als er Hochwürden Flynn anlächelte. »Was ist denn mit dir los, Joseph?« fragte der Priester, »hast du in der Schule Ärger bekommen, oder führst du etwas im Schilde?« Nora öffnete den Wandschrank, händigte Hochwürden Flynn den Umschlag aus und sagte: »Er hat mich gewarnt, Ihnen das nicht eher zu zeigen, bis er hier wäre und Ihre Reaktion beobachten könnte.« »Was ist es denn?« fragte der Priester. Als er in den geöffneten Umschlag hineinspähte, flüsterte er: »Das ist ja sein Buch, sein Buch!« Er zog es heraus, betrachtete es von allen Seiten und prüfte es gründlich. »Joseph«, murmelte er, »herzlichen Glückwunsch, du bist mir ein toller Hecht, es sieht wunderschön aus, einfach wunderbar.« Der fromme Mann war wie ein Onkel zu Joseph und Yvonne. Er saß da, blätterte in dem Buch und las hier und da einzelne Stellen. Gelegentlich lächelte er dem Jungen zu, wie um ihm zu zeigen, daß er den großartigen Triumph, den dieser wider alles Erwarten errungen hatte, mitfeierte.

Am Donnerstag morgen fuhren Buch und Autor gemeinsam zur Schule. *Dam-Burst of Dreams* lag neben Joseph im Rollstuhl. Ziel des Schuljungen war es immer gewesen, sich möglichst normal zu verhalten, dabei hatte er doch den narrensicheren Beweis seiner verzweiflungsvollen Existenz als Behinderter neben sich liegen. Fast alle seine Klassenkameraden akzeptierten inzwischen, daß er im Vollbesitz seiner geistigen Kräfte war, aber es gab natürlich auch den einen oder anderen Ungläubigen Thomas, und Buch hin, Buch her, von ihrer mitleidigen Einschätzung seiner Person wollten sie partout nicht abrücken. Er machte sich auch gar keine Hoffnungen, daß er ihr Denken jemals würde ändern können. Sein Buch war nicht für sie bestimmt. Es lag friedlich neben ihm, und zeigen wollte er es nur seinen Freunden und seinen feinfühligen Lehrern.

Die Lehrer halfen ihm, indem sie ihn ebenso behandelten wie alle anderen Schüler auch. Sie ermahnten ihn, wenn er mit seinen Kumpeln herumalberte. Seine Behinderung übergingen sie geflissentlich und kommandierten ihn mit dem übrigen Haufen herum. Wenn er jedoch das Kollegium insgesamt betrachtete, befand er einen Lehrer für unzulänglich. Ihm fiel auf, daß der betreffende Lehrer ihn nie direkt ansprach und ihm nicht einmal solche Fragen stellte, die er mit Ja oder Nein hätte beantworten können – den Burschen, der in seinem Rollstuhl festgezurrt war, nahm er einfach nicht für voll. Joseph bemühte sich

sehr, zu diesem Mann durchzudringen, und so saß er da und
sprudelte Pläne. Wenn der Lehrer die Klasse fragte, ob sie eine
bestimmte Begriffserklärung verstanden habe, verbeugte und
verneigte sich Joseph. Aber wie hätte er damit Erfolg haben
können, wenn der Lehrer es ganz entschieden vermied, in seine
Richtung zu blicken? Joseph tröstete sich damit, daß das Kollegium als Kollektiv einem Schüler durchaus das Vertrauen aussprechen konnte, ein Mann mit Überzeugungen gegen jede bes-
sere Einsicht allerdings von seiner Haltung nicht abzubringen
ist.

Und so zeigte er sein Buch herum. Seine Freunde schoben ihn
von Lehrer zu Lehrer, und zum Dank für ihre Glückwünsche
verbeugte er sich verlegen. Schließlich wurde sein Buch
beschlagnahmt und landete im Lehrerzimmer. Ihm war es
gleich; schließlich hatte er seinen Beifall bereits eingeheimst.
Weshalb sollte er seine Werke nicht mit seinen Freunden teilen?

Zwölftes Kapitel   Die Abschaffung der Sklaverei

Die Buchvorstellung fand im Juni in London statt, in der Stadt, die er gelernt hatte, als seine literarische Erlöserin anzusehen. Seine Mutter sollte seine Amanuensis werden und mußte sich an ihre neue Rolle als sein Sprachrohr erst noch gewöhnen. Rundfunk- und Fernsehanstalten verabredeten Interviews mit ihr. Die Medien, die ohne den stummen Joseph auskommen mußten, strichen den Genius des Jungen heraus, und die Tatsache seiner Behinderung trat ausnahmsweise einmal hinter seiner künstlerischen Leistung zurück. Nora, die vor den Kameras Platz genommen hatte, flimmerte über den Bildschirm. Gegenstand des Gesprächs war das Buch ihres Sohnes. Auch im Radio annullierte ihre Stimme seine Behinderung und erläuterte für aufnahmebereite Ohren die Leistung des Jungen bis ins kleinste. Joseph saß daheim und hörte zu, wie seine Mutter sein Leben mit ihren Augen betrachtete. Das Fernsehen verschaffte ihm einen visuellen Eindruck von den Leuten, die dafür verantwortlich waren, die Geschichte des jungen Autors in Worte und Bilder zu fassen. Aber in London waren noch andere wunderbare Dinge im Schwange. Bekannte Namen der Literatur wurden im berühmten Londoner Institute of Contemporary Arts traditionell in Gold gegossen, doch als *Dam-Burst of Dreams* in die Sammlung aufgenommen wurde, wies man dem jungen Autor eigens eine neue Ecke zu. Auf dem ICA Lunchtime Literary Event am 11. Juni 1981 wurde Joseph Meehan und seinem Buch begeistert zugejubelt: hervorgebracht von Irland, in der großen Tradition von Beckett und Joyce, wahrhaft irisch, wahrhaft begabt, wahrhaft verdammt!

Im tiefsten Süden, im Land der Baumwollplantagen, hatten amerikanische Sklaven die Abschaffung der Sklaverei gefordert. Im Jahre 1981 wurde die Sklaverei mitten im Stadtzentrum

Londons abgeschafft, und der Freigelassene Joseph Meehan brach, grün wie Gras, hervor und wehte im Wind wie irisches Woll-Gras.

Als das Buch erst einmal in den literarischen Hochburgen Englands und Irlands von bedeutenden Kritikern besprochen worden war, interessierten sich selbst Altphilologen, die sich normalerweise mit der *Ilias* befaßten, für die sprachliche Kühnheit des Jungen – so tölpelhaft diese wirkte, so reizvoll und raffiniert war sie. Als *Dam-Burst of Dreams* schließlich erschien, blühte Josephs Hoffnung auf: Nach nur zehn Tagen auf dem Markt eroberte das Buch bereits einen Platz auf der Bestsellerliste. Eine erfolgreiche Werbekampagne hatte den Clown im Käfig befreit – Josephs stumme Träume waren nicht länger stumm.

Ein bedeutendes Ereignis im irischen Veranstaltungskalender war die Autorenwoche in Listowel. Jeden Sommer lockte sie Schriftsteller und Künstler aus aller Welt an. Überglücklich, wenn auch kindhaft-nervös folgte Joseph der Einladung, als Ehrengast des Organisationskomitees an der offiziellen Eröffnung teilzunehmen. Als er mit den Veranstaltern zusammentraf, war er so glücklich wie nie zuvor und ganz und gar entspannt. Den Gastvortrag hielt Dr. Brendan Kennelly, Englischprofessor am berühmten Trinity College Dublin. Als Joseph ihm vorgestellt wurde, überreichte er dem Jungen eine voll aufgeblühte Rose. Joseph, der bis dahin unbekannt gewesen war, wurde dem riesigen Publikum vorgestellt. Er liebkoste noch immer die auf seinem Schoß liegende dunkelrote Rose mit ihren samtenen Blütenblättern und den an den duftenden Blumenkelch geschmiegten Tautropfen. »Dichten läßt sich nicht lernen«, führte Brendan Kennelly aus, als er Joseph vorstellte. »Poesie findet sich in Leuten, bei denen man es am wenigsten vermutet. Aber wenn wir uns den jungen Mann im Rollstuhl betrachten, sehen wir einen Dichter, einen reinen Dichter vor uns.« Der arme Joseph konnte kaum seine Tränen zurückhalten und konzentrierte sich statt dessen auf den untrüglichen Wohlgeruch der Rose.

Der rauschende Galaempfang zur Eröffnung war längst nicht mehr dem jungen Gast, sondern dem Amüsement und den Festivitäten gewidmet. Joseph hätte dem üppigen Büfett gern zugesprochen, statt dessen genoß er es, sich von den bedeutenden Künstlern unterhalten zu lassen, die ihn umringten, um ihm in seiner Kunst zu unterweisen. Für Joseph kam der Höhepunkt des Vergnügens, als John B. Keane, Bühnenautor und Erzähler, sich entschloß, dem jungen Burschen einen wichtigen Ratschlag zu erteilen. Er beugte sich zu ihm herab und wisperte ihm ins Ohr: »Komm mal mit, du solltest dir mal was über die Frauen sagen lassen. Als Schriftsteller wirst du nichts taugen, solange du dir nicht anhörst, was ich zu sagen habe.« Und er nahm Josephs Rollstuhl und schob ihn in eine Ecke, wo sie vor den neugierigen Ohren der Laien geschützt waren. Aus seiner Hosentasche holte er ein tischdeckengroßes Taschentuch hervor und wischte damit erst sich selbst, dann Joseph den Mund ab. Jetzt war alles gerichtet für den geflüsterten Ratschlag. Doch als Joseph von all den Feinheiten hörte, wie man bei Frauen Erfolge erzielt, war er dankbar, daß ihn die Jungs von Mount Temple bereits in ihre Geheimnisse eingeweiht hatten. Während John B. Keane drauflosschwatzte, löste sich in Josephs Leib Gelächter, aus seiner Seele gluckste diebische Freude. Die Nacht wurde zum Tag, und der Tag wollte gar nicht mehr vergehen, solange der hochherzige, geistreiche Raconteur ihm Geschichten erzählte, die bis dahin noch niemand zu Ohren bekommen hatte. Die Leute fragten sich, was das ungleiche Paar gemein habe, doch als die Plauderei ihren Fortgang nahm, fiel John B. Keane vom Schemel des Komikers und sprach von seiner Muse, der Quelle seiner Inspiration: einem gluckernden Bach in der Nähe von Listowel. Zwar konnte Joseph nur nikken und lauschen, aber er war entzückt von dem Redefluß, der dem prächtigen Mann aus Kerry entströmte.

Der Junge, der in Listowel Erfolg schnupperte, in die Zukunft schaute, von den Balladen aus Kerry erfüllt war, nahm an, er habe keine wirklichen Feinde. Am folgenden Morgen bummelte er stundenlang vergnügt durch die Straßen von Listowel. Es war Markttag – war er zugegen, um seine Wortschmiedekunst feilzubieten, so waren seine Landsleute da, um ihr Vieh und ihre Erzeugnisse zu verkaufen. Joseph, das Bauernkind, genoß die Atmosphäre. Er saß da und beobachtete die mit Handschlag besiegelte Feilscherei zwischen ernst dreinblickenden Pferdehändlern und gerissenen Schiebern. Ganze Lastwagenladungen Kälber und Verschläge mit Schweinen taxierte er. Die Sonne brannte auf die Asphaltdecke der Straßen hernieder. Ruhig dastehende Pferde verspritzten plötzlich übelriechenden Urin. Der Harnstrahl klatschte auf den Boden und sprühte feine Tröpfchen in alle Richtungen. Dann beschrieb er künstlerisch geformte Linien und bildete hier und da kleine Rinnsale, die alle in die klägliche Gosse abflossen. Als Joseph sich umblickte, bemerkte er den Körperbau des Kerry-Geschlechts. Hochgewachsene, gesund aussehende Farmer tranken große Pints Guinness, während sie sich im Hinterkopf über den »blauen Knaben« wunderten, der in ihre Stadt gekommen war, »um in sein Horn zu blasen«. Ihre Blicke verrieten, daß sie sich ihm verwandt fühlten. Aber wie hätten sie wissen können, daß der »blaue Knabe« Bauernsohn war wie sie?

Dreizehntes Kapitel Der kühle, grüne Garten

Bei seiner Ankunft in Clontarf erwarteten Joseph schöne Neuigkeiten: Sein Vater zeigte ihm die Zeitungsberichte über seine
Teilnahme an der Autorenwoche in Kerry. Dann aber wechselte er abrupt das Thema und sagte: »Ach ja, beinahe hätte
ich's vergessen, da ist ein Brief für dich. Ich habe ihn ins Wohnzimmer gelegt.« Er brachte den braunen Umschlag in die Küche, öffnete ihn und entnahm ihm eine Zeitschrift. Darin her-
umblätternd, sagte er: »Es handelt sich um das Feature von diesem Amerikaner.« Er fand den Artikel und fing an zu lesen.
Nach einigen Minuten hielt er plötzlich inne und sah Joseph an.
»Was ist denn, Pappi?« fragte Yvonne. »Ach, nichts als ver-
leumderisches Geschwätz«, erwiderte Matthew. Nora, die beim
Kochen war, drehte sich um und blickte fragend auf die Zeitschrift. Yvonne hatte sich schon über Vaters Schulter gebeugt
und las mit. Joseph wurde ungeduldig und strampelte mit den
Füßen, aber Yvonne fragte: »Kann ich sie haben, Pappi? Dann
lese ich es euch allen vor.« Sie warf ihrem Bruder einen Blick
zu, setzte sich zu ihm und hielt seine blasse Hand. »Mach dich
auf was gefaßt«, warnte sie ihn. Sie drückte ihm die Hand und
begann den Artikel vorzulesen. Joseph sah sich die Zeitschrift
gar nicht erst an, sondern ließ den Kopf auf die Brust sinken
und hörte zu. Yvonne trug die Attacke auf ihren Bruder weiter
vor. Er hörte sich die Zweifel des Gesellen an, und er spürte,
wie ihm das Messer zwischen die Schulterblätter fuhr, vernahm
das Stapfen der Knobelbecher und verweilte wie ein Namens-
forscher bei der Herkunft des Verfassernamens. Er roch ver-
branntes Fleisch, doch sein Körper war eiskalt. »Wie kann der
nur solche Lügen verbreiten?« dachte Nora laut nach. »Wie
kann er das einem hilflosen Jungen antun?« fragte Matthew.
»Das lassen wir nicht auf uns sitzen«, grummelte Yvonne. Nur

der stumme Joseph fragte sich, weshalb der Amerikaner es vorgezogen hatte, jenes Gedicht nicht zu erwähnen, das er doch absichtlich in seiner Gegenwart geschrieben hatte.

Als Yvonne die Zeitschrift zu Boden schleuderte, herrschte Schweigen. Sie legte ihrem Bruder den Arm um die Schultern und drückte ihn an sich. Er bemühte sich gar nicht, auf ihr Mitgefühl zu reagieren.

Joseph Meehan ist ein Schwindler, gab der grausame, große Amerikaner zu verstehen. Joseph Meehan hat einen Ghostwriter, verkündete der tapsige Zeitungsmann. Joseph Meehan läßt sich von niemandem beim Tippen zusehen, unterstellte der hartherzige Zermalmer. So jung, verkrüppelt und naiv er auch war – Joseph war alt und klug genug, zu wissen, daß hier etwas Böses im Gange war, und er nahm sich entschlossen vor, nicht zu straucheln. Doch das Böse schwächt selbst den Tapfersten. Nora sah, wie ihr Sohn sich quälte. Es fiel ihr auf, wie geschwächt er wirkte. Sie stieß die Hintertür zum kühlen, grünen Garten weit auf. Ganze Böen prickelnder, frischer Luft durchwehten Josephs benebelten Kopf. Er wand sich, gab sich aber nicht geschlagen. Die widerspenstigen Gefühle, die sich in seine Seele eingruben, bekämpfte er. Lieber wäre ich tot, suggerierte sein widerspenstiges Gemüt, doch seine Mutter schien das Kreischen in seinem Schweigen zu ahnen. »Beachte ihn nicht, Joseph«, riet Nora, »beachte diesen Feigling gar nicht, der hat keinen Mumm wie du, laß dich von dem nicht fertig machen. Beiß die Zähne zusammen und denk dran, was für ein Unsinn dieser Artikel ist.« Dann legte sie ihm die Hand unters Kinn, blickte in seine verwundeten Augen und sagte: »Du bist noch viel zu jung, um mit so jemand konfrontiert zu werden.«

Matthew schwieg lange, bevor er seinem Sohn mit den folgenden Worten Hoffnung machte: »Hör mich an, Joseph, wenn über ihn kein Wort mehr verloren wird, werden die Leute von dir immer noch sprechen. Also Kopf hoch, scher dich nicht um ihn.«

Die Familie redete Joseph aufmunternd zu, aber als er abends zu Bett ging, vergoß er die alten Tränen der Verzweiflung. Er schluchzte unhörbar vor sich hin. Er war verletzt. Die allgemeine Stoßrichtung des Angriffs hätte er verschmerzen können, aber daß ein gesunder Mann seine ungestümen Anstrengungen zu sprechen mit dem Jaulen eines getretenen Hundes verglich, verletzte ihn grenzenlos – das ging über seine Freiheit und seine Hoffnung. Er gab Gott die Schuld. Wie konnte ein gütiger Gott mitansehen, daß ein stummer Krüppel seiner wehrlosen Stimme wegen angegriffen wurde?

Jetzt wollte er Gott sagen, was er von ihm hielt. Als sie an diesem Tag die Vernon Avenue entlangbummelten, plauderte Matthew drauflos. Joseph hörte nicht zu. Kein einziges Mal blickte er hinter sich, seinem Vater ins Gesicht, kein einziges Mal lächelte er, kein einziges Mal versuchte er mit ihm zu reden. Matthew schien nichts zu merken, oder wenn er es tat, übersah er es geflissentlich, denn er war ganz der Alte, wie immer gesprächig.

Als sie am Kirchenportal in der Chapel Lane vorbeikamen, wollte Matthew ihn weiterrollen, aber plötzlich zuckte Josephs Kopf zurück und zeigte in Richtung St. John the Baptist.»Ach so, du willst kurz hineinschauen?« fragte sein Vater und wendete den Rollstuhl den Pfad entlang zur Kirche.

Als Matthew Joseph den Mittelgang entlang zum Altar rollte, gaben die Räder auf dem Boden ein pfeifendes Geräusch von sich. Sein Vater machte vor dem verborgenen Christus eine Kniebeuge, drückte sich in eine Bank und kniete nieder, um ein Gebet zu sprechen. Sein Sohn saß da und blickte untätig umher. Das Tabernakel ließ er unbeachtet.

Matthew beendete sein Gebet, sah Joseph an und flüsterte: »Bist du so weit?« Joseph nickte. Sein Vater beugte erneut die Knie, wendete den Rollstuhl und ging wieder den Gang hinunter. Aber sein Sohn gestikulierte und deutete mit dem Kopf auf die Seitenkapelle. »Was ist?« fragte Matthew. »Willst du das Kruzifix sehen?« Er rollte ihn hinüber. An der Wand hing, an ein großes, schwarzes Kreuz geschlagen, ein lebensgroßer Christus. Sein bleicher, schlaffer Leib hing leblos und zerschunden herab. Das dornengekrönte, aschfahle Antlitz war mit geronnenem Blut beschmiert, den leeren Blick seiner schönen Augen hielt er nach oben gerichtet, sein Haupt fiel hintenüber, und seine Halsadern traten hervor. Füße und Hände hielten ihn am Kreuz erhöht. An diesem Tag jedoch nahm Joseph das traurige Schauspiel nicht wahr, sein Jungenherz war gebrochen, und er wußte, wer Schuld daran hatte. Die hellen, zornigen Augen des aufsässigen Jungen blickten zu dem großen Kruzifix hinauf, und indem er mit dem linken Arm einen weiten Bogen beschrieb, bedachte er den toten Christus mit einer obszönen Geste. Geräuschvoll atmend, sah er seinen Vater an und befahl ihm dreist mit einer schwungvollen Kopfbewegung, seinen Rollstuhl hinauszuschieben.

In der ganzen Hölle war an diesem Tag kein schlimmerer Teufel zu finden. Joseph Meehan war einer Prüfung unterzogen worden und war unterlegen. Gleichwohl fühlte er sich stark, er empfand eine neue, wilde Freude. Er hatte Gott Bescheid gegeben, was er von ihm und seinem Kreuz hielt. Er war immer noch wütend.

Matthew rollte ihn weiter. Bei Furlongs kaufte er die Abendzeitung, aber Joseph schien nichts davon zu bemerken. In seine Schlachtordnung paßte die Zeitung nicht. Der Junge ließ den Kopf hängen. Er war tief in Gedanken. Doch die Hölle hat ihre eigene Marter. Auf dem Heimweg hatten sie gerade die Hälfte der Strecke zurückgelegt, als die Hölle schallend zu lachen anfing. Stell dir vor: Gott zu sagen, daß er dir den Buckel herunterrutschen soll, so begann es in ihm zu bohren. Stell dir vor: dem gekreuzigten Christus zu sagen, daß er dich am Arsch lecken kann. Stell dir vor: die Frechheit zu besitzen, vor der Kreuzigungsszene obszön zu sein.

Matthew nahm an seinem behinderten Jungen keine Veränderung wahr. Er lenkte Josephs Aufmerksamkeit auf das Fußballspiel in St. Anne's Park. »Sollen wir hineingehen und zuschauen?« fragte er, aber Joseph schüttelte ganz bewußt den

Kopf. Christus hatte seinen Kummer erkennen lassen, und der Junge zauderte. Wieder nagte an ihm der Kummer, aber sein Herz zögerte. Plötzlich zwitscherte ein Vogel. Verstohlen zog Trauer in seine Seele ein. Eine Autohupe tutete, und Joseph hob gerade noch rechtzeitig den Kopf, um das freche Grinsen seines guten neuen Freundes John Flynn wahrzunehmen. Dann zuckte seine Seele, wie von einem Blitzstrahl getroffen, zusammen. Übermorgen bringt er mir das Abendmahl, schalt ihn sein Gewissen. Was soll ich nur tun, quälte er sich.

Eingesperrt in sein knochiges Gefängnis, lag er abends im Bett. Er sah die Gitterstangen seines goldenen Käfigs vor sich. Aber Käfigvögel singen doch so süß, höhnte ihn die Verzweiflung. Eitel, eitel, alles ist eitel, gab ihm seine Vernunft zu bedenken, aber mit diesem Gedanken bettete Tröstung entenflaumweich die kalte Stimme des Jungen.

Welcher nun unwürdig isset und trinket, der isset und trinket sich selber zu Gericht, mahnte ihn sein Gewissen. Joseph bereitete der Gedanke Sorgen. Seine Sünde hieß Eitelkeit, Verzweiflung war sein Sündenfall.

Sonnabends war im Gehege der Meehans immer viel los. Sie hauchten ihrer Situation Normalität ein, stöberten aufgeregt nach Amüsement, als ob Taubheit Ehre bringe. Nora kaufte und buk, kochte und putzte, wobei sie manchmal ihre Tochter zum Helfen anheuerte. In Vasen standen frische Blumen, Aufrichtigkeit war ihr Beweggrund. Jedesmal wenn sie das Machwerk des Amerikaners zu Gesicht bekam, durchzuckte sie neuer Schmerz. Freilich hatte sie ein goldenes Herz und verzieh dem Mann sein Motiv rasch.

Auch Joseph, der um sein Seelenheil bangte, brauchte die Vergebung der Sünden. Da niemand von seiner Auflehnung wußte, konnte ihm auch niemand beistehen. So saß er in der Küche und sah seiner Familie bei den Sonntagsvorbereitungen zu, während er selbst ganz und gar nicht vorbereitet war. Nora stellte die eingekauften Lebensmittel weg. Als sie die Zwiebeln in einem Plastikbehälter verstaute, entdeckte sie, daß ihr Vorrat an Kartoffeln zur Neige ging. Sie drehte sich zu ihrer Familie um und sagte: »Wißt ihr, was ich vergessen habe? Kartoffeln. Also, wer meldet sich freiwillig und geht welche holen?« Yvonne war immer noch in die Lektüre der Zeitung vertieft. Sie hielt es für das Beste, den Kopf gesenkt zu halten, bis die Gefahr vorüber war. Joseph sah seine Gelegenheit gekommen, er sprang in seinem Sitz auf und nickte Matthew zu. »Du brauchst mich gar nicht so anzustarren«, sagte sein Vater. »Ich bin ja morgen überhaupt nicht hier und brauche gar keine Kartoffeln.« Nora lachte. Mit Blick auf Matthew sagte sie zu Joseph: »Er wird schon noch nachgeben. Du mußt ihn nur weiter bearbeiten.« Joseph mußte dringend beichten, und sein Problem bestand darin, wie er zur Kirche gelangen sollte. Also begann er mit seinem Nick- und Bittspiel und fuhr so lange damit fort, bis sein Vater sagte: »Wie willst du die Kartoffeln denn tragen?« Joseph deutete auf seinen Schoß. »Na gut«, sagte Matthew, »also los. Aber wir bringen nur eine Plastiktüte voll.« Er holte Josephs Anorak und zwängte ihn hinein. Dann rollte er ihn zum Geschäft.

So weit, so gut, dachte der Junge, als sein Vater ihn durch den Supermarkt schob. Sie besprachen sich kameradschaftlich und entschieden sich für einen Sechs-Pfund-Beutel »Golden Wonders«. Matthew legte sie seinem Sohn in den Schoß und machte sich auf den Heimweg. Joseph jedoch blickte ihm fragend in die Augen. »Was willst du denn?« fragte er den Jungen. »Willst du noch woanders hin?« Joseph klickte die Augen nach oben. »Na, dann sag schon, wohin«, sagte Matthew, »schau hoch, wenn ich an der richtigen Stelle vorbeikomme.« Sein Vater nannte sämliche in Frage kommenden Orte, und nachträglich fügte er hinzu: »Ist es womöglich die Kirche?« Joseph warf den Blick in die Höhe. »Ach, müssen wir wirklich den ganzen Weg bis dahin latschen?« fragte ein müder Matthew, aber sein Sohn nahm eine traurige Bettlerhaltung ein, und das zärtliche Herz des Vaters erhob sich zu mannhafter Vergebung. Er bog in die Straße ein, die zu der am Strand gelegenen Kirche führte.

Ich will verdammt sein, wenn er jetzt, nach all meinen Tricks, nicht da ist, schalt sich der Junge im stillen. Wenn sein Wagen hier steht, müßte er selbst auch irgendwo zu finden sein. Aber auf dem Weg durch die schwere Kirchentür liefen sie dem Priester auch schon – peng – in die Arme. »Was machst du denn mit den Kartoffeln da?« neckte ihn der kernige Mann. Joseph lachte, aber seine Augen hatten eine flehenden Ausdruck. Er sah, daß Hochwürden Flynn die zusammengerollte violette Stola in der Hand hielt. Er schaute dem Priester in die Augen und lenkte seinen Blick nach unten auf seine Hand. Das Manöver mißlang. Er versuchte es von neuem. Matthew schwadronierte über die Grafschaft Leitrim, während doch sein Sohn vor seiner Nase ein Wunder zu vollbringen versuchte. Hochwürden Flynn hatte den Blick inzwischen wieder von ihm abgewendet und schnatterte gleichfalls über Leitrim. Joseph zügelte sich; er beobachtete das Gesicht des Priesters und wartete darauf, den nächsten Schritt unternehmen zu können. Jetzt betrachtete ihn der Priester wieder, und er begann erneut mit seinem Augen-Spiel. »Wir machen uns auf«, sagte Matthew, aber Joseph versuchte weiterhin, Hochwürden Flynn mit Blicken zu durchbohren. »Warten Sie noch«, sagte der Priester, »willst du mir etwas sagen?« Jetzt wurde auch Matthew aufmerksam, und er kam nach vorn, um seinem Sohn ins Gesicht sehen zu können. Joseph fuhr fort, sich vor der Hand des Priesters zu verbeugen und zu seinem Gesicht aufzublicken. »Er sieht meine Hand an«, stellte Hochwürden Flynn fest und öffnete die Hand. Da lag seine Stola vor ihm. »Möchtest du die Beichte ablegen, Joseph?« fragte John Flynn, und Joseph hüpfte in seinem Rollstuhl hoch.

Wie eine Frau ihr Erstgeborenes an sich preßt, so preßten sich die Räder an den Boden. Sein Rollstuhl war unzählige Male den Gang entlanggesaust; heute aber, niedergedrückt von Sünden – unter anderem dem jähzornigen Zeichen der Obszönität – und einem Sechs-Pfund-Beutel »Golden Wonders« kam er unter seiner schweren Last nur mühsam voran. Hochwürden Flynn schob den Rollstuhl, wandte sich der Seitenkapelle zu und blockierte die Räder, indem er die Bremsen feststellte. Er ließ den Jungen zu Füßen des gekreuzigten toten Christus sitzen, legte sich die Stola um den Hals und wurde zum Stellvertreter Christi. Indem er Joseph im Namen der Heiligen Dreifaltigkeit von seinen Sünden lossprach, ließ er dessen reuige Seele vom Schindanger auferstehen.

Als Joseph Meehan, der freigesprochene Sünder, an diesem Sonnabend nach Hause rollte, tändelte er frohlockend auf Wiesen der Freude. Nach hinten gebeugt, blickte er seinem Vater ins Gesicht und lächelte fröhlich-vergnügt. »Du bist ja ganz aufgekratzt«, bemerkte Matthew. »Du mußt ja ganz schön übel drangewesen sein, daß du reinen Tisch machen wolltest«, setzte er hinzu. Sein Sohn lachte heraus und sandte wieder und wieder sein bejahendes Signal aus.

Gestärkt vom Abendmahl, empfand Joseph am folgenden Morgen unsagbares Glück und versteckte sich hinter der Gestalt seines Trösters. Dank murmelnd, bat er um Vergebung vergangener und vergessener Sünden. Als er sah, daß Glücksgefühl das Ergebnis seiner lautlos gemurmelten Gedanken war, krähte er lauthals, daß er an der ausgelassenen Unterhaltung seiner Familie und des Priesters teilnehmen wolle. Seine Mutter trat ein und rollte ihn in die Küche. Sie berichtete John Flynn von der Attacke des Amerikaners auf Joseph und erzählte ihm, wie gekränkt ihr Sohn darüber gewesen sei, als Schwindler bezeichnet zu werden. Der Priester hörte ihr aufmerksam zu, dann sah er den Jungen an und sagte: »Ach, Joseph, sei doch kein Frosch. Der wollte doch bloß Aufsehen erregen. So blöd sind die Amerikaner nicht, daß sie nicht zwischen den Zeilen lesen können.«

Indessen sollten Bücher, Journalisten, Photographen, ja selbst der großherzige John Flynn in Dublin zurückgelassen werden. Die Familie bedurfte der Erholung und der Freiheit, ganz sie selbst zu sein. Der Junge, der bei dem Gedanken an den Angriff auf seine Redlichkeit immer noch zitterte, war dabei, als sie für ihren zweiwöchigen Urlaub in Kerry die Koffer packten. Sie mußten sich entspannen, und Joseph brauchte Zeit, um seine Wunden zu lecken und seine Entschlossenheit zu festigen, mit dem Schreiben fortzufahren und sich auch weiterhin treu zu bleiben.

Ferien bedeuteten für alle Familienmitglieder etwas anderes. Für Matthew bedeuteten sie Golf, für Nora eine Ruhepause vom Kochen und Putzen und für Yvonne eine Unterbrechung ihrer Schularbeiten sowie eine Gelegenheit, unter die Leute zu kommen und Tennis zu spielen, während Joseph lange, glückliche Stunden damit zubrachte, im plätschernden Fluß zu angeln, wobei ihn der Gedanke an die keltischen Mönche von Skellig Michael unterhielt.

Von der Felseninsel Skellig Michael verlief ein geheimer Meridian in die taifungeschüttelte Wüste des Jungen. Ihre Kirchturmspitzen ließen ihn nicht mehr los, seit er sie das erstemal in der Ferne gesehen hatte. Ihren aufgetürmten, zuklüfteten Finger und Daumen hatte er erstmals erspäht, als er während eines späten Sonnenuntergangs den Blick übers Meer schweifen ließ. Der Fels winkte ihm, zu ihm hinauszufahren und von seiner Isolation zu kosten. Seine großartige Silhouette hatte sich seinem Gedächtnis fest eingeprägt. Von der Natur geformt und von mächtigen Ozeanbrechern umspült, fand Skellig Michael in Josephs gesalbtem Herzen vielstimmige Resonanz.

Der Große Skellig war dem Meer entstiegen. Zwölf Meilen Wasser trennten ihn vom irischen Festland. Obwohl längst unbewohnt, legte er Zeugnis ab von der Gewalt des mittelalterlichen Menschen über Naturelemente und Verzweiflung. Vor vielen Jahrhunderten hatte sich eine kleine Schar einsiedlerischer Mönche an seine steilen Felswände geklammert – frühe Christen, die sich aus der Hölle der Natur einen Himmel erschufen. Indem sie aus losen Steinbrocken Bienenkorbhütten aufschichteten, schützten sie sich vor den heulenden Winden. An den kargen Fels gepreßt, spürten sie, wie sich die ihnen verheißene Gnade in ihre Herzen senkte. Da sie auf der Insel nicht genügend Lehm besaßen, um ihre Toten zu begraben, fuhren sie auf der Suche nach Land auf die gebirgshohe See hinaus. Die Ackerkrume, die sie in ihren mit Leinwand überzogenen Booten zurückbrachten, trugen sie sechshundert grob behauene Stufen hinauf zu ihrem künstlich angelegten Friedhof.

> Versengt von heißer Sommersonne,
> Geätzt von frostig-rotem Mond,
> Taten sie Buße Tag und Nacht;
> Doch wenn die Dämmerung den Himmel
> Hellte, lockte Morgenrot
> Die Schar hinauf, zu sehn,
> Wie Sieg das Firmament entflammte.

Jedesmal, wenn Kummer ihn befiel oder widerwärtiger Haß jugendliche Aufsässigkeit auslöste, erzählte sich Joseph ihre Geschichte. Ausgeraubt von normalen, gesunden Männern, kam er nach Kerry, um sich aufs neue mit den zutraulichen, tiergleichen Männern von Skellig zu verbünden. Obgleich verkrüppelt, erklomm er im Geist die steinerne Stiege, um sich rittlings auf dem weisen Namen Skelligs eine schöne Jugend zu erbauen. In der Gesellschaft von Vögeln spürte er die Nähe des gekreuzigten Christus, der aus den Bienenkorbhütten hervorrief, während bündiger Sinn dem Schrei des clownsgesichtigen Papageientauchers Wörterbuchbegriffe zuwies.

Als die Familie aus dem Urlaub im Kingdom County zurückkehrte, waren sie alle gut erholt, braungebrannt und aktionsbereit. Auf Joseph wartete ein eintöniges Leben, aber den Ton gab er selbst an. Er verzieh dem amerikanischen Journalisten und betrachtete dessen Feature nun mit anderen Augen.

Vierzehntes Kapitel   »Meisterköpper«

Der schöne Sommer stahl sich davon, und der *blaue Knabe* mußte die Tage der Freude hinter sich zurücklassen und neuen Mut für das vor ihm liegende Jahr sammeln. Im September öffnete Mount Temple wieder seine Pforten, und Joseph sah sich seinem fünften Schuljahr und neuen Herausforderungen gegenüber. Wieder war er gestrandet. Laut Vorschrift mußten seine Freunde die Fächer wechseln und beim Wort D-U-B-L-I-N entweder einen Buchstaben vorrücken oder zurückgehen. Während sich ihre Unterrichtsfächer nach ihren Stärken und Schwächen richteten, blieben Josephs immer die gleichen. Seinen Bedürfnissen entsprechend fand er aber neue Jungen und Mädchen, die Freundschaft mit ihm schließen wollten. Stephen Monahan, Greg Gallagher, Helen Sheil, Dawn Glover und John Keely nahmen sich seiner an, und nachdem sie aus seiner Art, sich zu verständigen, erst einmal schlau geworden waren, umgaben sie ihn mit Gaudi und Kameraderie, wo Alleinsein ihn zur Einsamkeit verdammt hätte. Von den Lehrern wurde er nie verzärtelt; er war auf sich gestellt: Entweder er suchte sich selber Freunde, oder er blieb auf der Strecke. Glücklicherweise kümmerten sich die Jungen und Mädchen der fünften Klasse um ihn, zusammen mit all den alten Freunden trieben sie neue Blüten am einsamen Strauch seines Lebens.
Neben seinen neuen Freunden sitzend, schlürfte er neuen Spaß in großen Zügen und ließ sich von alten Streichen der Klasse erzählen. Wenn seine Kumpel Französisch, Kunst, Geschichte oder Mathe schwänzen wollten, dachten sie sich immer neue köstliche und originelle Ausreden aus. Sie spähten durch ein Guckloch in der Klassenzimmertür und beobachteten die Klasse. »Vermißt man uns denn überhaupt?« fragten sie sich. »Können wir's riskieren, zu spät zu kommen?« grübelten sie,

wenn sie leise den Türgriff niederdrückten. Wenn sich herausstellte, daß die Tür verschlossen war, brachen sie in Jubel aus und rannten den Gang hinunter in die Freiheit. Wenn sie ihrem Tutor in die Arme liefen, hatten sie immer irgendwelche Ausreden. Hatte dieser sie verzweifelt ins Gebet genommen, schenkte er manchmal sogar dem Märchen Glauben, daß sie im Auftrag ihres Klassenlehrers unterwegs seien. Josephs Gesundheit hätte nicht besser sein können, aber des öfteren mußte er Krankheit vortäuschen, um den Vorwand, unter dem sie ihn an die frische Luft schaffen wollten, zu untermauern. Aber welcher Kriegslist sie sich auch bedienten, sobald sie im Freien waren, hielten sie, wie John Keely es nannte, »jammervolle philosophische Debatten« ab.

In der Schule nahm Joseph seine Freunde arglistig und unbarmherzig in Anspruch. Zuhause hielt er es mit seinen Angehörigen ganz ähnlich. Sein Buch trug nicht nur ihm, sondern auch seiner Familie Ruhm ein. Sie jubelten, weil er Geschichte machte; aber da sie ihm nahe waren, standen auch sie selbst im Rampenlicht. Er nickte im Rund der jugendlichen Szene und freute sich insgeheim über die Anstrengungen seiner Familie. Während er seiner Mutter amüsierte Blicke zuwarf, stand diese Ängste um ihn aus. Sie hatte eine Einladung erhalten, als Ehrengast am Lunch der britischen Frauen des Jahres im Savoy Hotel London teilzunehmen. Das Thema der Veranstaltung lautete »Gleichgültigkeit und Fürsorge«. Es ging um das Internationale Jahr der Behinderten, und an diesem Tag sollte Nora eine Ansprache halten.

Joseph saß da und sah seiner Mutter dabei zu, wie sie ihre Rede vorbereitete. Als ein Entwurf nach dem anderen zusammengeknüllt im Papierkorb landete, entschuldigte sie sich damit, daß sie nur vier Minuten reden dürfe. Als sie ihren Sohn kichern sah, fuhr sie ihn an: »Du hast gut lachen, sieh nur, was du mir aufgehalst hast. Ich habe noch nie vor mehr als drei oder vier Leuten gleichzeitig gesprochen, und jetzt muß ich deinetwegen vor der Crème der britischen Frauen eine Rede halten – vor sechs- oder siebenhundert Personen! Also hör endlich auf zu grinsen, sonst blüht dir was!«

»Mach dir keine Sorgen, Mammi«, sagte Yvonne, »ich halte die Stellung, solange du weg bist.« Nora verbrachte ein verlängertes Wochenende in London. Matthew fütterte Joseph, trug ihn ins Bett und auf die Toilette. Yvonne kümmerte sich um Haushalt, Einkauf und Kochen. Sie paßte sich ihrer neuen Aufgabe gut an und fragte Matthew: »Ist Josephs Stuhlgang in Ordnung?« »Nein«, erwiderte Matthew, »aber sorg dich nicht. Wenn Mutter zurückkommt, wird er schon wieder entspannt sein.« Joseph stimmte seinem Vater voll und ganz zu, doch Yvonne wollte den Laden, und dazu zählte auch Josephs Stuhlgang, ganz allein schmeißen. Folglich fügte er sich seiner Schwester trotz einer längeren Machtprobe, aber insgeheim wußte er, daß er keine Magnesiamilch brauchte – und erst recht nicht zwei Eßlöffel voll. Aber genau die wurden ihm verabreicht. Yvonne war stolz auf ihre Pflegekünste, Joseph ebenso stolz auf sein Stehvermögen. Ruhig wartete er darauf, daß sein Darm sich entleerte; und genauso ruhig weigerte der sich, ihm diesen Gefallen zu tun.

Bei ihrer Ansprache auf dem Lunch im Savoy widerfuhr Nora große Ehre. Der Empfang fand in Anwesenheit Ihrer Königlichen Hoheit, Prinzessin Anne, statt. Die BBC strahlte ein Rundfunkprogramm aus, in dem über die Glanzlichter der berühmten Veranstaltung berichtet wurde. Unterdessen saß Joseph in Clontarf und lauschte der aus London übertragenen Stimme seiner Mutter. Als die britischen Frauen des Jahres ihr zu seiner großen Freude eine Ovation darbrachten, mußte auch er gebührend lächeln.

Aber inzwischen war sie wieder in Dublin, und das Leben ging seinen gewohnten Gang. Sie brachte ihren Sohn zur Schule. An die Magnesiamilch dachte dieser schon längst nicht mehr, nur sein Darm hatte sie nicht vergessen. Das Abführmittel wartete noch den Beginn des Chemieunterrichts ab, dann blies es zum Angriff auf seine Würde. Joseph beschloß kurzerhand, sich auf

Mrs. Leech's Unterricht zu konzentrieren, dann würde sein Darm schon Ruhe geben. Indes, Resolutionen wirken auf Magnesia nicht. Hier saß er nun und versuchte seine Gedärme zu überlisten, während in seinem Magen Kerle auf Motorrädern umherbrausten. Sie rasten immer schneller – Joseph winkte sie ab. Sie ließen ihre Motoren fürchterlich aufheulen – Joseph hielt sie zurück. Er hatte Angst, aber er gab nicht nach; gewiß war er besorgt, aber er biß die Zähne zusammen. Abwechselnd wurde ihm heiß und kalt. Auf seinem Gesicht pappte feuchtkalter Schweiß, nachtschwarze Wolken trübten ihm den Blick, in seinen Beinen verkrampften sich die Adern, er sah die Krise unweigerlich auf sich zukommen, und als er daran dachte, daß er sich nicht erleichtern konnte, bevor Nora ihn nicht zum Mittagessen abholte, stieß er einen lauten Seufzer aus. Seine Klassenkameraden warfen ihm einen flüchtigen Blick zu, aber er vermochte immer noch, wenn auch nur zitternd, durchzuhalten. Eine gewisse Helligkeit vor den Augen verkündete ihm, daß er die erste Runde gewonnen hatte, aber was war mit der nächsten? Als die Stunde zu Ende ging, hatte Joseph seinen Ruf gerettet. Er strahlte seine Freundin Avril an und schwelgte in der kalten Luft des Korridors.

Nach der Vormittagspause ging die Chemiestunde weiter, und alle Mann folgten dem Unterricht. Doch für gequälte, unter Einfluß von Medikamenten stehende Burschen, die gar keine Schmerzen zu leiden brauchten, hätte man sie nicht gezwungen, Abführmittel einzunehmen, halten die Naturwissenschaften keinerlei Lösung parat. Plötzlich nahm Avril Henderson, die neben ihm saß, die Schweißperlen auf seinem Gesicht wahr; aus der Seitentasche seines Rollstuhls holte sie ein frisches Papiertaschentuch hervor, wischte ihm das Gesicht trocken und murmelte: »Ist dir nicht gut?« Er nickte, doch. Was hätte er sonst tun sollen? Es war ihm bewußt, daß er seinen Altersgenossen mit ihren frischen Gesichtern allerhand zumutete, aber er konnte sie unmöglich um den Gefallen bitten, ihn auf die Toilette zu setzen. Schließlich forderte er sie schon immer auf, für ihn zu sprechen, wenn er unter Druck stand. Er verließ sich darauf, daß sie ihn hierhin, dorthin und überallhin rollten. Er ließ sie wissen, wie sehr er es schätzte, daß sie ihm die Nase putzten oder den Mund abwischten. Wenn sich seine Kinnmuskeln verkrampften und versehentlich seine fleischigen Backentaschen einquetschten oder seine närrisch-lebhafte Zunge knebelten, bat er sie, seine Zähne auseinanderzuzwängen, welche wie ein Schraubstock klemmten, den er von selbst nur lockern konnte, wenn ein Krampf abgeklungen war oder er eine ängstliche Reflexbewegung machte. Und sie, die wunderbaren Mädchen und Jungen, gaben viel von sich und schmückten jeden seiner Tage mit treuer Sorge. Nie machten sie ihm ein Kompliment. Sie nahmen auch andere in ihren Kreis auf. Sie schimpften auf die snobistischen Schüler, die Joseph wie Dreck behandelten, indem sie seine Anwesenheit schlichtweg übersahen. Aber Joseph sah tiefer. In dem starren Blick scheinbar kaltherziger Mitschüler gewahrte er Fassungslosigkeit. Er entdeckte den wuchernden Widerspruch in ihren Köpfen: Ein Gefühl der Hilflosigkeit verhinderte jede Annäherung, ihre bewußte Kurzangebundenheit maskierte ihre Angstgefühle. Indem er hierauf Rücksicht nahm, hielt er entschlossen durch. Ich warte bis zur Mittagspause, redete er sich selber zu, aber die heftig bohrenden Bauchschmerzen bescherten ihm einen Anfall nach dem anderen. Es fühlte sich schwach, geängstigt und hilflos. Wenn mir Yvonne zwischen die Finger kommt, dachte er, aber noch bevor er sich für eine Foltermethode entscheiden konnte, ließen die Motorradfahrer ihre Maschinen erneut aufheulen und machten sich startbereit. Außer sich vor Verzweiflung, krümmte er sich mit letzter Anstrengung zusammen, um seine Würde zu bewahren.

Nach der Stunde waren die Schüler eingeladen, sich eine Wanderbühne anzusehen, die in der umgeräumten Schulbücherei lustige Bravourstücke zum besten geben wollte. Die Schauspieltruppe war zwar großartig, aber der Part des Clowns schüchterte Joseph derart ein, daß er nun doch kapitulierte. Jetzt fühlte er sich verletzt, beschämt, gedemütigt.

Als Nora sagte: »Was hättest du denn sonst tun können?« fühlte er sich getröstet und von jeglicher Schuld reingewaschen. Paul Browne jedoch war fuchsteufelswild. »Warum hast du mir nicht Bescheid gesagt? Ich hätte dich doch zur Toilette gebracht oder wenigstens deine Mutter angerufen. Aber nein, du mußtest natürlich den starken Mann markieren, so verdammt zurückhaltend, nur ja nicht zur Last fallen. Was für eine Art Freund bist du eigentlich?« lag ihm sein Kumpel in den Ohren. Die arme Yvonne jedoch spielte nicht mehr seine Pflegerin, sondern war völlig fertig. Nora hielt ihr eine Standpauke, weil sie es gewagt hatte, ihrem Bruder ihren Willen aufzuzwingen. Als die Familie am Abend im Bett lag, huschte eine entgeisterte Yvonne über den Flur und schlich sich in Josephs Zimmer. »Schläfst du schon?« flüsterte sie, und als sie sah, daß er ihr den Kopf zuwandte, erklärte sie: »Verdammt! Tut mir entsetzlich leid, daß ich dir mit meinen Schikanen so übel mitgespielt habe.« Er versuchte ihr zu sagen: »Schon gut!« aber sie legte ihm leicht die Hand auf den Mund und sagte: »Psst! Weck sie nicht auf! Ich wollte nur sagen, daß es mir sehr, sehr leid tut. Ich werde meine Schandtat schon wiedergutmachen, du wirst schon noch sehen.« Sie hauchte ihm einen Kuß auf die Wange und war schon wieder verschwunden – so leise, wie sie gekommen war.

Zwar war er nach der Tortur mit dem Abführmittel zunächst sehr niedergeschlagen, aber bald hatte er seine Demütigung vergessen. Der Verlauf, den sein Leben nahm, machte ihm Mut, und in seinem kindlichen Gemüt rührten sich wieder freudigere Gefühle. In Großbritannien hatte er bei drei verschiedenen Anlässen Auszeichnungen eingeheimst. Und soeben war er benachrichtigt worden, daß er in Irland als »Person des Jahres« nominiert worden war.

Der Abend der Preisverleihung war einer der spektakulärsten Abende in seinem Leben. Er war zwar erst sechzehn Jahre alt, doch die Juroren bescheinigten ihm, einen »hervorragenden Beitrag zum gesellschaftlichen Leben Irlands« geleistet zu haben. Da immer noch Internationales Behindertenjahr war, baten die Veranstalter den jüngsten Preisträger, den sie je hatten, vor den versammelten Gästen zu sprechen. Joseph war fassungslos: Er war nicht nur nominiert, sondern auch noch für würdig befunden worden, eine Auszeichnung entgegenzunehmen. Und jetzt hatte man ihn berufen, vor einer riesigen Zusammenkunft von Regierungsvertretern, Mitglieder des Senats, hochrangigen Richtern, Fachmedizinern, Erziehern, akademischen Würdenträgern und Vertretern sämtlicher Medien zu sprechen – Joseph, ohnehin sprach-los, war sprachloser denn je zuvor. Er, der mit polkapolternden Bewegungen ausgestattet und so lange eingesperrt war, der in einer Idioten-Arena festgesessen und sich jetzt erst freigekämpft hatte, sollte die Veranstaltung mit seiner Gegenwart beehren.

Angetan mit einer Fliege, munter, aber stumm, wurde Joseph an den mit Prominenz besetzten Tischen vorbei zu der riesigen, ausgeschmückten Bühne gerollt. Als er sich ihr näherte, spielte die Militärkapelle einen triumphalen Tusch. Alles hatte sich von den Plätzen erhoben; der rauschende Beifall war atemberaubend schön; die Musik von vielen hundert Händen, die seinem Leben gemeinschaftlich applaudierten, brachte den Krüppel ganz durcheinander.

So mit Ruhm eingedeckt, ließ er die ehrfurchtsvolle Scheu des Äons auf sich wirken, die der Ovation von Hunderten und Aberhunderten von Gästen anzumerken war. Von seinem Aussichtspunkt aus blickte er auf sie nieder und studierte ihre Reaktion auf seine Rede. Die Zuhörer, die zu ihm aufblickten, wischten sich hastig die Tränen aus den Augen, aber er tat so, als habe er nichts bemerkt, denn er hatte zu tun und mußte sich seinem Schicksal stellen.

Des öfteren sah er seine Mutter an. Da stand sie und übermittelte seine Worte. Sie verließ sich auf ihre Sensibilität und entnahm den Signalen, die er aussandte, seine wesentlichen Gedankengänge. Jetzt stand sie auf dem Podium, hielt die von ihm getippten Worte in der Hand und las: »Ein gehirngeschädigter

Säugling kann nicht darüber nachdenken, weshalb seine Mutter mit ihm nicht zu kommunizieren vermag. Erfährt er von seinen Eltern weder Liebe noch Anregung, ist er aufgeschmissen; dann errichtet die Retardierung uneingeschränkt ihr nervtötendes Regiment.« Er sei sich des kolossalen Opfers bewußt, das seine Familie auf sich nehme, indem sie ihn versorge, doch müsse er seiner Berufung folgen. Obwohl die Zukunft für Säuglinge, wie er einer gewesen sei, so vielversprechend wie nie zuvor aussehe, mißbillige die Gesellschaft die Vorstellung, daß auch spastische Neugeborene ein Recht auf Leben hätten. Es werde angedroht, Kinder wie ihn abzutreiben, ihre Behinderung schon im Mutterleib ausfindig zu machen, den Mutterschoß zu durchpflügen, ihren Müttern Angst vor ihnen einzujagen und sie dem Tod anheimzugeben, und doch sei der spastische Säugling stets jene Seele, die niemals töten, verstümmeln, der Lüge verfallen oder haßerfüllt gegen Brüderlichkeit sein werde. Weshalb dann fürchtet die Gesellschaft das verkrüppelte Kind, sinnierte Joseph laut, weshalb bejubelt sie das unversehrte und frohlockt über den, der später einmal zum Henker taugen mag?

Unter kräftigem Applaus, der in seiner Seele widerhallte, wurde Joseph in seinem Rollstuhl von der Bühne getragen und seinen Eltern zurückgebracht. Der Sohn, der im Tempel geweilt und die Schriftgelehrten befragt hatte, saß da, versetzte seine Eltern in Staunen und sonnte sie in seinem Ruhm.

Sein Onkel Joe Murtagh schmuggelte ihm heimlich eine Flasche Champagner in den Rollstuhl. »In der Öffentlichkeit ißt und trinkst du ja nicht«, sagte er, »aber wenn du nach Hause kommst, dann laß mal den Sektpfropfen knallen und koste auch ein bißchen von dem, was du uns hier heute abend geboten hast.« Dann klopfte er ihm auf den Rücken und sagte augenzwinkernd: »Aber daß du mir nur nicht zuviel davon trinkst, sonst wird's dir morgen leidtun!«

Auf Joseph traten Leute zu, die mit ihren Gefühlen sonst eher hinterm Berg halten mochten. Sie neigten sich zu seinem Ohr herab und überhäuften ihn mit glänzenden Komplimenten. Er lächelte und verbeugte sich, verbeugte sich und lächelte – er war schon berauscht, noch bevor er Onkel Joes Champagner probiert hatte.

Die Nacht verlieh dem glänzenden Abend im Burlington Hotel eine mögliche Bedeutung. Joseph fürchtete sich nicht mehr; als er auf seinem mühevollen Weg ins Himmelreich behende nach Fußstapfen Ausschau hielt, wurde es ihm hellgolden vor Augen.

Als der stumme Junge am folgenden Morgen aus dem Schlaf erwachte, dachte er: War der ereignisreiche gestrige Abend etwa nur ein schöner Traum, oder habe ich wirklich vor all den Hunderten Menschen gesprochen, die ausnahmsweise einmal nur zuhörten? Wartet nur, bis ich Hochwürden Flynn davon erzähle, prahlte er. Bestimmt wird der sagen: »So ein Blödsinn, haben die Leute denn nicht gemerkt, daß du nur Blödsinn schreibst?« Joseph bewunderte die Demut dieses Mannes sehr – allem und jedem gab er Vorrang vor sich selbst. Oft demütigte er Joseph damit, daß er ihm zu verstehen gab, er selber sei ja nur ein Diener, während er den Jungen mit dem Titel »Dichter« schmückte.

Wenn der ohnehin gut aufgelegte John Flynn bei Meehans in der Küche saß, war er zutiefst zufrieden. Alles andere als ein Heiliger, wußte er durchaus, daß er nicht rauchen durfte, weil er sich einer Herzoperation unterziehen mußte. Indessen holte er sich einen Aschenbecher, stellte ihn neben sich und zündete sich eine Zigarette an. Dann tat er einen langen Zug und atmete den Rauch so tief ein, daß Joseph darauf wartete, daß er ihm zu den Schuhen herausquoll.

Eines Tages jedoch – niemandem fiel es auf – steuerte er nicht geradenwegs auf den Aschenbecher zu. Er gab sich lässig und plauderte auf gewohnte Weise. Matthew war der erste, dem etwas schwante. »Haben Sie sich etwa das Rauchen abgewöhnt?« fragte er. Sämtliche Blicke richteten sich fragend auf Hochwürden Flynn. Doch der sagte nur ganz beiläufig, indem er sein gewaltiges Opfer mit einer Handbewegung abtat: »Na ja, hab's halt aufgegeben. Der Chirurg sagte: ›Wenn Sie weiterhin rauchen, werde ich die Operation nicht durchführen.‹ Sie wissen ja, daß ich mich einer Bypass-Operation unterziehen muß.« Da alle nur zu gut wußten, daß er die Operation so lange wie möglich hinausschieben wollte, um weiter für seine neunzigjährige Mutter sorgen zu können, fühlten sie sich durch seine Bemerkung daran erinnert, wie freundlich es von ihm war, sich auch noch um Josephs Bedürfnisse zu bekümmern. Um dem Gespräch eine andere Wendung zu geben, rief er: »Bist du endlich fertig da drinnen, Meisterköpper? Komm raus, ich muß dir eine Geschichte erzählen!« Mit vor Übermut blitzenden Augen saß er da und wartete darauf, daß Joseph aus dem Wohnzimmer in die Küche gerollt würde. Zufrieden darüber, daß sich die Angst um seinen Gesundheitszustand gelegt hatte, gab er eine Geschichte nach der anderen zum besten, stets darauf bedacht, daß der behinderte Junge amüsiert reagierte. John Flynns Bemühungen stifteten Yvonne dazu an, ihn mit den letzten Gags aus dem College zu schockieren, und das schallende Gelächter, das der Priester ausstieß, rief den Eindruck hervor, als habe er den Wink des Arztes übersehen.

Vor Kummer atemlos, klopfte Deirdre Devine erst ganz leise ans Fenster, dann noch zögerlicher an die Tür. Sie fürchtete sich vor ihrer schrecklichen Aufgabe; schließlich war sie es, die Joseph die traurige Nachricht überbringen mußte. Sie zögerte sie hinaus, indem sie fragte: »Habt ihr schon gehört?« Nora, die schon ahnte, daß es eine Hiobsbotschaft gab, sagte: »Nein, was ist denn passiert?« Deirdre faßte Nora am Arm und sagte, den bekümmerten Blick auf Jopseph gerichtet: »Hochwürden Flynn...« Sie zog die Stirn in Falten, da sie nicht wußte, wie sie dem Jungen die katastrophale Nachricht beibringen sollte. »Handelt es sich um seine Mutter?« legte Nora ihr wie betäubt nahe. Ihrem Sohn zuliebe wehrte sie sich gegen die Wahrheit. Doch Deirdres Wimmern machte ihre Bemerkung zunichte. »Das einzige, was ich weiß«, sagte Deirdre, »ist, daß er heute morgen um 7.30 Uhr nicht zur Messe erschienen ist. Als einige

Zeit verstrichen war, schaute jemand im Haus nach und fand ihn, wie er im Sterben lag. Es war gerade noch genügend Zeit, daß ein Priester ihm die Letzte Ölung geben konnte«, fügte sie hinzu. Nora drehte sich zu Joseph um, legte ihm die Hand auf die Schulter und drückte sie leicht. Aus seinem verkrüppelten Körper brachen Klagelaute hervor, und er vergaß vollkommen, daß Jungen nicht weinen dürfen, erst recht nicht vor Fremden. Seine Schluchzer sandten die sanfte Deirdre nach Hause, wo sie sich nach ihrer schweren Prüfung wieder sammeln konnte.

Wie wird seine arme Mutter ihren Kummer überleben, sorgte sich der Junge, der sich inzwischen wieder beruhigt hatte. Doch Gott, zitternd, kümmerte sich um sie: Er verwirrte der bejahrten Frau den Geist, so daß sie nie mehr lange genug bei klarem Verstand war, um sich zusammenzureimen, wie wilde Sehnsüchte und widerspenstige Wirklichkeit zusammenpaßten.

Die Totenmesse für Hochwürden Flynn wurde um elf Uhr in der Kirche St. John the Baptist gelesen. Nach dem Requiem begab sich der Leichenzug ins einsame, felsige Leitrim. Vor Jahren hatte John Flynn sein Elternhaus verlassen, um sein geistliches Amt anzutreten. Jetzt, wo sein Werk vollendet war, legten seine weißgekleideten Gebeine dieselbe Strecke in umgekehrter Richtung zurück. Nicht länger vom Dienst gebeugt, ruhte er von nun an im Heideland am Lough Allen, besänftigt vom Plätschern der Wellen.

Fünfzehntes Kapitel   # Das Geräusch von Schritten

Das Leben hatte sich verändert, schlagartig verändert; und wieder suchte Joseph nach menschlichem Verständnis. Er hielt nach einem Priester Ausschau, der an John Flynns Stelle rücken könnte.

Womöglich nimmt mein Onkel sich meiner an, dachte der behinderte Junge. Vielleicht kann er mir die Sakramente spenden. Um einem armen Teufel wie mir aus der Klemme zu helfen, darf er sein Kloster vielleicht auf kurze Zeit verlassen.

Tatsächlich verließ Pater Patsy Meehan jeden Sonntag sein Kloster, in seiner Tasche trug er die Bursa, in der sich das heilige Abendmahl für seinen Neffen befand. Er machte Anleihen bei den Psalmen und sprach Gebete, wie der junge Joseph sie gesprochen hätte:

> *Entsündige mich mit Ysop, daß ich rein werde;*
> *wasche mich, daß ich schneeweiß werde.*

Mit der Engelsgeduld eines verständnisvollen Onkels hielt der Priester die heilige Hostie in die Höhe; stumme Gebete auf den Lippen, lernte er zu warten, bis der Neffe seinen Muskeln über ihre Schwierigkeiten hinweggeholfen hatte. Sonntag um Sonntag suchte sein Onkel ihn auf, und mit jedem Besuch vertiefte sich sein Verständnis für das gestörte Verhalten seines Neffen. Die heilige Kommunion diente dazu, den stummen Jungen mit seinem stummen Gott zu vereinigen. In dessen verborgenes Ohr ließ Joseph seine Flüsterrede fließen und bat darum, seine treuen Freunde mit Segnungen zu überhäufen. Ehrfürchtig wispernd, blickte er hinaus auf verstreute Kontinente und verwandte sich für seine Brüder und Schwestern, als sei Hautfarbe nichts weiter als eine Variante des Familienwappens. Weisheit schien ihn zu lehren, seine furchtbare Kindheit so zu betrachten, als sei Furchtbares schön. Daß jemand seine Geheimnisse hörte, tröstete ihn, und wieder bildeten sich am Brombeergerank auf der Hügelspitze Früchte.

Auch für seine Großeltern betete Joseph, für den trotzigen Mut, den sie auf ihrem Lebensweg durch Westmeath bewiesen hatten. An zwei von ihnen, die an entgegengesetzten Enden der Grafschaft wohnten, erinnerte er sich. Matthews Mutter war ihm wegen ihrer Nachsicht und Demut im Gedächtnis. Sie wohnte in Glenidan und hatte sich in der Schule, die den Blick auf die Wunder von Fore freigab, als Lehrerin verausgabt. Sie legte Wert darauf, in ihrem Kühlschrank stets Trifle bereitzuhalten, wußte sie doch, daß ihr Enkel das auf Grütze basierende Dessert gut verdauen konnte. Eingedenk seiner Verfassung ließ sie den üblichen Sherry aus – schließlich wollte sie ihn nicht beschwipsen. Aber wußte, er konnte ohnedies jederzeit einen Beschwipsten mimen.

Joseph hielt es für normal, nur eine Großmutter und nur einen Großvater zu haben. Der Vater seiner Mutter förderte ihn auf einzigartige Weise. Aus seinem Blick leuchtete Redlichkeit, und das Geräusch seiner Schritte prägte sich dem Gedächtnis des Jungen für alle Zeiten ein. Wenn Joseph bei ihm die Ferien verbrachte, legte er sich sorgsam Pläne zurecht, wie er mit seiner Behinderung am besten fertigwerden mochte.

Noras Vater vergrößerte seine Kuhherde und seine weit auseinandergezogenen Ländereien, indem er seinen erschöpften Körper zwang, trotz Übermüdung weiterzuarbeiten. Er zog seine Familie groß und vernachlässigte darüber sich selbst. Wenn er mit Joseph plauschte, übersah er dessen Behinderung und riet Nora, das Kind selbst experimentieren zu lassen. So rollte er etwa einen Ball am Boden entlang, legte Joseph auf den Bauch und sagte: »Nun man los, hol dir den Ball selbst.« Joseph richtete sich mit den Händen auf und sah dem Ball hinterher, aber dann entschied er, daß dieser sich außer Reichweite befand. Großvater rollte ihn auf den Rücken und redete ihm gut zu:

»So herum kriegst du ihn bestimmt.« Der Enkel, Freiheit schmekkend, stemmte sich mit den Fersen ab, fand aber, daß er sich nur im Kreise drehte. Wenn der freundliche Großvater mit seinem behinderten Enkel spielte, schien er in dem Jungen stets nach freiwilligen Bewegungen zu fahnden. So drückte er ihm einen Holzlöffel in die Hand und zeigte ihm, indem er ihm die Hand führte, wie man Krach machen konnte. Er lockte ihn: »Komm schon, wir schlagen Funken aus der Keksdose.« Und die Generationen taten sich zusammen und veranstalteten gemeinsam einen Höllenlärm, wo bis dahin gesalbte Stille geherrscht hatte.

Auf den stumm zusehenden Jungen wirkte das Frühstück in Clonbonny großartig. Während auf dem Hof noch die Arbeit vonstatten ging, wartete in der Küche bereits der gedeckte Tisch auf die Rückkehr der hungrigen Arbeiter. Auch der Haferbrei dampfte schon. Doch wer ein rechter Bauer ist, weiß genau, was man Enkeln reichen muß, die auf kräftige Nahrung angewiesen sind. Für Joseph bedurfte der Haferbrei noch einer besonderen Zutat. Sein Großvater ergriff einen blaugestreiften Krug, trat auf den Hof hinaus und ging zur Molkerei hinüber. Wenn er zur Küche zurückgestapft kam, waren seine Tritte schon von weitem zu hören, und der Junge blickte lausbübisch drein, wenn sein Großvater ihm bei seinem Eintritt mächtig Hoffnung machte, indem er sagte: »Komm schon, Joseph, wir wollen doch mal sehen, ob du nicht ein herzhaftes Frühstück zu dir nimmst. Hier habe ich was für dich, daß dir Haare auf der Brust wachsen!« Und während er den dickflüssigen, goldenen Rahm über den Haferbrei seines Enkels goß, zog er eine Augenbraue hoch und sagte: »immer runter damit. Danach bringe ich dich hinaus, und wir suchen auf der Pferdekoppel nach Pilzen oder fischen nach Stichlingen.« Auf diese Weise bestach er seinen Enkel, und der schluckte den Köder auch jedesmal. Conbonny war fester Bestandteil seiner Kindheit. Er schlief im Zimmer über der Küche; bevor der Schlaf ihn übermannte, lauschte er dem Stimmengewirr und dem Gelächter der Leute, die in Geschäften kamen und gingen.

Im Frühjahr und im Herbst wurde in Conbonny Station abgehalten. Dieser Brauch ging auf die Zeit zurück, da die Penal Laws den Besuch der Messe untersagten und auf Priester ein Kopfgeld ausgesetzt war. Bei ihrer Herde freilich konnten sich die Hirten sicher fühlen; solange Wachtposten die umliegende Gegend unbeirrbar nach neuen Boten der Unterdrückung absuchten, gelang es den Priestern, das große Sohnesopfer in abgelegenen Wohnhäusern oder auf Felsen am Hang zu begehen.

Zwar gehörten die schrecklichen Tage der Verfolgung längst der Vergangenheit an, doch der Brauch hatte sich erhalten. Inzwischen galt die Station der gemeinschaftlichen Feier, der Festigung gutnachbarschaftlicher Beziehungen, der Erhaltung von Familienbanden sowie der Bewahrung des Brauchtums und der Werte der Landbevölkerung. Bis eine Familie des Bezirks turnusmäßig wieder mit der Abhaltung der Station betraut wurde, verstrichen sieben Jahre, so daß zwischen zwei Meßfeiern die Zeit ihre Sense schwang und reiche Ernte unter den Gastgebern hielt. Sieben Jahre später jedoch beging man die Station aufs neue, und aufgeheitert vom Anblick neuer Gesichter hieß der Gastgeber den Priester und seine Gemeinde lächelnd willkommen.

Inzwischen war Joseph zwar schon Vollblut-Dubliner, aber der Einladung zur Station in Noras Elternhaus leistete er doch Folge. In vielen Fenstern funkelten Lichter, der Duft von Blumen schwängerte die Abendluft, und die Stimmen dröhnten lauter, als Freunde, Nachbarn und flügge gewordene Verwandtschaft begrüßt wurden. Um acht Uhr traf der Segensspender ein, und als ein reuiger Sünder nach dem anderen Vergebung für gebeichtete Missetaten empfing, wurde das Gespräch verhaltener. »Muß noch jemand zur Beichte?« ging die Frage von einem Raum zum nächsten bis hinunter zur Küche, und zurück kam die Antwort: »Es sind schon alle gewesen.« Daraufhin machte eine weitere Frage die Runde: »Wer zur Kommunion möchte, bitte melden!« Ein Familienmitglied stellte sich auf die Zehenspitzen, um die Meldungen mit dem Finger auszuzählen. Dann kehrte er zu dem Priester zurück und sagte ihm, wieviele Oblaten er ins Ciborium legen sollte.

Sobald der Priester den Ornat anlegte, herrschte absolute Stille, und mit dem Zeichen des Kreuzes setzte die Messe ein. Sämtliche Räume waren überfüllt, die Leute standen in der Diele und selbst auf den Treppenstufen, jedoch erreichte die Stimme des Priesters sämtliche Gemeindemitglieder, und gemeinsam sagten sie Gott Preis und Dank.

Joseph saß zwar drei Räume vom Abendmahlstisch entfernt, doch das warnende Bimmeln des Glöckchens verriet ihm, daß die heilige Wandlung kurz bevorstand. Wieder erklang das Glöckchen, und er konnte sich die Erhebung des Brotes vorstellen. Ein zweites Glöckchen vermeldete die Erhebung des Kelches. Nunmehr weilte Christus unter seinem Volk, und in Gestalt der Eucharistie trat er schon bald auf die einzelnen Kommunikanten zu.

Joseph murmelte seinen Dank. Wieder hatte er seine Zunge lösen können. Er schloß seine Familie in sein Gebet mit ein und erbat für jeden von ihnen, die so mit ihrer Bürde zu kämpfen hatten, Gnade und Kraft. Gedankenvoll senkte er den Kopf; da wärmte ihm eine schwache Glut das Herz, denn plötzlich glaubte er das Geräusch von Schritten zu hören, die sich über den Hof kommend der Küche näherten.

Die Gebete verstummten, und es regierte der Mammon. Nora und ihre Schwestern gaben das Zeichen, in Muße zu tafeln und sich gütlich zu tun. Die Gäste gruppierten sich nach Generationen, und Joseph fand sich zu seiner Freude in der Küche wieder, wo sich sämtliche Jungen und Mädchen aufhielten. Er musterte seine Kusinen; sie erträumten sich eine Zukunft mit einem Familienleben ähnlich dem, das sie hier umgab, doch er, der Einzelgänger auf seinem Knabenstuhl, mußte sich derartiger Hoffnungen entschlagen, genau so wie sie umgekehrt ihre Zurückhaltung ablegen würden. Aber der Gedanke ging vorüber – die allgemeine Stimmung stieg, und das Mahl wollte verzehrt sein. Ihre Unterhaltung war mit Gelächter aufgelockert, ihre Sticheleien waren gutmütig, und nach einer Weile verdrängte die wohlige

Wärme des Weins die Sorgen der Welt und ließ lediglich eine Sorgenfalte zurück.

Joseph maß seiner Familienzugehörigkeit große Bedeutung bei. Lieber tot sein, empfand er, als in eine Anstalt oder ein Krankenhaus gesteckt werden. Er war jederzeit bereit, sich aus Ausbildungsgründen woanders hinzubegeben, aber an den Wochenenden und während der Ferien müßte er nach Hause fahren können. Jetzt hatte er das eine und brauchte auf das andere nicht zu verzichten: Zu Hause in Clontarf durfte er Familienrechte beanspruchen, während er in Mount Temple unterrichtet wurde.

Das fünfte Schuljahr in Mount Temple war ohne Prüfungen, und seine Kumpel nutzten ihre Freiheit voll aus. Die Lehrer, die den Komplotten der fünften Klasse ausgeliefert waren, überstanden den Sturm, so gut sie konnten. Das Rauchen auf dem Schulgelände etwa war strengstens untersagt, aber hinter dem naturwissenschaftlichen Gebäude konnte man Grüppchen von Schülern finden, die pafften und qualmten, als gäbe es die Vorschrift überhaupt nicht. Die Schüler des fünften und sechsten Schuljahrs beanspruchten das Terrain ganz für sich; fast ausnahmslos scharten sie sich hier zusammen, rauchten und quasselten. Nur einer konnte nicht und wollte doch so gern. Die gesamte Gruppe versuchte ihm nachzuhelfen: Stephen steckte Joseph die glühende Zigarette in den Mund, aber es half nichts, mit seinen gefühllosen Lippen konnte er sie nicht festhalten. Daraufhin beschloß Peter, den Mund um den Glimmstengel zu schließen, und alles schrie im Chor: »Zieh doch! Verdammt noch mal, Joseph, kannst du denn nicht ziehen?« Er blickte zu ihnen auf und lachte. »Moment mal«, sagte Paul, »ich habe einen Geistesblitz.« Er steckte Jopseh die inzwischen feucht gewordene Fluppe wieder in den Mund, und sie wiederholten den Vorgang, diesmal hielt Paul jedoch Joseph die Nase zu. Und so riefen sie ihm, die Fluppe zwischen den Lippen, Mund zusammengepreßt, Nase zugequetscht, alle zu: »ZIEH!« Hätte er jetzt noch etwas anderes tun können als ziehen? Beinahe wäre er geplatzt, so wenig Luft hatte er. Also sog er mit aller Kraft. Der Rauch schoß ihm durch den Schlund in die Lungen, den Magen und die Blase, und nach einer Ewigkeit spie er ihn mit einem Hustenanfall, der den sicheren Tod zu bedeuten schien, wieder aus. Die Jungen standen entgeistert und mit ahnungsvoll geöffneten Mäulern dabei, und da er nun einmal angefangen hatte zu husten, konnte er nicht mehr aufhören; denn jetzt lachte er nicht nur über sich selbst, sondern auch über die erschrockenen Gesichter seiner Experimentatoren. Schließlich hörte er auf zu würgen, und sie riefen ihm zu: »Mensch, beinahe wärst du uns erstickt, das machst du mit uns nicht nochmal!« Da wußte Joseph, der immer noch lachte und sich nicht die Bohne ärgerte, daß der Augenblick des Qualms sich für alle Zeit durch seinen blauen Dämmer kräuseln würde.

Das Leben hörte gar nicht mehr auf, den jungen Joseph Meehan zu trösten und zu erstaunen. Wenn er es am wenigsten erwartete, geschah es schon wieder, daß man ihn mit Ehrungen überhäufte. Wieder übertrafen die Leute sich selbst, wollten sie doch dem behinderten Jungen erneut große Ehre widerfahren lassen. Die BBC tat sich mit Granada Television zusammen und flog Joseph und seine Angehörigen nach England, denn das Internationale Behindertenjahr näherte sich seinem Ende, und beide Sender wollten Joseph als Gast laden. Fernsehproduzenten und -moderatoren beabsichtigten, die allgemeine Resonanz auf das Jahr zu testen. Die Fragen hatte man dem behinderten Jungen bereits vorher vorgelegt und hielt es für angebracht, in den Sendungen selbst sich seiner schriftlichen Antworten zu bedienen.

Die Rivalität der beiden Fernsehanstalten war vergessen, sobald sie sich gemeinsam bemühten, Freude in sein Leben zu bringen. In Anerkennung ihrer Rücksichtnahme nickte er geruhsam mit dem Kopf. Er durfte sich überall umschauen und erhielt ausführliche Erläuterungen zu allen Aspekten des Fernsehens und der Programmgestaltung. Auch für seinen Komfort war in jeder Beziehung gesorgt. Man hatte ihm eine Hotelsuite gebucht, damit er während der Mahlzeiten allein sein konnte, und die Haltung, die er an Leuten wahrnahm, die doch in erster Linie gewohnt waren, stimmbegabte, kerngesunde Menschen zu interviewen, rührte ihn zutiefst.

Die Veranstalter verliehen ihrer Anerkennung von Josephs schöpferischer Begabung zuletzt damit Ausdruck, daß sie für ihn und seine Familie einen Ausflug organisierten. Es war ihr geheimer Wunsch, dem Jungen zu einem einmaligen Erlebnis zu verhelfen. In Stratford-upon-Avon bestellten sie Karten für die Royal Shakespeare Society, die an diesem Abend den *Sommernachtstraum* gab.

Alle Jungen brauchen Freunde. Aber als Joseph Meehan am Theater eintraf, war er verwundert über die Vorsorglichkeit, mit der sein Abend geplant war. Da er zuweilen sehr geräuschvoll atmete, bereitete ihm das Atemholen Sorge, und er hatte Angst davor, den anderen Zuschauern den Spaß zu verderben. Doch bei seiner Ankunft am Theater warteten auf ihn der Intendant und seine Mitarbeiter. Sie hießen ihn so herzlich willkommen, als gehöre er der königlichen Familie an, hoben seinen Rollstuhl empor und trugen ihn im Geleitzug die mit Teppichboden ausgelegten Treppenfluchten hinauf in die Intendantenloge. Wie er so hochdroben in seinem Tragsessel schwebte und sich staunend seine Helfer besah, kam Joseph sich vor wie der Papst höchstpersönlich. Und als er sich in der schalldichten Loge wiederfand, von der aus man die atemberaubende Aufführung wie aus der Vogelperspektive verfolgen konnte, zerbrach er sich den Kopf darüber, weshalb man um einen blonden Irenjungen so viel Aufhebens machte.

Daß er zu Hause treue Freunde hatte, verstand sich von selbst, hier jedoch war er ein Fremder, und doch drückte man ihn an die Brust, als sei er etwas ganz Besonderes. Obwohl er äußerst empfindlich war, zweifelte er kein einziges Mal an den aufrichtigen Beweggründen seiner rücksichtsvollen Träger.

Als sich *Ein Sommernachtstraum* vor seinen Augen entfaltete, schlug ihn der Zauber des Stücks in seinen Bann. Die Beleuchtung war atemberaubend schön, und die Toneffekte brachen in sein Bewußtsein ein. Die Zeile »*Wie kann das Glück so wunderlich doch schalten!*« drückte sein Vergnügen am besten aus. Freilich nagte am Kern seines Glücks der Gedanke an seine verkrüppelten Brüder und Schwestern, die vor ihm waren. Es schmerzte ihn, daß sie nie die Gelegenheit gehabt hatten, etwas derart Schönes zu erleben. Aber er wollte sich sein Erlebnis von dem Gedanken nicht verderben lassen, und indem er seinen eisernen Vorhang fallen ließ, überzeugte er sich davon, daß Magie in Form Mariengarn spinnender Träume die Schattenseiten des Lebens verdrängt.

Der Rückflug nach Dublin überbot seine wunderbar ereignisreiche Englandreise noch. Joseph war knüppelvoll mit Erlebnissen, und er schuldete der Welt der Gesunden so viel, daß er sich wie ein Bankrotteur vorkam. Im Flugzeug sitzend, überschlugen sich seine Gedanken angesichts der blendenden Befunde seines Jungendaseins. Wieder und wieder wunderte er sich über die Demut des menschlichen Herzens. Es fiel ihm auf, wie schweigsam die Leute beim Anblick ihrer leidenden Mitmenschen werden. Nächstenliebe freilich schließt die Kluft und macht jedes Lächeln natürlicher. Darüber dachte er gerade nach, als sich ihm plötzlich eine Hand auf die Schulter legte. »Bist du nicht der Junge, den ich im Fernsehen gesehen habe?« erkundigte sich die hübsche Stewardeß. »Ich habe dich gestern gesehen und war ganz fasziniert von deinen Gedichten.« Joseph verneigte sich und lächelte. Da beugte sie sich zu ihm hinab und flüsterte ihm ins Ohr: »Es ist mir eine Ehre, dich an Bord zu haben. Was meinst du, was meine Eltern sagen werden, wenn ich ihnen erzähle, daß ich auf dem Flug nach Dublin Joseph Meehan an Bord hatte.«

Mittlerweile wurde das Lunch serviert, und Yvonne, die neben ihrem Bruder saß, erklärte, daß Joseph vor anderen Leuten nichts zu sich nehme. Kurz bevor sie auf dem Dubliner Flughafen landeten, kam die Stewardeß auf ihn zu – da hatte sie dem Jungen in einem Beutel doch tatsächlich ein wunderbares Mittagessen zurechtgemacht. »Iß, wenn du zu Hause bist«, sagte sie, »wir haben dir Rotwein und Weißwein eingepackt. Wir haben uns nämlich gedacht, du könntest deiner Schwester eine Flasche abgeben.«

Als Joseph am Abend seinen Weißwein trank, fühlte er sich überglücklich. Er versuchte herauszufinden, ob sich dieses große Glücksgefühl seiner Englandreise verdankte oder eher dem von British Airways spendierten Wein, von dem er schon übermäßig genossen hatte. Aber eine Entscheidung konnte er nicht mehr fällen; seine Eltern bemerkten sein schläfriges Aussehen und betteten ihn für ein Nickerchen in einen großen Lehnsessel.

Jeden Morgen weckte er sich wie im Traum selber auf; ans Bett genagelt, richtete er seine Tagträume auf die Fensterscheibe. Auf diese Weise regelrecht durchleuchtet, freute er sich diebisch über die Durchschaubarkeit seiner Masturbationsphasen. Er verstand, daß er nicht so funktionierte, wie sein Körper gebot, und fand sich mehr oder weniger bewußt damit ab. Ein Traum jedoch verwirrte seinen trüben Röntgenblick. Ihm träumte, er sei Fensterputzer und stehe auf einer klapprigen, silbernen Leiter. Er hielt sich im Gleichgewicht, indem er mit der einen Hand seinen Eimer und mit der anderen seinen karierten Fensterlappen umklammerte, während er die Knie gegen die Sprossen preßte. Den Lappen ließ er in weitausholenden, einschmeichelnden Bewegungen entgegen dem Uhrzeigersinn kreisen. Die Arbeit ging munter voran, er hantierte wie verrückt und putzte immer größere Kreise des schmutzigen Fensters. Wie er so die Scheibe reinigte, warf er einen Blick in das Schlafzimmer dahinter, und zu seiner Freude gewahrte er in dem eingelassenen Spiegel seines Frisiertisches sein Double. Die Türen der Allzweckschränke waren geschlossen, selbst die Schubladen waren zugeschoben, nur der Spiegel war so nackt wie das Glas vor ihm. Er fühlte sich unbeschwert, spitzte die Lippen und pfiff Nancy Sinatras *These Boots Were Made for Walkin'* – textgetreu stand er da in seinen Boots. Sein Blick ruhte auf seinem Spiegelbild. Er musterte sein frisches, freches Gesicht; er beobachtete die kreisförmig schwingende Bewegung des Lappens. Und plötzlich fiel sein Blick auf den in seinem Bett schlummernden Buben. Er bemerkte seine lang ausgestreckten Arme, die entspannten Hände; er atmete sichtbar, mit auf natürliche Weise geschlossenem Mund; sein Gesicht war dem Fenster zugewandt, sein Gesichtsausdruck friedvoll; wie ein Säugling lag er in tiefem, seligem Schlaf. In dem Wissen, daß er sich selbst betrachtete, stand Joseph wie angewurzelt auf der Leiter. Mit dem Putzen hielt er jählings inne; er vergaß sogar, sich mit der Linken an der Leiter festzuhalten; er war wie in Trance. Wie kommt es, daß ich mich selber sehen kann, fragte er sich erstaunt, wie kann denn Jugend an zwei Orten gleichzeitig sein?

Sechzehntes Kapitel

Ein Traum
hat sich zerschlagen

Die Schule tobte und tollte durchs fünfte Jahr, und Joseph und seine bunt zusammengewürfelte Clique von Freunden und Freundinnen genossen die eigene Ungebärdigkeit gründlich. Paul Browne wohnte gleich neben der Schule, und die freien Unterrichtsstunden brachten sie oft in seinem Haus zu. Dort tranken sie Tee, vergnügten sich mit Videospielen oder führten Jungengespräche. Sie hörten sich Popmusik an oder diskutierten die Hitparade. Dann bekamen sie plötzlich einen Schrecken, weil sie merkten, daß sie ihre Freistunde überschritten hatten, und indem sie Josephs Rollstuhl in die Mitte nahmen – einige schoben, andere zogen –, sausten sie zur Schule zurück, so daß sie ihre Haut gerade noch einmal retten konnten. Aber wie alles Gute im Leben verging auch das fünfte Jahr nur allzu schnell, und jetzt befanden sie sich alle in der Abschlußklasse von Mount Temple.

Doch auch das sechste Schuljahr hatte seinen Reiz. Schulleiter und Tutor stampften mit dem Fuß auf, wenn sie versuchten, den lärmenden Haufen vor sich zur Vernunft zu bringen. Sie drohten, es werde den Schülern schon noch leid tun, alles auf die lange Bank zu schieben, sich nicht zum Unterricht einzufinden und sich nicht systematisch auf die Abschlußprüfung vorzubereiten. Aber es fruchtete nichts – die Schüler hatten genug Zeit, und die Zeit arbeitete für sie. Schließlich hatten sie eine verlockende Klassenfahrt nach Kerry in Aussicht, und die Mädchen stellten sich auf eine tolle Zeit mit ihren Freunden ein.

Jedes Jahr im Oktober organisierte die Mount Temple School für die Schüler der sechsten Klasse eine Klassenfahrt nach Dún an Óir, einer irischsprachigen Gegend in der Grafschaft Kerry. Indem man die Schüler dazu anhielt, sich aus einem weiteren Blickwinkel mit den Wurzeln ihrer Kultur auseinanderzusetzen, folgte man einer langen Tradition.

Die Lehrer machten sich an die Aufgabe, die Reise fachlich vorzubereiten. Sie hielten Vorträge über die geographischen, geschichtlichen und kulturellen Aspekte der malerischen *Gaeltacht*. Sie zeigten Dias von meerumbrandeten Sandstränden, warfen herrliche regennasse Berglandschaften, auf denen das Sonnenlicht schimmerte, an die Wand und führten den Schülern die architektonischen Besonderheiten archäologischer Stätten vor, die bis auf die Zeit um 2000 v. Chr. zurückgingen. Als sie ihren ausführlichen Lichtbildervortrag mit Aufnahmen des clownsgesichtigen Lunds, des albatrosbeschwingten Tölpels, des eleganten Reihers und der gierigen Lumme krönten, hatten sie in den Herzen sämtlicher Schüler brennendes Interesse entfacht.

Als die Lehrer Joseph aufforderten, an der geplanten Klassenfahrt teilzunehmen, wäre ihm vor lauter Aufregung fast das Herz zersprungen. Er beschloß, die Entdeckungsreise auf keinen Fall zu versäumen. Auf die Entbehrungen der Reise war er ebenso gefaßt wie alle anderen auch, aber gespannter noch war er auf den Spaß, der, das fühlte er, in der Luft lag und die Riege von Mount Temple erwartete.

Wie üblich kümmerten sich die Lehrer in jeder Beziehung um ihre Schüler. Diese wurden in Gruppen von Mädchen und Jungen aufgeteilt. Jede Gruppe erhielt ein *bothán* oder Chalet zugewiesen, für deren Bewohner je einem Lehrer die Verantwortung übertragen wurde. Vor der Abreise aus Dublin wurden die Schüler zusammengetrommelt, um die letzten Reisevorbereitungen zu treffen und sie über die entsprechende Kleidung, die Unterbringung und die Nummer des *bothán* zu informieren, das jeder Gruppe angewiesen wurde. Mr. Medlycott machte ihnen mit unmißverständlichen Worten klar, daß jeder Schüler, die sich in Kerry daneben benähme, in den nächsten Zug nach Dublin gesetzt würde, und betonte, er persönlich werde am anderen Ende der Strecke auf sie warten. Bevor sie ihren Schülern gestattete, nach Hause zu gehen und sich gründlich auszuschlafen, schlug Miss Henderson, um sich Gehör zu verschaffen, in die Hände und sagte: »Bitte denkt daran, daß ihr nicht zu spät kommt – die Busse fahren pünktlich um neun Uhr ab. Die Fahrt dauert sehr lange, und wir wollen um sechs Uhr abends in Dún an Óir sein.«

Am Morgen der Abreise öffneten sich sämtliche Schleusen des Himmels. Mit Regenkleidung versehen, versammelten sich Lehrer und Schüler im Speisesaal von Mount Temple. Von dem Regen ließ niemand sich abschrecken – alles war angenehmer als Schule –, ihretwegen hätte es auch schneien können. Alle wollten sich amüsieren, und der Regen mochte den Schülern einen Dämpfer aufsetzen, mehr aber auch nicht.

Busladungen voller Jungen und Mädchen verließen Dublin und machten sich auf den Weg nach Dún an Óir (Goldenes Fort). Aus den Lautsprechern plärrte Musik. Die Reisebusse waren komfortabel, und wollte sich ein Fahrgast schlafen legen, so waren die Kopfstützen gerade richtig angebracht. Aber die jungen Schützlinge des Fahrers waren munter und fidel, und ihre Vorfreude hielt sie hellwach. An den Fenstern huschten Bäume vorbei, Gebäude wirkten wie Schemen, und gegen die Fensterscheiben trommelte ein wolkenbruchartiger Regen – aber der Bus spann seine Mitbringsel in einen Kokon aus Wärme und Musik ein.

»In Nenagh machen wir eine halbe Stunde Rast«, gab Clive Byrne, ihr Lehrer, bekannt. »Sorgt dafür, daß ihr alle pünktlich zurück seid«, sagte er. »Keine Verzögerung bitte!« Mampfend und in ihren Futtersäcken wühlend, trudelten die Schüler wieder ein, in den Händen hielten sie Tüten mit Pommes und Essig, Limonadendosen und diverse Schokoladenriegel. Wie Joseph sie beneidete! Jugendfrisch kickte er gegen seine Handschellen, sein Magen schrie nach Nahrung, und der Duft der Pommes frites machte ihn ganz verrückt.

Joseph starrte angestrengt durch die beschlagenen, regentriefenden Fensterscheiben und suchte den Abendhimmel nach lichten Flecken ab. Als sie nach Tralee kamen, freute er sich über die Fußgängerscharen: Es hatte aufgehört zu regnen. Er feuerte die Sonne an und blickte zum Conor Pass und nach Dingle hinüber. Als wolle er ihn nicht enttäuschen, klarte der Himmel immer weiter auf. Gemächlich fuhr der Bus nach Dingle weiter und fraß das Band der Straße in sich hinein. Schließlich schlängelte er sich um einen Gebirgsausläufer – und dann erblickte Joseph zum erstenmal die aus zusammengedrängten *bothán* bestehende Siedlung: Da lag sie feierlich und wie eingerahmt vor ihm, von intensivem Sonnenlicht wunderschön eingehüllt, im Hintergrund drei spitze Berge namens Die Drei Schwestern. Zur Linken erstreckte sich Smerwick Harbour, seine mutigen alten Schlachten waren nur von Sage; denn die Geschichte blockiert die Pfade mit Zauntritten, das Volk jedoch klettert hinüber und baut sich eine Straße.

Miss Henderson, die mit den Schülern scherzte und ihre Zuwendung freigebig verschenkte, winkte ihnen, sich zu einem Festbankett niederzulassen. Sie war schon vor den Bussen aufgebrochen, und zusammen mit Dorothy Siney, Aileen Craig, Donald Moxham und Albert Bradshaw hatte sie ein wunderbares warmes Essen für die mittlerweile hungrigen und müden Reisenden gekocht. Nie hatte eine Mahlzeit den dankbaren Schülern besser geschmeckt als diese. Doch man hatte noch weitere Überraschungen für sie auf Lager. Als Joseph in seinem *bothán* ankam, sah er ein Kaminfeuer flackern, der Kühlschrank war gefüllt, und die Duschen hatten heißes Wasser. Man hatte wirklich an alles gedacht, und sie konnten es sich bequem machen.

Die Schulstunden sorgten für Routine, aber niemand beklagte sich, denn jeder Tag war randvoll mit Aktivitäten und Vergnügungen. Jetzt konnten die von städtischen Wertvorstellungen geprägten Schüler abschalten, für die meisten von ihnen eine gänzlich neue Erfahrung. Alles betrachteten sie als Dubliner mit den Augen des Städters, und doch sahen sie bereits die Natur am Werk, wie sie edle Geheimnisse in ihr Bewußtsein senkte. Auch Joseph saß dabei und nahm ein völlig verändertes Kerry wahr. Er tröstete sich mit den schroffen Ruinen vorgeschichtlicher irischer Wohnstätten. Als er eines Abends dasaß und seine Blicke in der Runde schweifen ließ, entdeckte er einen lautlosen Regenbogen, der seine Kurve genau über der goldenen Festung neben Smerwick Harbour beschrieb und so eine Weile verharrte. Dann verblaßte er und verbarg sein Haupt hinter den Drei Schwestern.

Jeden Morgen versammelten sich die Schüler, um sich über die jeweilige Reiseroute unterrichten zu lassen. Am ersten Tag fuhren die vollgepackten Busse auf Entdeckungsfahrt in eine Gegend, in der sich Zeugnisse der Megalithkultur um 2000 v. Chr. erhalten hatten. Die Lehrer begleiteten ihre Schüler und machten sie auf die *gallán* oder Menhire aufmerksam, die Begräbnisstätten markierten besonders die von den prähistorischen Siedlern der Halbinsel Dingle bevorzugten keilförmigen Ganggräber. Joseph saß da und hörte Donald Moxham zu, der seine angehenden Geschichtswissenschaftler um sich geschart hatte. Er erfuhr, daß die den Aufsteigern der damaligen Gesellschaft vorbehaltenen Keilgräber an einem Ende breit waren, während sie am anderen schmal zuliefen. Die Leichen wurden gewöhnlich eingeäschert und die Asche auf den Erdboden gestreut. So konnten viele Tote in ein und derselben Grabkammer bestattet werden, und als habe man die Kammern zur Besichtigung durch künftige Generationen freigeben wollen, säumte und überdachte man sie mit Steinplatten. Wie eine Bettstatt wiegte das Grab seine Toten, und zu ihrem Schutze ruhte auf der Kammer ein mächtiger Hügel aus Erde oder Geröll.

Am folgenden Tag befanden sich die durch die denkmalreiche Geschichte Kerrys mäandernden Schüler an einer Schnittstelle der Zeitalter. Das Christentum hatte erst in der zweiten Hälfte des fünften Jahrhunderts Einzug in Irland gehalten, aber im Laufe der Jahre hatte sich die druidische Kunst entwickelt, auf knappstem Raum Mitteilungen zu machen. Meist ging es um Grabinschriften. Mit Hammer und Meißel gravierten die Heiden den Säulensteinen ihre Ogham-Schriftzeichen ein. Vor dem an seinen Rollstuhl gefesselten Jungen ragten hohe, unbehauene

Stelen auf. Da sah er, daß die Kunst der Druiden von den frühen Christen ganz eindeutig mit einem später eingemeißelten Kreuz verziert worden war.

Die Dubliner des Jet-Zeitalters fühlten sich zum Land ihrer Vorfahren hingezogen, und ihr Interesse nahm zu, als sie mit dem handwerklichen Geschick jener Bauern der Frühzeit konfrontiert wurden. Deren Wohnstätten waren ganz aus Stein erbaut, und da sie keinen Mörtel kannten, erfanden sie die Kragsteintechnik. Dabei ahmten sie die Form ihrer *currach* (Fischerboote aus mit Häuten überzogenem Weidengeflecht) nach und errichteten kreisförmige *clocháns* (Bienenkorbhütten) mit rechteckigen Innenräumen.

Insgesamt begleiteten zehn Lehrer die Schüler auf ihrer Studienwoche, und jeder von ihnen wandte große Energie auf, um den Schülern die Hintergründe der Sehenswürdigkeiten zu erläutern. Von der Disziplin der Klassenzimmer befreit, wurden die Pennäler in dieser unverfälschten Kerry-*Gaeltacht* aufgefordert oder ermuntert, sich ihrer irischen Muttersprache zu bedienen.

Joseph, der unentwegt auf Abenteuer aus war, überlief zuweilen ein Zittern, wenn er an die Schwierigkeiten dachte, die es verursachte, ihn überall mit hinzuschleppen, wohin er wollte. So machte er sich denn auch Sorgen, als sein Lehrer Clive Byrne sich erbot, ihn bis zum Gallarus Oratory zu tragen. Zu diesem Bethaus führte ein mit Zauntritten verstellter Fußpfad, und die Entfernung betrug mindestens dreißig Meter. Doch der Lehrer hob Joseph lächelnd hoch, nahm ihn auf die Arme und machte sich auf den Weg. Bei jeder Steige fühlte Joseph, wie der Mann, wenn er mit riesigem Kraftaufwand die Stufen erklomm, seinen Griff verstärkte. Als das letzte Hindernis hinter ihnen lag, waren Lehrer und Schüler bei der frühchristlichen Gebetszelle angelangt. Nach Atem ringend, blickte Clive den Jungen an und fragte: »Na, Joseph, was hältst du davon?« Er sah, wie sich über Josephs Gesicht, als er sich in dem schönen, trockenen Innenraum des tadellos erhaltenen Kragsteinbaus umtat, ein grübchenreiches Lächeln der Verwunderung ausbreitete. Die Zeit hatte den nach oben zusammenstrebenden Wänden des uralten Stein-Szenarios nichts anhaben können. Die frühen Christen Irlands waren eben kundige Architekten – die Kapelle war der Beweis, stand sie doch noch genauso da wie vor mehr als tausend Jahren.

In den Bergen und Buchten der herrlichen Grafschaft verschenkten die Tage unbeschwertes Glück. Aber auch die Nächte bereiteten den Schülern größtes Vergnügen. Nach dem Abendessen fuhren die Busse wieder vor, um die Jungen und Mädchen aus Dublin zum *ceilidh* in den nächsten Tanzsaal zu bringen. Joseph war in Sorge, daß niemand sich vorstellen könnte, daß auch er gerne tanzen würde, aber wie immer kamen ihm seine Freunde zuvor. Als er zu lebhafter Musik auf und ab tanzte und sich im Kreise drehte, wurde ihm in seinem wirbelnden Rollstuhl ganz schwindelig. Er fühlte sich ganz dazugehörig, und als sich die versammelten Schüler – *aon, dó, trói* – zu den Weisen *Die Mauern von Limerick, Der Schober Gerste* und *Rince na deilbhe* (Tanz des Standbilds) zum Formationstanz gruppierten, teilte er sich die Tanzfläche mit den Besten von ihnen. Jetzt forderte er Helen Sheil zum *Tanz des Standbilds* auf, aber er benötigte eine weitere Partnerin, die vor ihm tanzte. Sein Blick fiel auf Elspeth Henderson. Er verbeugte sich vor ihr, und so gesellte sie sich zu dem Paar. Sie kamen gut voran; jedesmal wenn die Musik jäh verstummte, zuckten die drei nicht einmal mit den Lidern. Es klappte wunderbar. Doch als nur noch fünf Tänzer auf dem Tanzboden übrig waren, brach die hinterhältige Musik schon wieder ab. Wenngleich Helen und Joseph es schafften, stocksteif stehen zu bleiben, verdarb Elspeth ihnen alles. Zwar hielt sie zunächst so still wie ein schlafender Flamingo, aber dann verlor sie das Gleichgewicht und fiel kopfüber um – mit betretenen Gesichtern wurden die drei des Tanzbodens verwiesen.

Mochten sie auch die ganze Nacht durchtanzen, am nächsten Morgen waren die Schüler aus Dublin wie gewöhnlich wieder auf den Beinen. Miss Craig machte sie auf sich dahinschlängelnde Flüsse aufmerksam, auf Karseen, auf Einstiche und Gravuren an den Berghängen, wo die Kartoffelernte wegen Braunfäule mißraten war und ganze Familien zugrunde gegangen waren, auf stumpfe Vorsprünge und Serpentinenseen. Vom Conor Paß aus, wo sie ihre Besichtigung fortsetzten, schauten sie in ein tief unter ihnen liegendes U-förmiges Tal. Es war still und wirkte einsam, und als Joseph hinabstarrte, versuchte er sich in dem alleinstehenden Haus, das tief drunten in der Einsamkeit des Echos eingebettet lag, Heiligabend vorzustellen.

Joseph war von der Erhabenheit der Bergstraße ganz verwirrt. Von dem durch den Felsen getriebenen, 450 Meter hohen Hohlweg aus blickte man auf der einen Seite eine senkrechte Felswand hinauf und auf der anderen Seite den furchterregend steilen Abfall zum Tal hinab. Es war ein Triumph der Straßenbaukunst, und Joseph wußte die erstaunliche Umgebung sehr wohl zu schätzen. Mr. Tavers beteiligte sich am Gespräch und lenkte Josephs Blick auf die Gletscherschrammen des Passes. Er zeigte ihm Exemplare der Saxifraga und des insektenfressenden Fettkrauts.

Als Joseph auf die großartige Bergstraße zurückblickte, fühlte er sich überglücklich. Man stelle sich nur vor, dachte er, ein Krüppel wie ich erlebt den Zauber dieser Landschaft.

Wieder waren die Schüler auf Achse, diesmal ging es nach Slea Head. Nach der Ankunft teilten die Lehrer Thermosflaschen mit heißer Brühe und Brötchen aus. Kauend und schluckend saßen die Jungen und Mädchen da und schauten aufs Meer hinaus. Der Anblick war atemberaubend; Joseph wußte gar nicht, wo er zuerst hinsehen sollte. Alles um ihn herum war von seltener Schönheit. Hinter ihm legte Mount Eagle einen Teppich zum Himmel aus; vor ihm senkte sich ein steiler Felsenteppich zum Meer hinab. Als er seinen Blick dem blauen Atlantik zuwandte, sah er die Blasket Islands, wie sie da hockten und ihre Zehen in den cremig glänzenden Schaum der Ozeanbrecher eintunkten. Über seinem Kopf kreischten zänkische Möwen und balgten sich fröhlich schwebend und kapriolenschlagend. Hin und wieder war ein Aufklatschen zu hören, wenn sich ein großer Tölpel mit der Nase der Concorde wie ein Kamikazeflieger ins Meer stürzte. Der Junge nahm einen Schluck Suppe zu sich, aber seine Augen waren damit beschäftigt, aus hundert Metern Höhe die Great Blasket abzusuchen.

Unter ihm schlürfte und schwappte der Ozean, doch die Blaskets schienen die beunruhigenden Wogen zu ignorieren. Sie erhoben sich selbst auf den Thron, stumm, stolz und scheinbar teilnahmslos. Great Blasket, die größte Insel der Gruppe, lag der Küste am nächsten, und ihre Felder und Ruinen waren deutlich zu sehen. Das felsgeschmückte, smaragdgrüne Eiland hatte sich einen Namen als Geburtsstätte dreier einheimischer Autoren gemacht, deren Werke als einzigartig galten. Sie hatten wie Homer mit einer Tradition der mündlichen Überlieferung gebrochen und das Leben der Insel erstmals schriftlich aufgezeichnet, und zwar in ihrer Muttersprache Irisch.

Zu den Autoren zählte auch eine Frau, ihr Buch stand auf dem Lehrplan. Joseph kannte es sehr gut, aber jetzt, wo er die Insel ihres Herzens und das Meer ihrer Alpträume erblickte, nahm es neue, frischere Bedeutung an. Peig Sayers erzählte die Geschichte ihres Lebens, und für ihn und seine Klassenkameraden, die dem Atomzeitalter angehörten, wo Science Fiction zur Wirklichkeit wird, hatte ihre Autobiographie etwas Schnurriges an sich gehabt. Jetzt hingegen beurteilte er ihre menschlichen Verdienste und bewunderte ihre Gelassenheit und Tapferkeit angesichts hohen Fiebers und des Todes ihres Mannes und ihrer Kinder. Als er die Abgeschiedenheit ihrer Heimat gewahrte, sympathisierte er mit ihrem Glauben an die Vorsehung, auch wenn die Zauberformeln des Schicksals in seinem Fall ihre Wirkung furchtbar zu verfehlen schienen.

Die Lehrer, die mit zusätzlicher Arbeit und Verantwortung fertig werden mußten, arbeiteten eng zusammen. Sie verließen sich darauf, daß ihnen die Schüler bereitwillig zur Hand gingen. Diese sprangen auch wirklich ein: Die Jungen schälten Kartoffeln, und die Mädchen bereiteten Obstsalat und andere Nachspeisen zu. Derweil konnten sich die Lehrer aufs Kochen konzentrieren. Bei den Mahlzeiten wurde geredet und gelacht. Wenn Donald Moxham bat, »den Riegel hochzuschieben«, öffneten die Häuser gastfreundlich ihre Pforten. Die Schüler folgten der Einladung des Lehrers und zogen traditionsgemäß »von Haus zu Haus«. Vor dem lodernden Kaminfeuer tranken sie Tee, erzählten sich Geschichten oder sangen Lieder – genau wie vor ihnen schon ihre Vorfahren. Joseph machte es Riesenspaß, die Bewohner der verschiedenen *bothán* zu besuchen. Da traf der Trommelschlag eines *bodhrán* seine Seele. Er sah, wie sich etwas ganz Neues einen Weg in die Herzen seiner Klassenkameraden trommelte – eine Freude, die düstere Stimmung mit der ersten Glut schüchternen Amethystblaus verjagte. Joseph beweinte seine Lage nie, aber als er mitansehen mußte, wie Jungen sich mit Mädchen paarten und wie die Mädchen mit einem strahlenden Nein ihr Ja versteckten und eigentlich ein kicherndes Vielleicht meinten, haftete der Luft die klamme Feuchtigkeit von Friedhöfen an.

Verlangen in einsame Entsagung umwandeln, das war immer die Lösung im Lebens eines Krüppels. Als er das bartlose Lächeln des *blauen Knaben* verschoß, war er in Gedanken bereits wieder in Dublin. Es war der letzte Abend in Dún an Óir, und Joseph Meehan richtete seine abgeblendeten Scheinwerfer auf die drei Schwestern, dann schwenkte er den Lichtstrahl herum, um den letzten Spaß in Kerry ins Blickfeld zu bekommen. Diesmal gaben die Lehrer den Jungen und Mädchen eine Party, und als die Fête ihren Fortgang nahm, fühlten sich Schüler und Lehrer eins. »Habt ihr Clive Byrne schon mal *An Puc ar Buile* singen hören?« tuschelte Paul Browne. Joseph schüttelte den Kopf und schlug Paul vor, seinen Lehrer zu bitten, vor versammelter Mannschaft eins zum besten zu geben. Paul paßte eine Gelegenheit ab, und dann sah Joseph seinen Freund auch schon mit dem Lehrer reden. Clive Byrne blickte auf Joseph hinab, der ihm seine einschmeichelnde Bitte zunickte. Paul kam zurück und flüsterte: »Ich glaub', er ist dabei, wart nur, bis er high ist!« In Hochform, baute sich Clive in seinem Aran Sweater vor den anwesenden Schülern auf und sang im traditionellen Gesangsstil des *sean-nós* die alte irische Ballade *An Puc ar Buile* (Der wütige Ziegenbock). Alles applaudierte, die Jungen pfiffen ohrenbetäubend durch die Zähne, und Joseph lachte sein jungenhaftes Lachen angesichts des grandiosen unbegleiteten Liedvortrags. Er war Clive sehr dankbar dafür, daß er so mutig gewesen war, seiner Aufforderung nachzukommen, denn er war sich sicher, wer ein solches Lied singen wollte, der mußte erst einmal einen heben und ein Pint Guinness bereitstehen haben, mit dem er sich hinterher wieder die Kehle anfeuchten konnte.

Nachtschwärze in Kerry läßt das Blut in den Adern gerinnen. Am letzten Abend in Dún an Óir wurde das dämonische Dunkel damit herausgefordert, daß Mr. Travers seine gruselige Gespenstergeschichte erzählte. Die Lichter waren alle ausgelöscht, nur eine einsame Kerze brannte. Die Stimme des Erzählers brachte seine hingebungsvolle Zuhörerschaft zum Schweigen. Er steigerte die Spannung und trieb seine Dämonen zur Eile an. Im entscheidenden Schreckensmoment mußte ausgerechnet die verdammte Kerze umfallen und den Zuhörern mit ihren empfindlichen Nerven wahre Todesängste einjagen. Erst kreischten alle wie verrückt, aber dann versuchten sie ihre Fassung wiederzugewinnen, denn genau in diesem Augenblick knipste plötzlich jemand das Licht an und gab den Blick auf die versteinerten Gesichter der Schüler frei. Alles brach in verlegenes Gelächter aus – denn wer glaubte schon an Gespenster?

Am nächsten Tag wurde der Junge von Stimmen geweckt, auf den Wegen draußen schlurften Schritte hin und her. Die Schüler standen in den Halbtüren und unterhielten sich mit ihren Nachbarn. Alle waren reisefertig – für die Rückfahrt in die Großstadt. Helen holte Joseph ab, und gemeinsam drehten sie eine letzte Runde, um sich von jedem *bothán*-Bewohner zu verabschieden.

Um die Mittagszeit brachen die silbernen Reisebusse von der

Feriensiedlung in Dún an Óir auf. Die Schüler, inzwischen mucksmäuschenstill, nahmen jeder für sich von der sonnenbeschienenen Umgebung Abschied. Die Fahrer lenkten ihre Busse umsichtig den schmalen Feldweg entlang und holperten über die enge Brücke, dann schalteten sie einen höheren Gang für die gerade Wegstrecke ein. Joseph hopste auf und nieder und versuchte, der Landschaft Zauber abzugewinnen. Er blickte sich nach seinem *bothán* um und sah hinaus aufs Meer, auf die weißmähnigen Pferdchen, die auf eine Felsnase zujagten. Er wollte sich unbedingt ein gerahmtes Bild erhalten und warf den Drei Schwestern einen letzten flüchtigen Blick zu. Unter Verneigungen sagte er ihnen Lebewohl; aber noch bevor sie aus seinem Blickfeld verschwunden waren, setzte er sein spitzbübisches Grinsen auf: Ich komme wieder, warnte er sie, ich komme wieder. Ihr drei durftet in Ruhe schlafen, während ich zusehen mußte, wie ein Traum sich zerschlagen hat. Als er seine Abschiedsgrüße hervorstieß, beschloß er, sein Vorhaben auch wirklich durchzuführen. Schlaf hüllte seine Mitschüler ein, und bald fühlte auch er sich schläfrig. Sein Körper war ermattet; unternehmungslustig, aber erschöpft. In seinem Kopf drängten sich neue Erfahrungen, und sein Körper, auch wenn er in seinem Fall nichts als eine Hülse war, zehrte all seine Kraft auf.

Als der Fahrer den Bus in der Stadt Nenagh anhielt, rekelten alle die müde zurückgelehnten Köpfe. »Ihr kennt die Regeln«, gab Clive Byrne durch, »in einer halben Stunde sind alle Mann wieder zurück.« Aber seine Schüler bedurften der Ermahnung nicht; sie freuten sich auf zu Hause, auch wenn ihr Gespräch merkwürdigerweise immer noch um Kerry kreiste.

Der Abend wich der Nacht und tauchte die Skyline der Stadt in umbrabraune Töne. Joseph saß da und blickte auf das geräuschvolle Dublin. Er kam sich durchtrieben vor, weil man ihm ansah, daß er Kerry vermißte, aber als er durch Inchicore fuhr, an der Oblatenkirche und hügelabwärts an Heuston Station vorbei, begann er seine Empfindungen zu bezweifeln. Der Fahrer steuerte seinen Bus behutsam in den in Richtung Norden fließenden Verkehrsstrom und überquerte den lieblichen, von Laternen beleuchteten Liffey. Ein völlig anderer Planet, dachte der Junge, immer ist es Tag und nie Nacht. Kein Ort für Gespenster, lächelte er, das ist das Terrain der Molly Malones. Er blickte aus dem Fenster und sah sich dabei selbst, aber jetzt drängten sich andere Gesichter in sein Spiegelglas. Er nannte sie bei Namen, aber eigentlich brauchte er das gar nicht, denn sie waren die Söhne und Töchter jener Frau aus dem Lied *Dublin's Fair City.* Sieh nur, verhöhnte er sich, sieh nur, nicht ein einziger Bauerntölpel unter ihnen. Er ärgerte sich, weil er sich selbst veralberte, aber innerlich fühlte er sich wie der Rest der Riege.

Abends versuchte Joseph wachzubleiben; er wollte sich auf seine Tage in Dingle besinnen. Er wollte seine pausbäckig hingemurmelten Befunde auskosten. Doch der Schlaf stupste seine Meilensteine auf die Irrwege des Unbewußten.

Siebzehntes Kapitel Eingekapselte Einsamkeit

Die Klassenfahrt nach Dingle war vorüber, und das Schulleben nahm seinen gewohnten Gang. An diesem Nachmittag hatten sie zuerst Irisch, und die Jungs brachten ihren Rugbyball mit ins Klassenzimmer. Sie warteten auf das Eintreffen ihres Lehrers, aber – wie Jungen so sind – es mußte natürlich zuerst die Begegnung zwischen Mount Temple und Columba's diskutiert werden. »Laßt uns mal ein paar Pässe rückwärts üben«, sagte Paul Browne. Gesagt, getan – die vier Mitglieder der Mannschaft nahmen Aufstellung. Gary Gilbert spielte den Ball Stephen Monahan zu, der gab ihn an Roger Stanley ab, und dieser wiederum an Paul. Jetzt beschleunigten sie das Tempo, die Klasse duckte sich und wich der ovalen Rakete aus, alle hatten großen Spaß. Als der Ball wieder und wieder an seiner Nase vorbeischwirrte, war Joseph in seinem Element – um ihn herum Gesichter, zupackende Hände, erregtes Schnaufen. Er fühlte sich ganz dazugehörig, er liebte es, mitten im Gewühl zu stecken, liebte die Bewegungen und die Teamarbeit. »Kommt, wir geben dem Ball einen Drall, dann sieht der Paß rückwärts spektakulärer aus«, schlug Gary vor. Die Jungen stellten sich auf, mit dem Dreh fuhr Garys ganzer Körper herum, aber der Ball flog wirbelnd an die Decke. Er traf genau die lange Neonröhre. Rums, und es regnete weißen Staub und scharfe Glasscherben und -splitter. Alles genau auf Joseph, aber ausnahmsweise gehorchte ihm sein Körper, und er schaffte es, sich zu ducken. Paul, Roger und Stephen krümmten sich vor Lachen, sie stützten die Hände auf die Knie und schüttelten sich vor Vergnügen, während der arme Gary starr vor Entsetzen dastand und mit offenem Mund die Eingeweide anstarrte, die da aus dem elektrischen Anschluß hervorquollen. Joseph brach in Gelächter aus, als aus seinem Haar glitzernde Splitter herausfielen. »Mein

Gott, Gary, was für eine Flanke!« rief Stephen lachend, und Gary, der sich unbedingt verteidigen wollte, sagte: »Meinst du denn, ich wollte das Scheißding so weit hoch jagen?« Die ganze Klasse hielt jetzt zusammen, und Mädchen und Jungen lasen gemeinsam das Glas auf. »Psst, da kommt Byrne«, flüsterte jemand, und bevor sie sich eine Ausrede ausdenken konnten, trat auch schon Mr. Byrne, ihr Irischlehrer, ein und blickte sich mit gerunzelter Stirn forschend um. »Was geht hier vor?« verlangte er zu wissen. »Es ist meine Schuld, Sir«, sagte Gary, »ich komme für den Schaden auf.« Der Lehrer blickte auf den ovalen Ball, der neben seinen Füßen auf dem Boden lag, schaute zu der übel mitgenommenen Decke hinauf, sah sich die angstvollen Gesichter der ganzen Klasse an und sagte, indem er seine strengste Miene aufsetzte: »Räumt den Dreck weg! Paul Browne, du bringst Joseph zur Toilette und entfernst das Glas von ihm und seinem Rollstuhl. Alle anderen gehen jetzt in den Speisesaal. Gary Gilbert, du kommst mit mir und kannst dem Direktor erklären, was vorgefallen ist. Vielleicht kommst du noch mal davon, vielleicht aber auch nicht. War es wirklich ein Unfall?« Gary sagte verzweifelt: »Aber natürlich, Sir, wir wollten doch nur einige Pässe üben, und der Ball ist einfach zu hoch geflogen.« »Also, los jetzt«, sagte der Lehrer, »mal sehen, was ich für dich tun kann.«

Am Tag der Begegnung wirkten die Schulfarben in den Händen der Fans wie Artilleriefeuer. Mit Mount Temples azurblauschwarz gestreiften Schals ließ sich, ob anfeuernd oder drohend, schön wedeln. Alle Schüler waren sich darin einig, daß sie ihrer Mannschaft zum Sieg verhelfen wollten, und strömten zu Hunderten dem Spielfeld in der Castle Avenue zu. Es war das Pennant-Finale gegen St. Columba's College. Joseph, der sich ziemliche Sorgen um seine Kumpel machte, saß da und sah zu, wie seine Meute dem favorisierten Gegner die Stirn bot. Es tat ihm weh mitanzusehen, wie der Gedrängehalbspieler von Columba's einen Strafstoß verwandelte. An der Auslinie sitzend, hörte er den rivalisierenden Fans zu, wie sie brüllten und schrien. Er fluchte und schimpfte leise vor sich hin, aber als Stephen aus 30 Metern Entfernung seinerseits einen Strafstoß verwandelte, wünschte er sich wieder – und wieder vergebens – eine Stimme. Die ganze Zeit wartete er auf einen Versuch von Mount Temple; das wunderbar kontrollierte Spiel von Columba's ließ ihn völlig kalt – er sah nur Nico, Mono, Greg, Gary oder Paul zu. Als sich Mr. Medlycott zu ihm gesellte, hörte er, wie dieser den Jungs so laut zubrüllte, wie er selbst es gern getan hätte. Columba's lag mit Abstand in Führung, aber jedesmal, wenn Mount Temple am Ball war, ging John Medlycott begeistert mit, und Joseph konnte sich ein Lächeln darüber, daß ein erwachsener Mann wegen einer Bande von Schuljungen beinahe den Verstand verlor, nicht verkneifen. Als der verkrüppelte Junge fast schon aufgegeben hatte, warf sich Roger Stanley doch tatsächlich über die Torlinie und erzielte einen Versuch für Mount Temple. Aber da hatte der Abpfiff jede Chance für eine Verwandlung schon zunichte gemacht. Sie waren von einer erfahreneren Mannschaft geschlagen worden. Clive Byrne, ihr Trainer, lobte laut seine Schulmannschaft, die bis zum letzten Augenblick gekämpft habe.

Die Jungs erholten sich von der Schlappe und trainierten weiter. In der Raucherecke hinter dem naturwissenschaftlichen Gebäude fanden lange Debatten statt. Joseph saß da und hörte sich ihre Pläne, Argumente und Strategien an. Es herrschte typisches Märzwetter, ein scharfer Ostwind blies, der an ihren Fingern nagte und an ihren Ohren knabberte. Joseph saß unter seinen Freunden, und als ihnen kalt wurde, sorgten sie sich um ihn. Indem sie einen Kreis um ihn bildeten, schützten sie seinen anfälligen Körper vor dem beißend-kalten Wind. Manchmal steckten sie seine vor Kälte tauben Hände in ihre Taschen und versuchten sie auf diese Weise wieder zu wärmen.

Jeden Donnerstag und jeden Mittwochnachmittag trainierten die Jungs. Joseph konnte nicht zuschauen. Er konnte ihre Fortschritte jedoch beurteilen, indem er sich anhörte, was sie über ihre jeweiligen wunden Punkte zu sagen hatten. Es kam eine weitere Begegnung auf sie zu, und er hörte, wie sie Pläne zur Überwindung offensichtlicher Schwächen in ihrer Spieltaktik schmiedeten. Paul sorgte sich um seine Stiefel und sagte, er werde sich neue Spikes kaufen müssen. »Ich hab' in der letzten Stunde frei«, sagte er, »ich geh' nach Hause und hol' mir Geld. Dann sause ich nach Fairview und besorge mir welche.« Mutig war Joseph als erster dabei. Er sah Paul an und gab ihm zu verstehen: »Kann ich mitkommen?« Paul grinste und sagte: »Hast du denn in der letzten Stunde frei?« Joseph schüttelte den Kopf und deutete an: »Kann ich trotzdem mitkommen?« »Von mir aus ja«, lachte Paul. Da mischte sich Stephen ein: »Kann ich auch mit?« »Ich auch«, rief Ben Simpson, und ob sie Unterricht hatten oder nicht, die Vier machten sich auf den Weg zu Paul. Pauls Mutter war ziemlich überrascht, die vier Musketiere zu erblicken, die nach Fairview wollten. Aber sie schauten nur über die Schultern und lachten über ihre anscheinende Besorgnis. Da mußte auch sie lachen und schloß kopfschüttelnd die Haustür.

Joseph war hocherfreut über die Treue seiner Freunde, und von Stephens kräftigen und hilfsbereiten Händen chauffiert, ließ er sich zum Sportgeschäft rollen. Die Jungen unterhielten sich kameradschaftlich und ärgerten die Mädchen, die ihnen auf ihrem Heimweg von der Schule begegneten, sie kauften sich Zigaretten, die sie sich anzündeten, und entfachten aufs neue in ihrem Passagier einen Funken Glücksgefühl. Der Wind fegte durch sie hindurch, aber Sorgen machten sie sich nur um ihren Kumpel im Rollstuhl. Stephen hatte eine Idee; er wickelte seinen roten Schal vom Hals los und schlang ihn körperwarm um Josephs kalten Nacken. Dann hielten die Vier, die nichts als Sweater und einen Schal trugen, wieder auf Merville Avenue zu. Während Paul im Sportladen die Spikes für seine Stiefel erstand, betrachteten Ben, Stephen und Joseph die funkelnden Fahrräder in der Auslage. Die gesunden Jungen erörterten das Für und Wider einzelner Modelle, aber als sie die Preisschildchen sahen, lachten sie gutmütig über die Vergeblichkeit ihrer Beurteilungskünste. Als der Einkauf getätigt war, bummelten sie langsam zurück. Plötzlich sah Paul auf die Uhr und sagte: »Um Gottes willen, wir kommen zu spät!« Er blickte Joseph an und sagte: »Menschenskinder, du bist noch hier, dabei ist deine Mutter oben in der Schule und sucht dich überall.« Joseph mußte bei dem Gedanken an Nora, wie sie auf der Suche nach ihrem Sohn umherirrte, lachen. Er wußte, sie würde es schon herausfinden, ohne einen Lehrer behelligen zu müssen. Sie kannte ihre Pappenheimer und wußte, wen sie fragen mußte. Aber die Jungen hatten Joseph mitgeschleppt, und nun machten sie sich Sorgen, weil er geschwänzt hatte. So faßte Paul den Rollstuhl bei den Griffen und sagte zu Stephen: »Ich lös' dich ab, und wir machen uns auf die Socken!« Joseph klapperte mit den Zähnen, als sein Rollstuhl über die Rinnsteine holperte. Gewärmt von Pauls Freundlichkeit und Stephens Körperwärme, keuchte er vor Glück. Wie sie dahinjagten, hatten sie keine Zeit, zu rauchen oder Mädchen nachzustellen; sie waren darauf erpicht, zur Schule zu gelangen, bevor Nora sich Sorgen machte. Aber sie kannten Nora nicht so gut wie er. Als sie in die Toreinfahrt von Mount Temple einbogen, trafen sie niemanden anders als Nora, die ihnen entgegengeschlendert kam. Als sie den Jungen mit dem Schal erblickte, begann sie zu lachen. Sie schätzte die Fürsorge, die die Jungen ihm gegenüber aufgebracht hatten, bescheiden dankte sie ihnen dafür, daß sie in Josephs Augen einen Schimmer geweckt hatten.

Frühere Freunde ihres Sohnes konnte Nora wohl abschätzen, aber woher hätte sie sich in den Ränken auskennen sollen, die seine jetzigen Schulfreunde schmiedeten? Sobald sich die Erwachsenen verzogen hatten, verloren selbst schüchterne Jungen alle Hemmungen. Nach dem Unterricht trafen sich seine Kutschfahrer und taten sich zu Fahrten auf seinem Rollstuhl zusammen. Wie in *Ben Hur* standen sie da und stützten sich mit den Füßen auf den niedrigen Stangen am hinteren Ende des Stuhls. Indem sie mit den Griffen steuerten, brausten sie den abschüssigen Schulhof hinunter. Joseph saß angeschnallt in seinem Phaeton, während sein freudig erregter Reiter rief: »Zum Angriff!« oder »Geh in die Hocke, Joseph, wir kämpfen!« oder »Daß uns die verdammten Gesunden bloß aus der Quere gehen!« Der Spaß sprach sich herum, und die Zahl der Passagiere nahm zu. Als der Rollstuhl fünf Kumpel auf einmal befördern sollte, war der Platz bis zum letzten Zentimeter ausgeschöpft. Die fünf Spezis plazierten sich, so gut sie konnten. Nicht einen Fußbreit ließen sie ungenutzt, überall fanden sie Halt – Joseph saß im Passagiersitz, an jeder Seite hing einer von den Kerls, einer betätigte sich als Fahrer, und der fünfte im Bunde setzte sich Joseph auf den Schoß. Das vollgeladene Gefährt setzte sich nur mühsam in Bewegung, aber schließlich gewann es an Fahrt. Als der Schulleiter um die Ecke bog, platzte er mitten in diese Szene hinein, und seine Schimpfkanonade war so heftig, daß der Rollstuhl von da an nur noch selten mehr als drei Passagiere auf Vergnügungsfahrt mitnahm.

Die Dreistigkeit der Jungen schenkte Josephs Gliedern einen Hauch von Normalität. Die Frechheit der Mädchen erfüllte diese Normalität mit glücklichem Lachen. Und indem die Mount Temple School seiner Gefühllosigkeit mit Verständnis begegnete, webte sie seinem einsamen Arazzoteppich ein zartes Muster ein. Das Leben des Joseph Meehan richtete verheerenden Schaden an, doch die Brüderlichkeit seiner Freunde verschaffte ihm Trost.

Eines Tages verpaßte Stephen seinem Kumpel mit dem Schulranzen einen Schlag auf den Schädel und flüsterte ihm zu: »Morgen bring' ich das Ding mit!« Er hatte Joseph von der tollen Illustrierten erzählt, die er zu Hause liegen hatte. Er wollte nicht sagen, was drin stand, aber mit seinem geheimnisvollen Getue hatte er die Erwartungen seines Freundes so sehr geweckt, daß der sich kaum noch gedulden konnte, bis er sie zu Gesicht bekam. Am folgenden Tag setzte sich Stephen bewußt neben Joseph und sagte: »Siehste, ich hab' dran gedacht.« Verstohlen zog er das Heft aus seinem Ranzen und lehnte es gegen den Rücken seines Vordermanns. Joseph, der vor Begeisterung ganz aufgeregt war, erblickte ein Farbphoto: das vollkommenste Musterexemplar eines Mannes, das er je gesehen hatte. Er brach in Gelächter aus. Er konnte sich gar nicht mehr beruhigen, als er daran dachte, daß ausgerechnet er sich hier diesen durchtrainierten Zuchthengst von einem Mann besehen durfte. Das war so als ob ein Stichling einen Wal begutachtete. Stephen war von der Reaktion seines Kumpels ganz verwirrt und verlegen, aber er ließ sich nicht entmutigen, sondern blätterte weiterhin die Seiten für ihn um. Joseph sah eingeölte Männer mit Muskelpaketen. Die Modelle standen in Pose, ließen ihre Bizeps spielen und Muskeln an Körperstellen hervorschnellen, wo er bezweifelte, ob er überhaupt welche besaß. Joseph konnte nicht erklären, weshalb er das Ganze so komisch fand, aber Stephen ahnte, daß seine Illustrierte Josephs Erwartungen nicht ganz entsprach. Er machte das Beste aus der Situation, indem er sagte: »Na schön, sie macht dir also keinen Eindruck.« Aber dann warnte er ihn: »Dann zeige ich sie halt deiner Mutter, wenn ich sie heute sehe.«

So spaßig und so normal verlief das Schulleben in Mount Temple. Stephens Illustrierte war ja nur die Schrulle eines einzigen Tages – der folgende brachte wieder etwas anderes. Joseph saß im Biologieunterricht, und Mr. Shackleton zeichnete ein Schaubild des Fortpflanzungsgeschehens an die Tafel. Er saß neben Greg in der hintersten Reihe, auf der anderen Seite saßen Rosemary und Dawn. Rosemary spielte mit dem Ring an ihrem Finger, als Greg sich diesen plötzlich grapschte. Er sah ihn prüfend an und versuchte, ihn an einen seiner wulstigen Finger zu stecken. Als sich herausstellte, daß keiner seiner Finger schlank genug war, ergriff er Josephs Hand und schob ihm den Ring über den Mittelfinger. Zunächst fühlte sich der Ring ja prima an, aber wegen seiner krampfhaft geballten Faust fing sein Finger auf beiden Seiten des Rings zu schwellen an. Joseph zeigte ihn Rosemary, und sie versuchte ihm den Ring wieder abzuziehen. Der Finger wurde immer röter und dicker. Auch Dawn versuchte ihr Bestes, aber der Ring gab nicht nach. Greg sagte:

»Laßt mich mal versuchen«, aber es hatte keinen Zweck. Rosemary wimmerte: »Gib mir meinen Ring zurück, Joseph Meehan, der hat für mich großen Gefühlswert.« Joseph versuchte ihr den Mund zu stopfen. Inzwischen blickte Mr. Shackleton reichlich verdutzt drein, aber er schaltete sich nicht ein. Das Trio begab sich zum Waschbecken und schmierte Josephs Finger mit Seife ein. Der Ring wich nicht vom Fleck, und Joseph stellte sich schon vor, daß sein Finger abgesägt werden müßte. Nach heftigsten Anstrengungen vermochte Greg den Ring schließlich über Josephs Fingerknöchel zu streifen, und es trat Ruhe ein. »Hört ihr jetzt bitte wieder zu!« sagte Mr. Shackleton. Er schien bemerkt zu haben, was vor sich ging, hatte aber beschlossen, mit dem Unterricht fortzufahren. So war er eben – wenn sich etwas von selbst regelte, machte er keine Umstände.

Von Mr. Keogh entworfener feuerroter Farn schmückte die sandfarbenen Wände des Zeichensaals. Entlang den Wänden erstreckten sich aufgebockte Tische. Auf hohen Hockern sitzend, zeichneten und malten die Schüler unter freundlicher Anleitung ihres Lehrers. Joseph starrte ihn wie gebannt an und beobachtete, wie er seine jungen Schützlinge einwies. In dieser Stunde schlürfte der verkrüppelte Junge Normalität und wurde zum stummen Still-Lebenskünstler. Er saß da und malte riesige Gemälde. Mit kühnen Pinselstrichen, mit Perlen und Girlanden erweckte er seine Vorstellungen zum Leben. Ein passendes Sujet zu finden stellte für ihn kein Problem dar. Wenn er einsame Wüstenszenen schuf, verzweifelte er zwar schon wieder; aber indem er die Wüste mit kegelförmigen Pyramiden und schwerbeladenen höckrigen Kamelen, von buntgewandeten Arabern sorgsam an der Leine geführt, ausfüllte und so seine ungestillten Bedürfnisse mit einem nomadischen Dasein verknüpfte, bekräftigte er die schöpferische Natur des menschlichen Bewußtseins. Ermattet von der geistigen Anstrengung, die es kostete, seinem verwirrten Zustand abzuhelfen, sah er sich die Triumphe seiner Klassenkameraden an. Den Wunsch, sie noch zu übertrumpfen, verdrängte er, indem er sich einredete, daß die Gesellschaft sich nicht im geringsten am Versagen eines Jungen störte, sondern von seiner kindlichen Anstrengung, schäbigen Fehlschlag niederzuringen, sogar entzückt war. Aus all den Farnkräutern sog er Kraft und beraubte seine schweigende Wüste ihrer Salbung. Getröstet von der ohne Umschweife gewährten Rückenstärkung durch die Schuljungen, behielt Joseph seine Enttäuschungen für sich. Aber es wurde ihm auch liebevollere Unterstützung zuteil. Hatte ihm schon seine Schwester Yvonne ihre Freundschaft geschenkt, so fand er jetzt Aufnahme in einem Kreis ruppiger Mädchen aller Altersgruppen. Diese vertrieben das Image der Töle, das ihm anhaftete, und knurrten Freude in sein Dasein, obwohl sie ihn nicht als Mann akzeptierten. Trotz seiner Jugend hatte er seine herausfordernde, opferreiche Zukunft längst zuschnappen lassen und zog, ein behinderter Bauerntölpel auf seinem Holzweg, als zölibatärer Pilger sitzend durchs Leben. Was ihn immer wieder freute, war der Gedanke an den Besuch des brotbrechenden Priesters. Dessen Väterlichkeit ließ sich ermessen, gerade so, als senke er Heilkraft in seine eingekapselte Einsamkeit. In der Gegenwart Gottes heilten verjagte Träume noch stets. In seinem christlichen Verlangen nach der heiligen Messe stärkte Joseph sich und seine Seele jedesmal, wenn er die heilige Kommunion empfing, mit Brot. Sein Onkel, der im Dienst an seinen Mitmenschen bewanderte Priester, reichte ihm auch weiterhin jeden Sonntagnachmittag den Leib Christi. Von Gnade erfüllt, verschmolzen seine gebrabbelten Gedichte Bitten um die verletzten Gefühle der Vergangenheit. Aus der Ferne rufende Fastenzeiten atmeten jetzt selige, distelköpfige Überlebsel der Erleichterung.

Achtzehntes Kapitel   Gedankenreichtum der Hochschullehrer

In Mount Temple begann der Countdown für das letzte Jahr. Joseph freute sich jetzt auf die Zukunft. Wenn er im Bett lag, fiel sein Auge so manches Mal auf ein Poster an der Wand, auf dem ein neuer Tag abgebildet war, geboren im Glanz einer neuen Sonne. Ein schwarzer Vogel mit spitzem Schnabel flog durch ihre Laserstrahlen. Der 139. Psalm faßte die Bedeutung des Posters in Worte: »*Nähme ich Flügel der Morgenröte und bliebe am äußersten Meer, so würde auch dort deine Hand mich führen und deine Rechte mich halten*«. Schließlich traf Joseph eine Entscheidung, und während er sie traf, beschloß er zugleich, mit dem Schulleiter zu sprechen.

»Mr. John Medlycott, würden Sie bitte, was meinen Wunsch angeht, am Trinity College zu studieren, als Vermittler agieren?« schrieb Joseph auf seiner Schreibmaschine. Es war der letzte Monat in Mount Temple, und ob er auch verdammt war, er wollte sich und seine Chancen an der Universität auf die Probe stellen. Er fühlte sich wohl im geregelten Leben der Oberschule und beabsichtigte nun, auf die Hochschule überzuwechseln. Werde ich es denn schaffen, sinnierte Joseph, an seiner Nabelschnur hängend. Kann ich mich aus meiner Hörigkeit befreien? Bestimmt werde ich auf der Strecke bleiben und stumme Schreie um Hilfe und Verständnis ausstoßen. Vielleicht wird mich die Gelehrsamkeit der Professoren unter ihren Talaren einschüchtern. Wie können Krüppel wie ich bloß so bekloppt sein, ihre Behinderung auch noch zur Schau zu stellen? Was werde ich anstellen, wenn sich die Studenten über mich lustig machen? Verbiesterter Pantoffelheld, der ich bin, werde ich nicht wie ein Muttersöhnchen wirken, wenn stinknormale Wirbelwinde durch meine handschellengefesselte Normalität jagen? Muß ich mich denn wirklich an die Öffentlichkeit wagen, obwohl ich stumm bin wie die Weite des Himmels? Kann meine Familie die Herausforderung annehmen? Kann ein Krüppel dem Herzen seiner Familienangehörigen den letzten Blutstropfen aussaugen? Sie versuchen ja freundlich zu sein, aber du kennst ihr Kreuz, du kennst das Opfer, das sie bringen. Was soll werden, wenn du nach einem Monat oder nach einem Jahr durchfällst? Aber vielleicht scheust du den Sieg für den Fall einer Niederlage – vermarkte deine Schwächlichkeit und überleg dir die Folgen.

Er malte sich eine seiner vielen blödzungigen Szenen aus und stellte sich darauf ein, daß Trinity College ihn ablehnen würde. Neben der Tür im Zeichensaal sitzend, kämpfte er mit Gegenwart und Zukunft. Im Geist malte er mit Wachsmalstiften, seine Farben liefen Amok. Verdammt noch mal, warum denn für den Himmel Lila verwenden, schimpfte er, warum nicht Orange oder Goldgelb? Er versuchte den goldenen Stift zu fassen, aber der rutschte ihm aus der Hand. Er krümmte die Finger um den nächsten Wachsstift, doch als er die Farbe sah, warf er ihn fort, versuchte ihn sozusagen in den stummen Abgrund knarrender Träume zu schleudern. Weshalb kriege ich den gelben Stift nicht zu packen, überlegte er, ich kann die friedlich untergehende Sonne doch nicht rot oder steckrübenblau oder schwarzverbrannt malen? Steile, flotte Luftsprünge lösten andere Farben aus, aber daß es ihm nicht gelang, den goldgelben Stift zu ergreifen, entlockte der Seele des geknickten Jungen bekümmerte Seufzer. Doch jetzt packte er den Wachsstift und malte den lahmen Horizont golden, entflammte ihn mit Strähnen schwungvollen Steckrübenblaus, leuchtend-roten Klecksern und sturmbewegten Schwarztönen. In seiner Landschaft brummten die Fleischfliegen der Wüste umher, schleckten fröhlich-grausam an seinem Placebo; er scheuchte sie jedoch hastig fort, damit sie nicht sein Selbstvertrauen durchlöcherten.

Joseph saß schweigend da und betrachtete das Resultat seiner Bemühungen. Ab und zu schielte er zur Tür. Dennoch war er völlig überrascht, als die Türklinke gedrückt wurde, sein Körper zuckte zusammen, sein Kopf schnellte nach hinten, und er musterte rasch das Gesicht des Direktors. Mr. Medlycotts Schritte waren fest und bestimmt. Seinem Gesichtsausdruck war nichts zu entnehmen. Er ging auf Mr. Keogh zu und fragte: »Kann ich kurz mit Joseph Meehan sprechen? Ich nehme ihn mit hinaus auf den Gang.« Mit ernster Miene drehte er sich um, ergriff Josephs Rollstuhl und rollte ihn leise auf den grün angestrichenen Korridor hinaus. Dann trat er vor seinen sitzenden Schüler und sagte: »Das Trinity College hat gerade angerufen. Man hat deine Bewerbung befürwortet. Professor Dr. Terence Brown sagt, man freue sich, dich als Student begrüßen zu dürfen.« Joseph floß über vor Freude, als er in die tanzenden Pupillen des edelmütigen Mannes blickte, und er verbeugte sich dankbar. Seine begeisterten, quicklebendigen Träume sollten sich also erfüllen. Der weitblickende Direktor lächelte sein liebes Lächeln.

Als seine Mutter zum Mittagessen kam, begrüßte Joseph sie mit stolzgeschwellter Brust. Er teilte ihr seine Neuigkeiten mit und fragte sie, ob sie sich denn auch wirklich für ihn freue. Nora Meehan umarmte ihren Sohn und sagte: »Mann o Mann, da hast du dir aber viel vorgenommen.« Joseph lachte nervös. Seine Mutter fiel in sein Lachen ein und lächelte breit. Sie schenkte ihm aus der Thermosflasche Tee ein und beruhigte ihn. Indem sie seine Arme festhielt, flößte sie ihm den heißen, starken, süßen Tee ein. Dann setzte sie sich hin und sagte: »Na, dann leg mal los. Ich möchte alles ganz genau wissen.« Seine Trauer fiel von ihm ab, und er erzählte Nora von der Nachricht des Trinity College. Als er ihre Aufmerksamkeit ganz auf sich gelenkt hatte, deutete er an, daß Mr. Medlycott sie zu sprechen wünsche. »Wann kommt er denn vom Mittagessen zurück?« Kurz nach zwei Uhr, gab er ihr zu verstehen. Dann nahm sie die Thermosflasche und ihren Sohn, nickte ihm zu und rollte ihn in die stark bevölkerte Pausenhalle hinaus zur Toilette und danach zum Büro des Direktors.

Um die Pläne ihres Sohnes fürchtend, plauderte sie mit John Medlycott. Seine Mitteilung, daß zwei Dozenten der Universität Joseph zu Hause aufsuchen wollten, verringerte ihre Sorgen. »Denk daran, sie zu bitten, daß man auf dein langsames Tippen besondere Rücksicht nimmt«, regte der Lehrer unumwunden an. »Du weißt, Joseph, daß du jede Woche einen Aufsatz einreichen mußt, und darüber hinaus pro Trimester ein umfangreiches Referat.« Joseph, der eigentlich keine Angst kannte, sondern nur seiner Behinderung wegen außer sich war, schenkte ihnen, anstelle schlimmster Befürchtungen, ein fröhliches Lächeln. Nora Meehan mußte kichern, als sie daran dachte, daß ihr schneckenlahmer Sohn jede Woche einen Aufsatz verfassen sollte. »Etwas sagen und etwas tun sind zweierlei Paar Schuhe, Joseph. Aber das hast du dir alles selbst zuzuschreiben, jetzt liegt alles an dir«, lachte Nora.

Hymnisch gestimmt, tönte Joseph gewandt seine geistige Treibhauspflanze, ihre Pflege erforderte zuviel Vertrauen in andere Menschen. Er erkannte, daß seine lyrischen Ergüsse ständiger Betreuung bedurften, und war sich sicher, er konnte sich darauf verlassen, daß das Trinity College ihm die Augen öffnete. Er sehnte sich danach zu hören, wie Hochschullehrer große Literatur beurteilten. In seinem Kopf hüpften verwegene Zusicherungen und erhöhten sein Selbstwertgefühl.

Joseph brannte darauf, die Neuigkeiten mit seinen Freunden zu teilen, aber Mr. Medlycott entließ ihn vorzeitig aus dem Unterricht. Jetzt muß ich bis morgen warten, dachte er, na ja, vielleicht besuchen mich heute abend Paul oder Peter. Was werden die wohl dazu sagen, dachte er aufgeregt, und was noch wichtiger ist, was werden die Leute im College sagen, wenn sie einen Tolpatsch wie mich in ihren heiligen Hallen sehen? Du mußt ganz schön verrückt sein, daß du dich unter solche akademischen Leuchten mischen willst, schimpfte er mit sich, du Narr willst aus deiner liebgewonnenen Isolation ausbrechen. Lächerlich, »der Erfahrung wegen« dahinzugehen. Du wirst schon noch die Nase davon vollkriegen – die Hölle kennt keine schlimmere Strafe für Spastiker als Verachtung, und du hast es dir selbst eingebrockt, du hast es ja so gewollt, bietest dich freiwillig als Menschenopfer dar. Andererseits, warum denn nicht, warum es nicht wenigstens versuchen? Du bist immer so vorschnell, wenn du die Motive von Leuten beurteilst. Was hast du denn in Mount Temple vorgefunden – auf jeden Lumpen kam ein Dutzend anständiger Kerle, von denen gab's mindestens zwanzig, also verurteile die Leute nicht, bevor du's überhaupt ausprobiert hast. Nimm's einfach, wie's kommt. Deine Freunde werden dich schon unterstützen – vielleicht helfen dir Paul, Peter, Stephen, Greg oder die treue Helen dabei, das Eis zu brechen, nur keine Panik, gib dich nicht von vornherein geschlagen, sei kein Frosch, reg dich nur nicht auf – es wird dich schon keiner auffressen, dann schon eher umgekehrt. O Gott, wo ich gerade daran denke, was soll ich nur tun, wenn ich aus Versehen jemanden an den Hosenboden grapsche? Die werden sagen, der ist ja schwul – das werden sie sagen – Scheißschwuchtel, der faßt einem an die Eier. Natürlich nur im Spaß, aber wenn sie mich und meine Dreschflegel nicht richtig kennen lernen, werden sie's nie herausfinden, dann werden sie... ach, Scheiße, halt's Maul, hör endlich auf damit, du verwirrst mich noch ganz, verflucht noch mal, wart's doch ab...

War das die Uhr, die da geschlagen hat, überlegte der Junge, als er die Einfahrt zur vornehmen Mount Temple School hinauffuhr. Jetzt ging seine Entdeckungsreise zu Ende. Der letzte Schultag hatte begonnen. Mutig blickte er über das schöne, turmverzierte Gebäude hin, blickte zu der unbestechlich wachenden Uhr auf und gedachte der Einsamkeit seiner glücklichen Tage hier, als er Bandenkrieg und lautes Lachen überstanden hatte und ihm sein mit Schönheit vollgestopftes Leben Spaß gemacht hatte.

Von seinen Freunden in der Klassengemeinschaft stets für voll genommen, hatte er Dinge erlebt, die er nie verraten würde, hatte Dinge gesehen, die er nie schildern würde, hatte sich ein Leben eingefangen, das ihm bis zum Grab ausreichen würde, und das alles nur, weil eine Schule seine Neider zum Teufel gewünscht und Joseph Meehan in ihrer Mitte willkommen geheißen hatte.

Wie eine brummende Viehbremse mischte sich Joseph Meehan ausgehungert unter Schüler und Lehrer. Das Gartenfest der Mount Temple School war in vollem Gange. Plötzlich versprengte das Wetter die Snobs aus seiner Klasse, die sich regelrecht in Schale geworfen hatten – vor dem gar nicht zur Jahreszeit passenden Sturzregen flohen sie ins Gebäude. Der behinderte Junge hielt seinen Kummer zurück und meisterte die Lage, fand er doch, daß aus kühnen Jungen kühne Männer werden. Im großen Kreislauf der Natur würden sich Kumpel, die sich jetzt noch Schüler schimpften, bald schon zu richtigen Männern gesellen. Seine Kumpel jedoch waren hier, um sich zu vergnügen, und so versteckte er seine Gefühle und genoß die Gesellschaft seiner Freunde.

Eine rote Limousine passierte das Tor, sie fuhr sehr langsam. »Wetten, daß sie es sind?« vermutete Matthew. Joseph stieß einen Seufzer aus und sah, wie die beiden Männer die Auffahrt heraufgelaufen kamen. Das sind sie, hechelte er fröhlich. Was werden die sich nur denken, dachte er, aber da öffnete Nora schon die Haustür und sagte: »Herzlich willkommen!« Joseph faßte Selbstvertrauen und sah die beiden hohen Professoren an. Er lächelte erleichtert, als Brendan Kennelly ihm einen Klaps auf die Schulter gab und sagte: »Na, wie geht's, Joseph, erinnerst du dich noch, wir haben uns in Listowel kennengelernt.« Der andere Mann folgte seinem Beispiel und schüttelte dem Jungen wärmstens die Hand. Unendliche Sorgen bäumten sich auf und galoppierten davon. Das Gespräch schlenderte durch grüne Wiesen. Der Schulunterricht hat sich nie so angehört, dachte Joseph, als er aufmerksam den Gedankengängen, dem Gedankenreichtum der Hochschullehrer folgte. Stell dir nur vor, jeden Tag so jemandem zuhören zu können! Wenn sie mir schon in einem einfachen Gespräch so imponieren, mein Gott, wie muß das dann erst klingen, wenn sie ausgearbeitete Vorlesungen halten? Der Junge suchte ihren Blick zu fesseln und richtete seine Augen jäh auf ein beschriebenes Blatt Papier. Es handelte sich um einen getippten Brief, in dem er den beiden Männern darlegte, wie er sich seine Rolle als Student vorstellte. Er unterstrich die enorme Herausforderung und die Hindernisse, die seinen Weg durch die Universität erschweren würden. Die Professoren, die ihm das Gefühl der Sicherheit geben wollten, versuchten seine Gedanken zu bremsen, indem sie betonten, daß seine kühne Kreativität einer ganzen Menge Disziplin bedürfe, die er unter ihrer Anleitung im College erlernen werde.

Als die Männer befanden, daß die Zeit zum Aufbruch gekommen sei, stieß Joseph einen herrlichen Seufzer der Erleichterung aus, denn am selben Abend fand an seiner Schule das Abschiedsessen statt. Seine wahnsinnigen Sorgen verschmachteten fröhlich, und ein Gefühl aufrichtigen Zutrauens setzte sich durch. Er verabschiedete sich von Dr. Brown und Dr. Kennelly und machte sich unmittelbar danach auf den Weg zu Jux und Tollerei in Howth.

Während die Jungen die Tanzfläche des Royal Howth Hotel belebten und gelenkige Debütantinnen ihnen die Hand auf die Schulter legten, beschnitten Zäsuren der Einsamkeit Josephs Lebenskraft. Er sehnte sich danach, von Kühnheit gebettet zu werden, statt dessen mußte er sich mit tauber Freundschaft zufriedengeben. Inmitten der Schüler sitzend, staunte er über Falschheit und Gesundheit. Segenspendende Mädchen sorgten dafür, daß er sich beim Tanzen, beim Trinken und bei dem langweiligen Bankett nicht ausgeschlossen fühlte. Weil er sich nicht am Tanz beteiligen konnte, war er wie geschaffen für die Rolle, die er spielte: jedermanns Vertrauter, aber niemandes Narr. Als vom Erfolg verwöhnter jugendlicher Dichter zögerte er nicht, seinen Wein zu wärmen, seine Kuppeln mit Kost zu besiedeln, die das Rad der Fortuna ihm zuschleuderte. Indem er diesen Zutaten vertraute, gackerte er prächtige Fairneß aus den Tiefen seiner gehetzten Seele hervor.

Kein Tanz, bei dem sich nicht Tänzer aufs Parkett begaben, aber nicht jeder von ihnen war zum Tänzer geschaffen. Während Joseph auf dem Tanzboden herumwirbelte wie ein Karussell auf der Kirmes, erlahmten die anderen Burschen schon nach wenigen atemlosen Tänzen. Ihm war schon ganz schwindelig, aber unbeirrt schwirrte er im Kreis herum, blitzende Lichter schossen vorbei, Schulfreunde drehten sich mit höchster Geschwindigkeit – und vom einfältigen Joseph hieß es, er amüsiere sich glänzend. Er amüsierte sich in der Tat, denn anders, als seine Freunde dachten, sah er die Aufforderung der Mädchen zum Tanz als ihre letzte Gelegenheit, ihm zu zeigen, daß er ihnen nicht gleichgültig war. Die Aufmerksamkeit, die Jungen und Mädchen gemeinsam ihm schenkten, wühlte den verkrüppelten Jungen auf. Er bewunderte ihre unterschiedlichen Annäherungsversuche sehr, und als er bei ihnen saß und ihnen dabei zusah, wie sie das Abschiedsessen der Schule in sich hineinfutterten, kaute er innerlich an den Brosamen des Freimuts. Da war das Trinken schon eine ganz andere Sache. Er schluckte Bier, Wodka, Martini und Dubonnet, bis das Leben paradiesisch wurde und die Hölle akzeptabel. Seine Schulfreunde fanden es strapaziös und konnten sich kaum auf den Beinen halten, aber Joseph kannte derlei Probleme nicht. Er saß bequem da, ein breites Grinsen stand ihm im Gesicht, das ihm gar nicht mehr vergehen wollte. Er dachte: Ruhm kommt, wenn jemand nicht mehr aufhören kann zu lächeln.

Als Joseph Meehan, noch immer lächelnd, sich auf den Heimweg begab, filterte das Morgengrauen bereits von Osten her die Silhouette der Stadt. Sein Vater fuhr vorsichtig, aber sein Sohn verdrehte die Augen zum Himmel. Warum kann er nicht mal einen Zahn zulegen, dachte Joseph. Der Krüppel, der verzweifelt von der Freiheit gekostet hatte, wollte seinen schwarzen Mantel abwerfen und seine Behinderung loswerden, sein wertloses steifes Gestell, das eben noch den Schottischen getanzt hatte.

Nora lachte, sie kicherte und zauderte. Als sie das gemeine

Grinsen ihres behinderten Sohnes zu deuten versuchte, entrang sich ihrem Herzen ein leises Gelächter. Sie machte es ihrem Sohn im Bett bequem und sagte: »Möge Gott ihm morgen beistehen – nimm den Telephonhörer von der Gabel – mindestens eine Woche lang wird er keinen Lärm vertragen können.« Auch Matthew lachte, und Joseph fragte sich, worüber wohl.

Neunzehntes Kapitel · Sein menschenwüstes Land

Als Joseph Meehan aufs Trinity College ging, verflogen schon bald seine verschrobenen Ansichten über Grünschnäbel, die Zeit brauchten, um sich in ihren Schreibkünsten zu üben. Der Junge spitzte die Ohren vor den vornehmen Größen der Literatur. Er sah sich herausgefordert von den Brontës, von Dickens, Conrad und Sterne, und bei Dramatikern wie O'Casey, Beckett und Synge geriet sein begieriger Geist in weitschweifiges Grübeln. Er mußte sich in Schweigen hüllen, er schnaufte nur. Um so konzentrierter lauschte er dem Vortrag der Dozenten. Schüchtern saß er unter den klugen, lautstarken Studenten und staunte über *ihre* Verlegenheit und ihre jugendlichen Hemmungen. Sie besaßen eine großartige Gesinnung, aber in den Tutorien sagten sie oft keinen Piep, so daß Joseph frustriert auf- und niederhopste, weil sie es vorzogen, ins Heer der Stummen einzutreten.

Joseph, der undisziplinierte und unbeholfene junge Schriftsteller, gewöhnte sich an seine neue Rolle als Student, der wöchentlich einen literaturkritischen Aufsatz abfassen mußte, überwältigte seine Behinderung und erhöhte seine unerträglich langsame Schreibgeschwindigkeit. Er steckte voller Ideen, die er säuberlich wegschloß, bis der Abgabetermin herannahte. Erst wenn ihm die Pistole auf die Brust gesetzt wurde, machte er sich an die Niederschrift. Während jedoch sein Geist versuchte, kühne Gedanken hervorzubringen, befielen seinen Körper Krämpfe verschiedenster Art. Diese Spasmen bestimmten seine Schreibgeschwindigkeit; je näher der Abgabetermin rückte, desto wütender wurden die Anfälle, die ihn blockierten. Nora versuchte, ihren Sohn dazu zu ermutigen, seine Arbeiten über mehrere Tage hinweg zu tippen. Auch wenn er wußte, wie gut sie es mit ihm meinte, konnte er sie nicht davon überzeugen, wie schwierig es für ihn war, den richtigen Augenblick für seinen Arbeitsbeginn zu wählen. Der Junge schürfte nach Ideen und dachte lange nach. Wollte er sein Werk begutachten, war er ganz allein auf sich gestellt. Ihm stand die bedeutende Sekundärliteratur nicht zur Verfügung, die Universitätsbibliothek hatte er noch nie von innen gesehen. Daher untersuchte er die auf dem Lehrplan stehenden klassischen Gedichte von D. H. Lawrence oder G. M. Hopkins erst im Geiste und sammelte unter Zeitdruck seine schöpferischen Gedanken, nur um sogleich die verfluchten Krämpfe zu schmähen, die heimtückisch damit begannen, seinen Körper in den Würgegriff zu nehmen. Wenn Mitternacht nahte und der Abgabetag anbrach, kramte sein verkrüppelter Körper seine tödlichsten Fallschlingen hervor; in einem Schub von Katatonie zersplitterten seine hingemeckerten Gedanken, wenn sein Kopf wie im Halseisen steckend über seiner Maschine hing, und er konnte die Arbeit nicht vollenden, obwohl er kurz vor dem Schlußsatz stand. Die Familie wurde ungeduldig, da niemand begreifen wollte, weshalb er so nervös wurde, wo er doch fast fertig war. Dann rollte seine Mutter ihn wieder in die Küche, während seine Schwester und Kommilitonin Yvonne versuchte, seinem Elend abzuhelfen, indem sie ihm eine Tasse Kaffee aufbrühte. Doch die Entspannung hielt nicht lange vor. Sobald er die Schwelle zu seinem Arbeitszimmer überschritten hatte, überfiel ihn wieder seine Körperstarre. Niemand vermochte ihm beizustehen, niemand lernte den Wortlaut seines Schlußsatzes kennen. Keiner konnte ihm zu Hilfe eilen außer Gott, und der lag schon in tiefstem Schlummer. Wenn sich das Morgengrauen zu den Fenstern hereinstahl, schlichen sich die Meehans die Treppe hinauf ins Bett – ihr Sohn hatte die Nuß schließlich doch noch geknackt, hatte seinen Körper bezwungen und seinen Aufsatz abgeschlossen. Jetzt konnte auch er am Trinity College einen Aufsatz einreichen.

Zwischen dem College mit dem frohen Namen der Trinität und dem in Sack und Asche gekleideten Joseph Meehan klaffte eine biblisch tiefe Kluft. Die äußeren Anzeichen täuschten über Josephs Geisteskräfte hinweg und erstickten seine Initiative; jedesmal, wenn er sich in der Nähe eines anderen Menschen befand, fuchtelte er albern mit sämtlichen Gliedern. Seine Angehörigen taten ihr Möglichstes, um ihn davor zu behüten, sich und andere in Verlegenheit zu bringen. Wer immer seinen Rollstuhl an anderen Leuten vorbeischob, steuerte nur mit einer Hand, während die andere Josephs Arm mit eisernem Griff umklammert hielt. Manchmal freilich mußten sie miterleben, daß ihre besten Anstrengungen nichts fruchteten, weil sein anderer Arm in die Höhe schnellte und irgend jemandem, der just in diesem Moment vorbeikommen mußte, einen gewaltigen Hieb versetzte. Das für den Rollstuhl verantwortliche Familienmitglied entschuldigte sich dann immer überschwenglich und fügte bisweilen zur Erklärung hinzu: »Es tut ihm leid, aber er kann seine Hände nicht kontrollieren.« Meistens akzeptierten die Leute diese halbe Entschuldigung.

»Ich treffe mich mit euch in der Philosophischen Fakultät, ich komme durch den Tunnel«, sagte Yvonne, bevor sie davonstürzte, um ihren Bus nach Belfield noch zu erwischen. Sie mußte Vorlesungen an ihrer Universität besuchen, aber zum Mittagessen wollte sie sich mit Nora und Joseph treffen. – Mutter und Sohn trödelten nicht lange, sondern eilten aus Dr. Browns Zimmer, nahmen den Aufzug und sputeten sich, um Yvonne abzupassen. Die wartete allerdings schon auf sie und war, wie sie sagte, nahe am Verhungern. Die beiden Frauen zogen los und unterhielten sich kameradschaftlich über Yvonnes Vorlesung. Nora schob den Rollstuhl. Joseph hörte ihnen zu und schaute sich zugleich auf dem Innenhof um. Er betrachtete den Glockenturm und die Kapelle. Plötzlich stellte sich sein Rollstuhl auf die Hinterbeine, und Joseph blickte zum herbstfarbenen Himmel empor. Nora wußte nämlich, daß ihr Sohn mit den Zähnen klapperte, wenn sein Rollstuhl über das Kopfsteinpflaster des Platzes holperte. Wenn sie den Rollstuhl nur auf zwei Rädern entlangrollte, hatte er es bequemer. Sie passierten das Haupttor der Universität und überquerten die Straße in Richtung Westmoreland Street. Da stand ein Mann und las die Zeitung – Stichproben der Neuigkeiten vom Tage. Er stand breitbeinig da, in die Renegatensprache der Nachrichten vertieft. Als das Dreiergespann sich näherte, mußte Yvonne einen Bogen um den Mann machen. Mit der freien Hand hielt Nora Josephs Arm fest, doch Josephs unbewachte Hand fuhr dem Mann blitzschnell zwischen die Beine, wo er alles kitzelte, was ihm zwischen die Finger kam. Der arme Mann kriegte den Schreck seines Lebens und wandte sich prompt gegen seinen harmlosen Angreifer. Sie brachten ihre üblichen Entschuldigungen vor, aber der Mann war viel zu entsetzt, um darauf einzugehen. Gescheiterweise machten sich die Drei aus dem Staube, sie mußten grinsen und konnten sich ihr boshaftes Gelächter gerade noch verbeißen. »Für sein armes Herz war das bestimmt ein Härtetest«, kicherte Nora. Yvonne indes setzte ihre strengste Miene auf, beugte sich zu ihrem Bruder herab und blickte ihm in die Augen: »Versprich, daß du heute nicht mehr fummeln wirst.« Joseph brach in Gelächter aus, und sein Gelächter verschaffte ihm Trost und Erleichterung. Da er am Mittagessen seiner Mutter und Schwester nicht teilhaben konnte, nahm er ungerührt seinen Mut zusammen. Das Glück kauerte nahebei – ihre Späße mit einem Lächeln begleitend, schlürfte er langsam eine Tasse wunderbar sahnigen Kaffees, bevor er zu den Nachmittagsvorlesungen in den Jonathan-Swift-Ḥörsaal der Universität zurückkehrte.

Die an der Universität vorherrschende prahlerische Unverfrorenheit ärgerte Joseph, sie mißbilligte seinen törichten Gesichtsausdruck, seine lauten, ungenierten Rülpser und seine aufrichtigen aber nur hingemurmelten Gedanken. Als er dasaß und sein allererstes Referat tippte, erfaßte ihn Furcht. Kann ich wirklich sagen, was ich denke, fragte er sich, oder muß ich ihnen vorsetzen, was sie meinem Eindruck nach hören wollen? Er war dabei, seine Gedanken zu »Kürze bei Beckett« niederzuschreiben, doch was er sagte, wirkte völlig überzogen – ein Kastrierter las in Becketts dramatischen Bewußtseinsappell hinein, was er selber gerne hören wollte. Sein Dozent für Dramatik indes zeigte sich der Lage gewachsen, er spürte, Joseph hatte seinen Eimer nicht umsonst in Becketts Brunnen hinabgesenkt. Doch hinter dem bedeutungsschweren Beckett schlummerte ordentliche Gelehrsamkeit, und der Professor ahnte, daß sein behinderter Student Zeit brauchte, um unantastbare Größe zu verarbeiten und zu verdauen. Er rettete die Situation, indem er mit Joseph scheinbar gemeinsame Sache machte. Diesem kam ein Scherz zu Hilfe, als der Hochschullehrer nämlich sagte: »Ich bin froh, daß ich meine Vorlesung gehalten habe, bevor mir dein Referat zu Ohren kam.« Für sein Referat erteilte er dem verkrüppelten Jungen mit der Bemerkung »Ein vor Geist sprühender, scharfsinniger Aufsatz!« die Note »Sehr gut«, und Joseph beugte sich der Meinung des Fachmanns.

In seinen stillen literaturwissenschaftlichen Seminaren streifte Dr. Terence Brown behutsam durch Josephs kreatives Gewissen. Er half ihm, die Bedeutung frei umherschweifender Literaturkritik zu verstehen. Indem er den Gedankenreichtum herrlicher Poesie kritisch analysierte, half er dem zungenschweren Jungen auf die Sprünge. Die von Dr. Brown angeregten Ausfahrten führten Joseph in Gefilde, ausgelegt mit goldenen Gedanken. Der behinderte Junge tippte seine Befunde mehr schlecht als recht, doch das Vertrauen seines Professors in seinen aufgeschlossenen Geist ließ nicht nach. Einfühlsam las er zwischen den spärlichen Zeilen und vermochte Josephs schweißgetränkter Sprache genügend Sinn abzugewinnen.

Wenn Matthew aus vollem Halse Lieder sang, änderte er stets den Text ab, um ihn dem jeweiligen Anlaß anzupassen. An diesem Morgen war das Musical *South Pacific* an der Reihe; verschämt sang er: »Nimm mich bei der Hand, ich bin eine fremde Hure im Paradies.« Joseph saß schlaftrunken mit geschlossenen Augen oben im Badezimmer auf dem Klo. Es war sechs Uhr morgens. Matthew mußte sich mit der kleinen Waschgelegenheit im Erdgeschoß begnügen. Die ganze Familie war bereits auf den Beinen, denn um neun Uhr hatte Joseph im Trinity College eine Vorlesung über Drama. Matthew mußte mit dem Bus zur Arbeit und dazu noch umsteigen, und Yvonne hatte zwar vor elf Uhr keine Vorlesung, war aber schon aufgestanden, weil sie ihren verkrüppelten Bruder zu seiner Sicherheit im Autositz festhalten mußte, während Nora am Steuer saß. Yvonne, ihres süßen Schlafs beraubt, rief aus: »Joseph, Menschenskinder, mach endlich hin. Es ist schlimm genug, daß man in aller Herrgottsfrühe auf sein muß – und dann hockst du da drinnen, und unten singt Caruso – ein armes Weibsbild ist tot besser dran.« Sie hämmerte gegen die Tür: »Wovon handelt Kennellys Vorlesung heute überhaupt?« »Vom *Schatten eines Rebellen*«, rief Nora. »Ach«, sagte Yvonne, »über O'Casey würde ich ihn gern sprechen hören – vielleicht bleib' ich zu seiner Vorlesung noch da.« Joseph versuchte zu antworten, aber es war schon spät; er hörte, wie sie die Treppe zur Küche hinunterpolterte.

Wenn Joseph die Gänge der Universität entlang rollte, begleiteten ihn die Geister früherer Krüppel. Ja, er wußte sich wahrhaft glücklich zu schätzen, daß man ihm gestattete, seinen Verstand in einer ehrwürdigen akademischen Institution zu schulen. Von seiner Familie mit Zobelfell gewärmt, hatte er bislang sämtliche Vorlesungen und Tutorien besuchen können. Seine Eltern und seine Schwester wechselten sich darin ab, ihm die Bücher auf seiner Literaturliste vorzulesen; auf sein Geheiß unterstrichen sie wichtige Passagen und notierten sich die Seiten, die seine kritische Aufmerksamkeit beanspruchten. Seinen Dank hinhauchend, sah er den hohen Preis, den jedes Familienmitglied entrichten mußte, und fragte sich, ob ein Krüppel das Recht habe, sich mit eiserner Faust an die Rockschöße seiner Familie zu klammern. Trotz ihrer Beteuerungen sorgte und wunderte er sich.

Durch Joseph Meehans Gemüt brausten jetzt regelrechte Wirbelstürme, vertrieben die aufgestauten Schmerzen seiner Kindheit und wehten Frühlingshauch in sein menschenwüstes Land.

Da er nicht überspannt wirken wollte, ließ er in seinem betäubten Herzen hickoryharte Freude knospen. Ärger versetzte ihn in gedrückte Stimmung, doch wenn das College versuchte, seine schleichende Angst um zerschundene Gesellen wie ihn zu bemänteln, setzte sich kecke Tapferkeit zur Wehr. Ein geschickter Hieb hier und da paßte Josephs gekrümmtem Leib wunderbare Gewißheit an. Niemand ließ ihn fühlen, daß er anders war; er hielt sogar Ausschau nach jenen ablehnenden Blikken, mit denen ihm die Leute früher begegnet waren – aber alle Achtung, weder bei Dozenten noch bei Studenten fand er, wonach er suchte.

Drohnen zehren von der Arbeit der nektarschweren Arbeitsbienen, die, angezogen von den Blumenkronen, Gefahren in den Wind schlagen, um einen Staat zu bilden. Joseph tat desgleichen; er benutzte alle und jeden für seine eigenen Ziele. Dank der unerbittlich strengen Lebensführung seiner Familie hatte er es bis zur Universität gebracht. Wenn er im Hörsaal saß, fütterte und blähte er sich mit Wissen. Er pries Marlowes *Tamburlaine;* meisterte Shakespeares herrliche Sonette; saß da und kämpfte mit dem blinden Dichter John Milton gegen Satan; nahm unter der verderblichen Führung des wilden Heathcliff von Cathy Besitz; malte ein anmutiges Gemälde von Mr. B. und der stoischen Pamela, die stundenlang, Ewigkeiten lang wünschte und rätselte; ließ sich sexuell befreien von Lawrence und Forster. Er suchte nach Anzeichen von Leichtgläubigkeit in den Beobachtungen, die er während seiner einsamen Lektüre anstellte. Über liliensüßes Wissen jubelnd, runzelte er die Stirn angesichts der Größe von James Joyce. Da er ihm ruhmsüchtig nacheifern wollte, strebte er von seinem Tiefstpunkt aus danach, sein einziges Talent für eine salzige Bastardsprache, eine Art Brailleschrift, einzusetzen, so daß die Leute, die ihn lasen, der instinktiven Auffassung der Menschheit entsagten, sprach-lose Krüppel müßten für immer als Untergebene des labernden Establishments umherkriechen.

Auf dem großen, rotgetupften Gemälde Gottes wetteiferte,

froschgrün-rotzige Tränen vergießend, taubes Säuglingsalter mit Konservengelächter. Kleinkind Joseph Meehan klammerte sich an menschliche Augen-Blicke und summte ansonsten die Hymnen der Hölle. Er war am Trinity College, spielte hirngetriebene Hymnen und teilte den mit Verstand begabten, normalen Menschen mächtige Körperschläge aus.

Als ihm ausgezeichnete Intelligenz bescheinigt wurde, wußte Joseph, daß den Prioritäten der Universität Genüge geschehen war, und als er aufgefordert wurde, einen Kurs zu belegen, mußte er lange nachdenken. Verwegenes, unverschämtes Ja wurde zum verschämten Vielleicht. Schwierige Fragen beschäftigten ihn: Du weißt, du überstehst es, warum also das Zaudern; hab Mumm, sei ein Mann; sieh der Welt ins Auge; du kennst doch die Professoren inzwischen; du kennst die Studenten in deinen Tutorien; du weißt, du warst auf dem besten Wege, zu ihnen durchzudringen; aber sie haben dich alle so mitleidig angesehen; du Spinner, sie haben dir ihre Herzen geöffnet; in der Gruppe könntest du echte Freunde finden; besinne dich auf Mount Temple – du kennst die ersten Zeichen der Beachtung; form sie deinen Bedürfnissen entsprechend; nur zu, du schaffst das schon; aber denk doch nur an die vielen Stunden, als du versucht hast, die Scheißaufsätze zu Ende zu schreiben, und du bist ein Starr-Kopf und kannst dich nicht einen Zentimeter vorbeugen, um dein Leben zu retten; aber hast du's denn nicht geschafft; hast du deinen Aufsatz nicht am nächsten Tag auf den Tisch werfen können; vielleicht nicht ganz so umfangreich, aber immerhin, da lag er, das war wichtig – du hattest deinen Leib überlistet. Aber wie lange müßtest du studieren? Na ja, du könntest dir jedes Jahr ein Fach vornehmen, dann wären das also etwa acht Jahre – acht Jahre – ach du meine Güte, dann wärst du reif für die Klapsmühle, acht Jahre, Meehan – Meehan, du bist verrückt, völlig verrückt, auch nur daran zu denken, du bist ohne den geringsten Zweifel durchgedreht – aber... kein Aber. Vergiß es. Sei einfach vernünftig – das heißt, wenn du überhaupt einen Funken Vernunft hast.

Kannst du den Zustellbezirk fürs Trinity College herausfinden, nickte Joseph Meehan. Er war dabei, seinen Brief an Dr. Nicholas Grene zu adressieren – einen Brief, in dem er sich dafür entschuldigte, daß er die Gelegenheit, einen Kurs in Englisch und Philosophie zu belegen, nicht wahrnahm. Nora sah im Telephonbuch nach und teilte ihm mit, das College befinde sich in Dublin 2. Joseph bückte sich so lange, bis er den Brief fertig adressiert hatte, doch dann überkamen ihn Bedenken. Da er noch eine Vorlesung besuchen mußte, bewahrte er in seiner Brust jungenhafte Gefühle, denn schließlich hatte er beschlossen, nicht weiterzustudieren. Aber immer noch hegte er Hoffnung.

Donnerstag war sein letzter Tag am Trinity College. Er saß bei der Tür und lauschte Dr. Brendan Kennellys Vorlesung über aristotelische Kritik. Er sah, wie entspannt die Studenten waren, und nahm die Vorlesung leicht. Er hörte einfach Kennellys Mixtur aus Tatsachen, lustigen Nebenbemerkungen und allgemeiner Schocktherapie zu. Er pflegte seine Zuhörer damit zu überraschen, daß er urplötzlich eine Frage an sie abfeuerte, oder sie gegen sich aufzubringen, indem er ihre angeberischen Posen herabsetzte. Heute war keine Ausnahme. Und doch war es anders, denn heute konnte niemals morgen sein, für Joseph Meehan war der heutige Tag endgültig der letzte.

Als er sich auf den Weg zum Fahrstuhl machte, empfand Joseph ein Gefühl der Enttäuschung, aber auch der Erleichterung. Seine grimmige Zukunft bedachte er mit starren Blicken. Er fühlte sich anders. Warum ist es nur so schwierig und doch so wunderbar, dachte er. Mir wird das alles so sehr fehlen, aber noch eher würde es mir leid tun, wenn ich ja sagen würde. Als er aufblickte, sah er Dr. Brendan Kennelly. »Joseph, komm in mein Zimmer, ich will dir etwas geben«, sagte der Hochschullehrer mit dem grübchenübersäten Gesicht. Nora schob Josephs Rollstuhl und unterhielt sich mit dem Professor. Als sie in seinem Zimmer angelangt waren, hob der edelmütige Mann ein Buch auf. Er schlug den schwarzen Deckel auf und schrieb:

»Für Joseph – Viel Glück – Brendan.« »Eine kleine Kostprobe meiner Gedichte«, sagte er, »mal sehen, was du davon hältst.« Joseph lächelte und verbeugte sich, verbeugte sich und lächelte, und mit einer weitausholenden Bewegung seines Arms streckte er die Rechte aus, um mit dem Botschafter der Universität einen letzten Händedruck zu wechseln.

Als Joseph im Vestibül ankam, sah er Matthew und Yvonne. Sie hatten es eingerichtet, Nora und ihn, den ehemaligen Studenten, abzuholen. Der Trauertag sollte nicht in Trübsinn enden – so waren die Meehans nun mal. »Wir gehen zu Bewley's«, fiel Yvonne ein, »und ich spendiere dir einen Kaffee und ein großes, matschiges Sahnetörtchen.« Sie wußte, er konnte weder ein matschiges noch überhaupt irgendein Törtchen essen, aber Ablenkung war ihre List.

Er stählte sich und blickte seine Angehörigen an – was für ein Haufen, sang es in ihm stumm, wie rücksichtsvoll, wie liebevoll. Yvonne, die sich vorstellen konnte, wie einsam und allein der empfindungslose Joseph sich vorkommen mußte, ergriff seinen Rollstuhl und brach auf. Sie schob ihren Bruder durch den Tunnel zur Nassau Street hinaus. Aber die redliche Yvonne konnte nicht verstehen, warum er den Kopf hängen ließ, als er dachte:

> *Er trottete nach Westen,*
> *Er krabbelte nach Osten,*
> *Er streckte sich nach Norden,*
> *Er wirkte verloren und schlug sich durch nach Süden,*
> *Versehrtheit sein trauriges Los.*

Georg Seidel
In seiner Freizeit las der Angeklagte Märchen

Prosa

Herausgegeben von Elisabeth Seidel und Irina Liebmann, mit einem Nachwort von Irina Liebmann.

Gebunden

Georgs Seidels Texte reagieren mit befreiend bösem Witz auf den Irrwitz der Verhältnisse in der ehemaligen DDR, unter denen sie entstanden, bleiben aber immer souverän gegenüber dieser unmöglichen Wirklichkeit, die die Menschen klein und mutlos gemacht hat.

»Georg Seidel ist der DDR auf den Grund gegangen wie sonst nur noch Reiner Kunze in seinen *Wunderbaren Jahren* ... Eine meisterliche Prosa.« *Die Welt*

Kiepenheuer & Witsch

C.G. Jung – Taschenbuchausgabe

Herausgegeben von Lorenz Jung

C.G. Jung
Taschenbuchausgabe
in elf Bänden
Herausgegeben von
Lorenz Jung auf der
Grundlage der Ausgabe
»Gesammelte Werke«
dtv 59016

Auch einzeln
erhältlich:

Die Beziehungen
zwischen dem Ich
und dem Unbewußten
dtv 15061

Antwort auf Hiob
dtv 15062

Typologie
dtv 15063

Traum und
Traumdeutung
dtv 15064

Synchronizität,
Akausalität
und Okkultismus
dtv 15065

Archetypen
dtv 15066

Wirklichkeit
der Seele
dtv 15067

Psychologie
und Religion
dtv 15068

Psychologie
der Übertragung
dtv 15069

Seelenprobleme
der Gegenwart
dtv 15070

Wandlungen und
Symbole der Libido
dtv 15071

Außerdem im dtv:

Wörterbuch
Jungscher Psychologie
Von Andrew Samuels,
Bani Shorter
und Fred Plaut
dtv 15088

Helmut Barz/Verena
Kast/Franz Nager:
Heilung und Wandlung
C.G. Jung
und die Medizin
dtv 15089

Erich Fromm
Gesamtausgabe
in zehn Bänden

Herausgegeben
von Rainer Funk

Insgesamt 4924 Seiten
im Großformat
14,5 x 22,2 cm
dtv 59003

Das Werk
von Erich Fromm
im Taschenbuch für DM 198,– bei dtv

Erstmals liegt das Werk Erich Fromms in einer sorgfältig edierten und kommentierten Taschenbuchausgabe vor. Die wissenschaftlich zuverlässige Edition enthält die zwanzig Werke Fromms und über achtzig Aufsätze. Die durchdachte und einleuchtende thematische Zusammenstellung gibt dem Leser Gelegenheit, Fromms geistiges Umfeld, seine Auseinandersetzungen und alle Facetten seines Menschenbildes und seines Wirkens kennenzulernen. Das erschöpfende Sach- und Namensregister und die Anmerkungen des Herausgebers bieten wichtige Interpretations- und Verständnishilfen und einen wissenschaftlich einwandfreien Apparat.

»Vielleicht zählt er für künftige Interpreten dereinst zu den Wortführern jener dritten Kraft, die – wie die großen Humanisten am Ende der Glaubenskriege – durch ihre mutigen Ideen dazu beitragen können, daß wir insgesamt toleranter und hilfsbereiter, bedürfnisloser und friedfertiger werden.«

Ivo Frenzel

»Fromms Gesamtwerk mit der unentwegten Bemühung um die Entfaltung der produktiven Lebenskräfte des Menschen weist einen sicheren Weg in eine sinnvolle, humane Zukunft.«

Professor Alfons Auer

Erich Fromm
im dtv

Haben oder Sein
Die seelischen Grundlagen einer
neuen Gesellschaft
dtv 1490

Erich-Fromm-Lesebuch

Herausgegeben und eingeleitet
von Rainer Funk
dtv 10912

Psychoanalyse und Ethik
Bausteine zu einer
humanistischen Charakterologie

Wie sich die gültigen Normen und
Werte zur Natur der menschlichen
Psyche verhalten. dtv 15003

Psychoanalyse und Religion

Erich Fromm formuliert seine
Ansichten zur Religion, die er nicht
im Widerspruch zur Psychoanalyse
sieht. dtv 15006

Über den Ungehorsam

Um die Menschheit besorgt plä-
diert Fromm für den notwendigen
Ungehorsam gegenüber falschen
Autoritäten. dtv 15011

Sigmund Freuds Psychoanalyse –
Größe und Grenzen

Eine kritische Auseinandersetzung
Erich Fromms mit seinem Lehrer
Sigmund Freud. dtv 15017

Über die Liebe zum Leben

Rundfunksendungen von Erich
Fromm – grundlegende Gedanken
zu gesellschaftlichen und psychi-
schen Problemen. dtv 15018

Die Revolution der Hoffnung

Ein Plädoyer für eine Renaissance
des Humanismus, in der die Technik
im Dienst der Menschheit steht.
dtv 15035

Die Seele des Menschen

Die Fähigkeit des Menschen zu
zerstören, Narzißmus und inze-
stuöse Fixierung. dtv 35005

Das Christusdogma
und andere Essays

Eine der wichtigsten religions-
kritischen Schriften Erich Fromms
und sieben weitere Aufsätze zu
Psychologie, Religion und Kultur.
dtv 35007

Die Furcht vor der Freiheit

Über die Bedeutung der Freiheit für
den modernen Menschen. dtv 15084

Arbeiter und Angestellte am
Vorabend des Dritten Reiches

Eine sozialpsychologische Untersuchung. dtv 4409

> »Vater werden ist nicht schwer,
> Vater sein dagegen sehr.«

dialog und praxis

Wassilios E. Fthenakis:

Väter
Band 1:
Zur Psychologie der Vater-Kind-Beziehung

dtv

dialog und praxis

Wassilios E. Fthenakis:

Väter
Band 2:
Zur Vater-Kind-Beziehung in
verschiedenen Familienstrukturen

dtv

Wilhelm Busch hat schon vor über hundert Jahren auf den Punkt gebracht, daß Vater-Sein mehr impliziert als die Rolle des Erzeugers oder allenfalls Ernährers eines Kindes. Wassilios E. Fthenakis unterzieht die gesamte in- und ausländische Vater-Forschung einer systematischen und kritischen Analyse. Der Leser erfährt wissenschaftlich höchst Fundiertes zur Psychologie der Vater-Kind-Beziehung: zur väterlichen Rolle während der Schwangerschaft und der Geburt, zum väterlichen Einfluß auf die Entwicklung des Kindes und zu den konstituierenden Faktoren der Bindung zwischen Vater und Kind, die im Vergleich zur Mutter-Kind-Bindung viel zu lange vernachlässigt wurde. Mit Blick auf die heutige Industriegesellschaft, in der bereits zwanzig Prozent der Kinder ohne ihren Vater aufwachsen, widmet sich der Autor im zweiten Band der Vater-Rolle in modernen Familienstrukturen – dem Vater nichtehelicher Kinder, dem nichtsorgeberechtigten Vater, dem alleinerziehenden Vater und dem Vater in Stieffamilien. Er regt damit dazu an, auch über die zentralen familienpolitischen Fragen nachzudenken. dtv 15046 / 2 Bände

Hungerkünstler Fastenwunder Magersucht

Eine Kulturgeschichte der Eßstörungen

Von Walter Vandereycken, Ron van Deth und Rolf Meermann

Die Wespentaille ist »in«, die Rubens'sche »out« – und das nicht erst seit Marilyn Monroe, die dieses Schönheitsideal verkörperte und so neue Maßstäbe (90-60-90) setzte.

»Die Selbstaushungerung ist eine bemerkenswerte und faszinierende Erscheinung, die ... zu allen Zeiten auftrat. Das extrem religiöse Fasten der mittelalterlichen Heiligen und das lang anhaltende Hungern durch vermeintliches Zutun des Teufels sind dafür frappante Beispiele. Später, als das Fasten an religiöser Bedeutung verlor, entwickelte sich die Selbstaushungerung zu einem Schauspiel, und es traten Wundermädchen und Hungerkünstler auf den Plan.« Im späten 19. Jahrhundert wurde die Anorexie erstmals in den Katalog der Krankheiten eingereiht und damit Gegenstand medizinischer Auseinandersetzung.

Welcher Zusammenhang besteht zwischen dem heutigen Schlankheitsideal und der Magersucht? Diese Frage veranlaßte die Autoren, sich auf die Suche nach den sozialgeschichtlichen Wurzeln dieser Zeiterscheinungen zu machen. Dabei entdeckten sie verblüffende Zeugnisse freiwilliger Nahrungsenthaltung von der Antike bis zur Gegenwart.

Hungerkünstler Fastenwunder Magersucht

Eine Kulturgeschichte der Eßstörungen

Von Walter Vandereycken, Ron van Deth und Rolf Meermann

dtv Sachbuch

dtv 11524

Deutscher Taschenbuch Verlag

Der zweibändige dtv-Atlas zur Psychologie bringt eine geordnete Übersicht über die Vielfalt der Erscheinungen dieses Gebiets und die Methoden ihrer Untersuchung. Das bewährte dtv-Atlas-System, die Einheiten aus ausführlichen Textseiten und dazugehörigen Farbtafeln, erweist sich auch bei der Psychologie als hilfreich und für die Abbildung menschlicher Verhaltensweisen als besonders geeignet.

Aus dem Inhalt des ersten Bandes:

Terminologie (Glossar psychologischer Fachwörter), Theoriegeschichte, Methodik, Statistik, Neuro-, Wahrnehmungs-, Gedächtnis-, Lern-, Aktivations-, Kognitions-, Kommunikations- und Emotionspsychologie. Register.
dtv 3224

Aus dem Inhalt des zweiten Bandes:

Persönlichkeitspsychologie, Entwicklungs-, Sozial-, Massen-, Umwelt-, Tierpsychologie, Psychodiagnostik, Klinische, Angewandte und Kulturpsychologie. Begriffsverzeichnis. Bibliographie. Register für beide Bände.
dtv 3225

Aus dem Nachdenken und Spekulieren über die Natur des beseelten Menschen ist heute die wissenschaftliche Psychologie mit ihrer naturwissenschaftlich geprägten Methodik geworden. Die vielen Schulen und Zweige der Psychologie haben zu einer differenzierten psychologischen Fachsprache geführt, deren wichtigste Begriffe in diesem Wörterbuch erläutert werden.

Über 2200 Stichwörter, mit Literaturangaben. Englisch-deutsches Verweisregister, ausführliche Bibliographie sowie eine Einführung in Geschichte, Gegenstandsbereiche und Studienaufbau der Psychologie.
dtv 3285